科技型企业创业失败修复机制与再创业意向的扶持对策研究

王朋举　著

中国财经出版传媒集团
中国财政经济出版社
·北京·

图书在版编目（CIP）数据

科技型企业创业失败修复机制与再创业意向的扶持对策研究 / 王朋举著. -- 北京：中国财政经济出版社，2024.6

ISBN 978 - 7 - 5223 - 3058 - 7

Ⅰ.①科… Ⅱ.①王… Ⅲ.①高技术企业－创业－政策支持－研究－中国 Ⅳ.①F279.244.4

中国国家版本馆 CIP 数据核字（2024）第 076289 号

责任编辑：彭　波　　　责任印制：史大鹏
封面设计：卜建辰　　　责任校对：胡永立

科技型企业创业失败修复机制与再创业意向的扶持对策研究
KEJIXING QIYE CHUANGYE SHIBAI XIUFU JIZHI YU ZAICHUANGYE
YIXIANG DE FUCHI DUICE YANJIU

中国财政经济出版社 出版

URL：http：//www. cfeph. cn
E - mail：cfeph@ cfeph. cn

社址：北京市海淀区阜成路甲 28 号　邮政编码：100142
营销中心电话：010 - 88191522
天猫网店：中国财政经济出版社旗舰店
网址：https：//zgczjjcbs. tmall. com
中煤（北京）印务有限公司印刷 各地新华书店经销
成品尺寸：170mm × 240mm　16 开　14.25 印张　216 000 字
2024 年 6 月第 1 版　2024 年 6 月北京第 1 次印刷
定价：68.00 元
ISBN 978 - 7 - 5223 - 3058 - 7
（图书出现印装问题，本社负责调换，电话：010 - 88190548）
本社图书质量投诉电话：010 - 88190744
打击盗版举报热线：010 - 88191661　QQ：2242791300

前　言

近年来，在国家和地方相关创新创业扶持和激励政策的影响下，我国创业群体规模不断扩大，形成了蓬勃的创业热潮，科技型新创企业的数量和质量也在不断提高。但创新创业活动的复杂性和高度不确定性也决定了科技型企业的创业过程并非一帆风顺，科技型企业创业失败是一个客观且普遍的现象。受“反失败”偏见的影响，社会公众更为关注对创业成功规律的探索，而忽视了大量存在的创业失败现象，缺少对科技型创业失败企业的关注。通过对大量的创业实践案例探索中发现，具有失败经历的创业企业，在提供就业岗位、创造财富和促进经济发展方面表现出更为突出的潜力。因此，理论界和实务界越来越认识到需要通过一定的方式、策略来降低创业失败成本对创业失败企业的负面影响，帮助其重启创业行为，对促进创业失败企业的“涅槃重生”“东山再起”，提升社会整体的创新创业质量具有重要意义。

创业失败修复在后续创业决策中发挥着重要作用。但创业失败修复是创业领域的一个新兴话题，相关研究尚处于发展阶段。创业失败修复是指通过利用一定的方式和策略对创业失败所引起问题的解决，使创业失败企业返回到初始创业的原始状态，或不再受到先前失败结果的负面影响，使创业者或新创企业走出失败“阴霾”。创业失败对科技型企业的负面影响是多方面，不仅会给企业带来巨大物质损失，也会给企业的创业决策者造成巨大的情绪耗竭和情感损失。同时，也会被社会公共赋予失败、无能、有缺陷的消极标签。因此，需要系统地对科技型企业的创业失败修复过程进行剖析，明确针对不同创业失败成本的修复策略，进而促进创业失败企业的再创业意向提升。

本书通过理论和实证研究，深入探讨科技型企业创业失败修复的内在机理、修复对象甄别评估、不同类型修复方式和策略以及修复政策，旨在理论上扩展和丰富有关创业失败修复的研究内容，实践上为科技型创业失败企业正确认识创业失败，制定创业失败修复策略提供理论参考和决策依据。本书的主要研究内容和创新点体现在以下四个方面：

（1）设计了科技型企业创业失败修复对象的甄别评估模型。在当前创新创业型经济发展的背景下，创业失败客观存在，如何帮助创业失败企业“重整旗鼓”“涅槃重生”，对于构建创新容错环境、形成良好创业氛围尤为重要。本书从失败修复的视角创新性地从创业失败归因的属性—因果维度，综合应用多种权重赋权方法，开发了一种甄别科技型企业创业失败修复对象的评估模型，弥补了当前创业失败归因多以单维度评价的不足，丰富了当前创业失败修复甄别以经验评价为主的研究现状。

（2）明确了资金修复科技型企业创业失败财务损失的方式与标准。通过社会支持系统对科技型企业进行创业失败损失修复补偿，能够有效激励和引导其进行再创业决策，但现有研究就如何支持、怎么补偿的问题并未进行深入探讨。因此，本书从政策工具的视角提出了政府资金直接补偿和税收优惠补偿两种方式，运用实物期权法确定了研发阶段、成果转化阶段的科技型企业创业失败项目，差异化的损失补偿修复方式和修复标准，扩展了有关创业失败修复补偿的问题探讨。

（3）解释了失败情境下修复策略对创业失败恐惧和再创业意愿

的影响机制。本书聚焦于失败情境下科技型企业创业决策者的创业失败恐惧，将修复策略分为情绪修复和认知修复，探讨了不同修复策略如何消退创业者的失败恐惧感，验证了不同修复策略对再创业意愿的差异化影响，以及修复策略、创业韧性在创业失败恐惧和再创业意愿关系中的边界条件，不仅丰富了创业失败恐惧研究主题的理论内容，还弥补了在创业失败修复现有研究中对创业者个人特质因素的关注不足。

（4）揭示了印象管理策略在应对创业失败污名中的作用效果。现有研究强调了印象管理在失败污名应对过程中的重要性，但印象管理策略是如何修复失败污名仍需进一步明确的理论解答。本书将印象管理策略划分为防御性策略和获得性策略，不仅剖析了不同类型印象管理策略对创业失败企业后续创业合法性所产生的差异化影响，也明确了在遭受创业失败污名的情境下两种印象管理策略对后续创业合法性影响的交互作用。研究发现一定程度上推动了印象管理在创业失败修复领域中应用发展，同时为科技型创业失败企业实施印象管理策略提供了有效指引。

目　录

第1章

绪　论

1.1 研究背景

为应对新一轮以数字经济为代表的技术革命和产业变革，以及愈加严重的“逆全球化”趋势格局，我国要转变传统的“要素驱动”“投资驱动”发展模式，将“创新驱动”作为经济发展的核心动力（任保平，2022）。科学技术的创新升级对于提升全社会生产力和国家综合国力具有重要的战略支撑作用，技术创新必须摆在国家发展全局的核心位置。在创新驱动发展战略的影响下，我国已初步形成了以企业为主体、市场为导向、产学研相结合的技术创新体系（蔡莉等，2023）。同时，党的二十大报告进一步明确，要坚持创新在中国式现代化建设全局过程中的核心位置，推动创新驱动的高质量发展。创新驱动发展的关键环节之一就在于促进创新向创业活动的转化（蔡莉等，2021）。2017年7月国务院印发的《国务院关于强化实施创新驱动发展战略进一步推进大众创业万众创新深入发展的意见》中强调，要实现创新带动创业，创业促进创新的良性循环。而在这其中，科技型新创企业作为创新驱动创业的重要载体（张玉利等，2022），是习近平总书记所提及的“创新和创业相连一体，共生共存”的具体形态。科技型企业的创业活动不仅能够创造更多的就业岗位和社会福利，也可以赋能经济社会的高质量发展（徐雪娇和马力，2023）。

近年来，在国家和地方相关创新创业扶持和激励政策的影响下，我国创业群体规模不断扩大，形成了蓬勃的创业热潮，科技型新创企业的数量和质量也在不断提高。《中国创业孵化发展报告2022》的数据显示，截至2021年底，以科技企业孵化器、众创空间为代表的全国各类创业孵化载体迅猛发展，数量已达 15253 家，其中，科技企业孵化器 6227 家，众创空间 9026 家，数量稳居全球第一。并且，从孵化器内走出了寒武纪、科大讯飞、碳元科技、大疆创新等一批科技领军企业（科学技术部火炬高技术发展研究中心，2023）。

但创新创业活动的复杂性和高度不确定性也决定了科技型企业的创业过程并非一帆风顺，科技型企业创业失败是一个客观且普遍的现象（Rae，2006；王朋举等，2014）。根据相关数据披露，中关村的创业企业中 95% 会在 7 ~ 10 年倒闭（于晓宇和汪欣悦，2011），经过前期严格筛选且创新基金扶持的科技型企业创业平均失败率仍有 13.4%（张敏等，2015）。受“反失败”偏见的影响，社会公众更为关注对创业成功规律的探索，而忽视了大量存在的创业失败现象，缺少对科技型创业失败企业的关注。固然，失败结果反映了科技型企业在机会、资源、团队等创业要素方面存在的不足，但失败过程对科技型企业而言依然存在巨大价值。通过对大量的创业实践案例探索中发现，具有失败经历的创业企业，在提供就业岗位、创造财富和促进经济发展方面表现出更为突出的潜力（谢雅萍等，2020）。因此，理论界和实务界越来越认识到需要通过一定的方式、策略来降低创业失败成本对创业失败企业的负面影响，帮助其重启创业行为，对促进创业失败企业的“涅槃重生”“东山再起”，提升社会整体的创新创业质量具有重要意义。

理论研究方面，既有文献认为科技型企业从先前创业失败到再创业活动是一个复杂的决策过程。同时，创业失败修复在后续创业决策中发挥着重要作用（谢雅萍等，2020）。但创业失败修复是创业领域的一个新兴话题，相关研究尚处于发展阶段。创业失败修复是指通过利用一定的方式和策略对创业失败所引起问题的解决，使创业失败企业返回到初始创业的原始状态，或不再受到先前失败结果的负面影响，使创业者或新创企业走出失败“阴霾”。现有研究主要探讨了创业失败修复的概念内涵（Shepherd，2003；Cope，2011；Korber and McNaughton，2017）、影响因素（陈睿君等 2021；谢雅萍等，2022）、修复策略（Shepherd，2009）等方面，发现创业失败修复会受到创业者个人特质、制度环境等多方面因素的影响，促进或制约着创业失败修复的实施。同时，更多的研究是从创业者的自我调整、自我定位所形成的心理修复来消除创业失败所形成的负面情绪。但创业失败对科技型企业的负面影响是多方面，不仅会给企业带来巨大物质损失，也会给企业的创业决策者造成巨大的情绪耗竭（Shahid and Kundi，2022），和情感损失的同时，也会被社会公共赋予失败、无能、有缺陷的消极标签（Shepherd and Haynie，2011；Tipu，2020）。因此，需要系统地对科技型企业的创业失败修复过程进行剖析，明确针对不同创业失败成本的修复策略，进而促进创业失败企业的再创业意向提升。

基于此，本研究将聚焦于科技型企业创业失败修复问题，对科技型企业创业失败修复机制与再创业意向的扶持对策进行理论与实证研究。具体包括了以下几个问题：（1）科技型企业创业失败修复的内在机理是什么？其失败修复的必要性如何体现？（2）如何对科技型企业创业失败修复对象进行甄别评估？（3）针对于不同类型的创业失败成本，又是通过何种修复策略来减小或消除其所带来的负面影响？（4）如何构建科技型企业创业失败修复的政策体系，进而扶持和促进创业失败企业的再创业意向？本书将通过一系列的专题研究对上述问题进行解答。

1.2 研究目标与研究意义

1.2.1 研究目标

已有研究对创业失败修复的探讨虽然存在碎片化、理论对话不够深入的问题，但依然存在一些富有价值的研究发现，对本书的研究工作具有重要的参考价值。本书通过理论和实证研究，深入探讨科技型企业创业失败修复的内在机理、修复对象甄别评估、不同类型修复方式和策略以及修复政策，旨在理论上扩展和丰富有关创业失败修复的研究内容，实践上为科技型创业失败企业正确认识创业失败，制定创业失败修复策略提供理论参考和决策依据。具体研究目标如下：

（1）揭示科技型企业创业失败修复的内在机理。通过建立科技型企业创业失败后的再创业决策模型，探讨在考虑损失补偿修复时，科技型创业失败企业的再创业决策过程，论证其创业失败修复的必要性。

（2）建立科技型企业创业失败修复对象的甄别评估模型。从属性归因和因果归因的双重维度，构建科技型企业创业失败修复对象甄别评估指标体系，并设计一种由主观赋权和客观赋权相结合的组合赋权方法，建立科技型企业创业失败修复对象甄别评估模型。

（3）探讨针对不同创业失败成本的创业失败修复方式。从如何应对创业失败的财务损失？如何消退创业失败恐惧？如何应对创业失败污名？3 个方面分析不同失败修复策略对科技型企业创业失败的修复效果。

（4）构建科技型企业创业失败修复与再创业意向扶持的政策体系。从评估、运行、监控和保障 4 个方面，分析科技型企业创业失败修复与再创业扶持的评估体系主体和内容，运行体系主体和机制，监控体系主体、目标和内容，以及保障体系目标和内容，构建科技型企业创业失败修复与再创业意向扶持政策体系。

1.2.2 研究意义

（1）深化创业失败的研究范畴，扩展创业失败修复的研究思路

现有研究虽然对客观存在的创业失败现象进行了有益的探索，但与探索创业成功规律相比，学术界对于创业失败的关注仍然不足。本书聚焦创新驱动创业过程中的重要载体——科技型新创企业，深入、系统地分析了科技型企业创业失败修复机制，探讨了促进其再创业意向的扶持政策，不仅丰富了创业失败的研究范畴，也是对创业失败修复研究思路的进一步扩展。

（2）揭示不同类型修复策略对科技型企业创业失败的修复效果

现有研究对于如何进行创业失败修复的探讨是零星的、碎片化的，尚不能很好地解答针对不同类型的创业失败成本，失败修复的实施过程存在哪些差异化的特点。本书结合创业过程理论、创业决策理论、归因理论、资源拼凑理论、合法性理论等相关理论，深入探讨了如何应对创业失败的财务损失，如何消退创业失败恐惧，以及如何应对创业失败污名，揭示了不同类型修复策略对科技型企业创业失败的修复效果，有助于深刻理解科技型企业创业失败修复

机制。

(3) 丰富创业失败修复的实证研究

创业失败修复对促进创业失败企业的再创业意向提升起到重要作用，但现有研究对创业失败修复的探讨多是停留在理论推导的研究范式层面上。本书借助实证分析的研究范式，采用案例调研、情境实验等方法对科技型企业创业失败修复进行了量化研究，为创业失败修复问题的解释提供了更多的经验证据。

(4) 为科技型企业创业失败修复提供策略和建议

在创新驱动创业的过程中，如何对科技型企业创业失败进行修复，进而促进创业失败企业的“重整旗鼓”，给科技型新创企业和社会带来了管理挑战。本书通过对科技型企业创业失败修复机制与再创业意向的扶持政策进行深入探讨，一方面能够帮助科技型创业失败企业积极正确地看待失败结果，为创业失败企业制定对创业失败修复策略提供理论依据和决策支持；另一方面也有助于相关政府部门进一步完善我国的创业保障制度和容错机制。

1.3 研究内容与研究方法

1.3.1 主要内容与本研究框架

本研究的主要内容包括了以下几个方面：

(1) 科技型企业创业失败修复的理论基础与文献回顾

基于对科技型企业创业失败修复过程的考虑，为了进一步厘清本研究理论框架，对创业过程理论、创业决策理论、归因理论、资源拼凑理论和合法性理论进行了梳理。在此基础上，回顾了科技型新创企业的已有研究内容，对科技型新创企业的概念内涵、成长过程及影响因素进行了文献分析。归纳了既有文献对创业失败问题的研究进展，探讨了创业失败的概念内涵、归因、影响及应对方面的内容。总结了失败修复机制及其在创业研究领域中研究现状。

(2) 科技型企业创业失败修复的理论机理分析

在该部分中着重探讨了科技型企业在创业失败后，失败修复对其再创业决策的影响。基于效用最大化原则，构建了科技型企业创业失败后的再创业决策模型，在此基础上进一步引入创业失败损失补偿修复，探讨了损失补偿修复对科技型企业再创业决策的影响，揭示了科技型企业创业失败修复的内在机理。

(3) 科技型企业创业失败修复对象的甄别评估

资源有限约束条件下，需要对创业失败的科技型企业进行甄别才能发挥好资源支持对科技型企业创业失败修复的效用。在系统分析科技型企业创业失败源的基础上，从属性归因和因果归因的双重维度，构建了包括创业资源获取能力，资源、渠道和方式、创业机会识别能力、市场条件、团队关系和团队正式化 6 个一级指标的科技型企业创业失败修复对象甄别评估指标体系，并综合运用区间 AHP 法、熵权法和拉开档次法，设计了一种由主观赋权和客观赋权相结合的组合赋权方法，建立了科技型企业创业失败修复对象甄别评估模型。

(4) 如何应对创业失败的财务损失？资金修复科技型企业创业失败的政策工具

针对于创业失败带给科技型企业的财务损失，从政策工具的视角考虑了科技型企业创业失败的损失补偿修复方式包括了政府资金直接补偿和税收优惠补偿两种。在此基础上，利用实物期权法对研发阶段和成果转化阶段的科技型企业创业失败项目的财务损失补偿修复的方式选择、标准确定进行了探讨。

(5) 如何消退创业失败恐惧？修复策略对科技型创业失败企业的再创业意愿的影响

考虑到创业失败带给科技型企业创业决策者的失败恐惧，如何采用不同类型修复策略来消退创业失败恐惧，对提升科技型企业创业决策者的再创业意愿尤为关键。采用了情境实验分析方法，探讨了在创业失败情境下，如何通过不同类型的修复策略来影响科技型企业创业决策者的失败恐惧，以及修复策略和创业韧性对其再创业意愿的影响机制。

(6) 如何应对创业失败污名？印象管理策略对科技型企业创业失败的修复机制

创业失败污名是科技型企业因创业失败导致的声誉受损，并且对企业合法性产生负面影响。如何应对创业失败污名是科技型企业修复创业失败、重启创业活动的关键。本研究采用实验分析方法，通过 3 个实验讨论了科技型企业在遭受创业失败污名的情境下，印象管理策略对创业失败企业后续创业合法性的影响，以及防御性策略和获得性策略在影响过程中可能存在的交互作用。同时，也分析了印象管理策略影响过程的作用机制和边界条件。

（7）科技型企业创业失败修复与再创业意向扶持的政策体系构建

为引导激励科技型企业创业失败修复，促进创业失败企业的再创业意向，从评估、运行、监控和保障 4 个方面，分析了科技型企业创业失败修复与再创业意向扶持政策的评估体系主体和内容，运行体系主体和机制，监控体系主体、目标和内容，以及保障体系目标和内容，构建了科技型企业创业失败修复与再创业意向扶持政策体系。

在此基础上，本研究内容的写作框架如图 1－1 所示。

1.3.2　研究方法与技术路线

（1）研究方法

本书围绕科技型企业创业失败修复问题展开了研究，涉及对创业失败修复的理论机理分析，修复对象的甄别评估，以及如何修复创业失败所导致的财务损失、失败恐惧和失败污名。在研究方法的选择上强调对研究问题的适用性，注重对研究问题的理论建模和实证分析，主要包括了以下几种：

1）文献研究法

基于对研究问题的深入剖析，系统梳理研究过程中所应用到的创业过程理论、创业决策理论、归因理论、资源拼凑理论和合法性理论，归纳科技型新创企业、创业失败、失败修复机制及其在创业领域中的研究现状，分析既有文献在上述方面取得的有价值发现，以及存在的研究空间不足。通过文献研究法对已有研究的梳理总结，为本书研究工作的开展提供了扎实的理论基础。

2）决策理论与方法

一是，在对科技型企业创业失败修复的理论机理分析中，根据效用理论的效应最大化原则，构建科技型企业创业失败后的再创业决策模型，进一步考虑失败损失补偿修复，对其失败再创业决策过程进行理论推演和数理分析。

二是，在对科技型企业创业失败修复对象的甄别评估研究中，考虑到失败

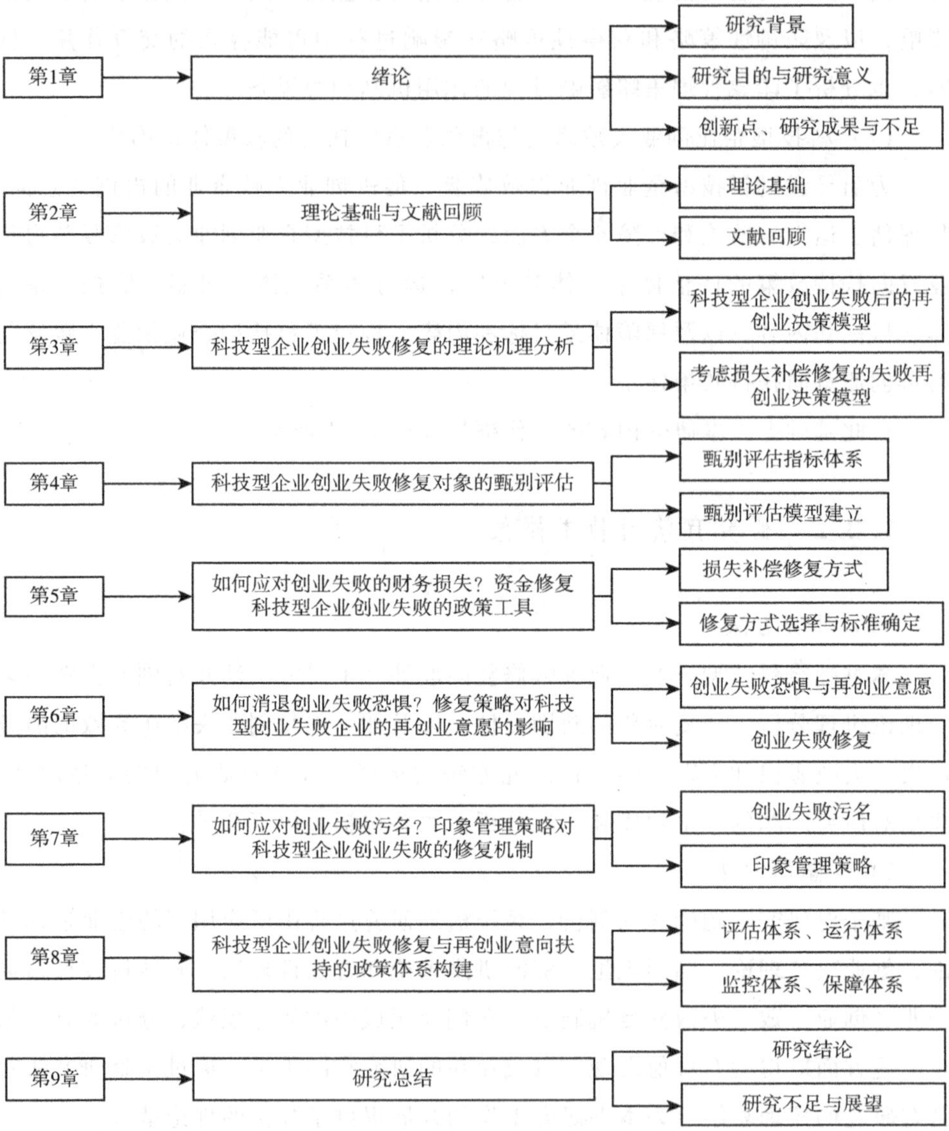

图 1－1　本研究内容的写作框架

修复对象的甄别评估是涉及多维度、多指标的复杂综合评估问题，为了降低指标之间相关性对评估结果的干扰，应用区间 AHP 法确定评估指标的主观赋权权重，利用熵权法、拉开档次法确定评估指标的客观赋权权重，设计一种将主观赋权和客观赋权相结合的组合赋权方法。

三是，在分析资金修复科技型企业创业失败的政策工具过程中，根据实物期权理论方法，建立政府资金直接补偿、政府税收优惠两种补偿修复方式下科技型企业创业失败项目的价值模型，分析研究阶段、成果转化阶段科技型企业创业失败项目的损失补偿修复方式的选择及修复标准的确定。

3）情境实验法

情境实验法是向被试提供精心设计的阅读材料，使被试想象其置身于实验情景中，以评估被试在刺激条件影响下的认知、态度和行为（覃冬和李超平，2020）。受“反失败”偏见影响，创业失败者的数据获取一直是制约创业失败实证研究的因素之一。因此，本书采用情境实验法在“如何消退创业失败恐惧？修复策略对科技型企业再创业意愿的影响”“如何应对创业失败污名？印象管理策略对科技型企业创业失败的修复机制”两个部分中分析创业失败情境下，如何通过不同类型的修复策略来消退科技型企业创业决策者的失败恐惧，以及如何通过印象管理策略来应对创业失败污名。

（2）技术路线

为了探讨科技型企业创业失败修复机制问题，本书遵循“修复机理”→“修复对象”→“修复方式”→“修复政策”的研究思路开展研究。

第一，系统梳理创业过程理论、创业决策理论、归因理论、资源拼凑理论和合法性理论，回顾科技型新创企业、创业失败和创业失败修复的研究进展，明确已有研究取得的成果和存在不足，为本书研究奠定理论基础。

第二，分析科技型企业创业失败修复的内在机理，即失败修复的必要性探讨。通过构建科技型企业创业失败后的再创业决策模型，考虑引入损失补偿修复情况下的再创业决策过程。

第三，对科技型企业创业失败修复的对象进行甄别评估。受制于资源有限性，创业失败修复难以惠及每一个科技型创业失败企业，科学、合理地甄别修复对象是实施创业失败修复的关键，通过建立评估指标体系，设计甄别评估模型。

第四，分别从财务损失修复、消退失败恐惧、应对失败污名 3 个方面探讨针对性的修复方式和策略对科技型创业失败企业的再创业意向的影响。

第五，从评估体系、运行体系、监控体系和保障体系等方面构建科技型企业创业失败修复与再创业意向扶持的政策体系。

本研究的技术路线如图 1－2 所示。

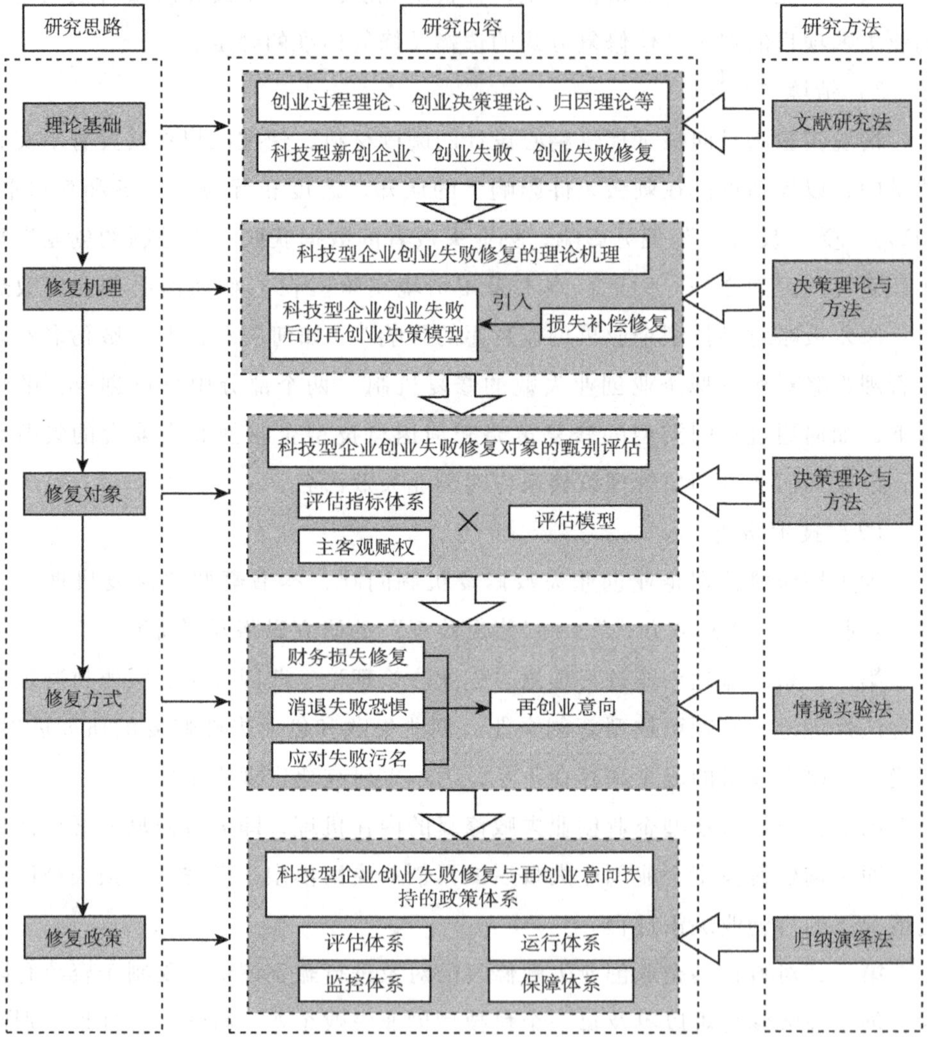

图 1－2　本研究技术路线图

1.4　创新点

通过对科技型创业企业创业失败修复系列问题的探讨，本研究的创新之处主要体现在以下几个方面：

（1）设计了科技型企业创业失败修复对象的甄别评估模型

在当前创新创业型经济发展的背景下，创业失败客观存在，如何帮助创业失败企业“重整旗鼓”“涅槃重生”，对于构建创新容错环境、形成良好创业氛围尤为重要。本书从失败修复的视角着重探讨了科技型企业创业失败修复对象甄别问题，创新性地基于创业失败归因的属性—因果维度，综合应用多种权重赋权方法，开发了一种甄别科技型企业创业失败修复对象的评估模型，弥补了当前创业失败归因多以单维度评价的不足，丰富了当前创业失败修复甄别以经验评价为主的研究现状。

（2）明确了资金修复科技型企业创业失败财务损失的方式与标准

通过社会支持系统对科技型企业进行创业失败损失修复补偿，能够有效激励和引导其进行再创业决策，但现有研究就如何支持、怎么补偿的问题并未进行深入探讨。因此，本研究从政策工具的视角提出了政府资金直接补偿和税收优惠补偿两种方式，运用实物期权法确定了研发阶段、成果转化阶段的科技型企业创业失败项目，差异化的损失补偿修复方式和修复标准，扩展了有关创业失败修复补偿的问题探讨。

（3）解释了失败情境下修复策略对创业失败恐惧和再创业意愿的影响机制

本研究聚焦于失败情境下科技型企业创业决策者的创业失败恐惧，将修复策略分为情绪修复和认知修复，探讨了不同修复策略如何消退创业者的失败恐惧感，验证了不同修复策略对再创业意愿的差异化影响，以及修复策略、创业韧性在创业失败恐惧和再创业意愿关系中的边界条件，不仅丰富了创业失败恐惧研究主题的理论内容，还弥补了在创业失败修复现有研究中对创业者个人特质因素的关注不足。

（4）揭示了印象管理策略在应对创业失败污名中的作用效果

现有研究强调了印象管理在失败污名应对过程中的重要性，但印象管理策略是如何修复失败污名仍需进一步明确的理论解答。本研究将印象管理策略划分为防御性策略和获得性策略，不仅剖析了不同类型印象管理策略对创业失败企业后续创业合法性所产生的差异化影响，也明确了在遭受创业失败污名的情境下两种印象管理策略对后续创业合法性影响的交互作用。研究发现一定程度上推动了印象管理在创业失败修复领域中应用发展，同时为科技型创业失败企业实施印象管理策略提供了有效指引。

第2章

理论基础与文献回顾

本章将对科技型企业创业失败修复机制研究过程中所涉及的创业过程理论、创业决策理论、归因理论、资源拼凑理论和合法性理论进行梳理，系统回顾科技型新创企业、创业失败的研究进展，归纳失败修复机制及其在创业领域中研究现状，为后续研究工作的开展奠定扎实理论基础。

2.1 理论基础

2.1.1 创业过程理论

过程理论强调关注事物演化的具体表象，解决事物如何随着时间推移及环境变化而出现、发展和终止的问题。事物发展过程中各要素相互影响，这些要素间相互作用的动态平衡过程是过程理论所探讨的核心。同样地，创业从根本上来讲也是一种基于行动的现象，且随着时间推移和环境变化涉及一系列要素的堆叠、迭代的创造性过程。创业过程理论的构建与其模型的发展具有高度一致性，创业过程模型的构建也由最开始的简单逐渐演变得十分复杂（陈燕升等，2022）。

创业过程模型的建构最早发生在1985年，Gartner认为，每个创业过程之间具有独特性，每个创业者及其新创企业之间存在一定的差异。这决定了创业过程的复杂性，创业过程理论模型的建构应从多个维度考虑。Gartner认为，创业过程是个体、组织、环境、过程四要素相互作用的过程，创业过程会按照一定的逻辑逐渐演化，包括定位创业机会、积攒利益、营销产品或服务、生产制造产品、创建组织和对政府做出回应。William（1997）基于新创企业成败印象因素的视角提出与Gartner略有不同的创业过程理论模型——他将“机会”的概念引入模型，认为识别、评估和掌握机会是创业过程的核心。然而，创业过程并不是一个静态的过程，单纯地罗列构成要素并不能有效对创业实践进行解释。

创业是一个随着时间发展并经历某些特定阶段的过程（Baron，2002）。考虑创业过程的动态性，Holt（1992）根据生命周期理论将创业过程划分为4个阶段，即创业前阶段、创业阶段、早期成长阶段、晚期成长阶段，且认为创业企业在不同阶段的活动内容与重点不尽相同。有学者进一步完善了Holt的观点，认为创业过程涵盖了发现期、开发期、创业期——发现期与个人早期创业意愿的萌芽有关，当创业者决定创业并为此投入资源时进入到创业开发期，直至创业企业成立时才真正步入创业期（Shane和Venkataraman，2000；Brixy等，2012）。同样地，仅片面地揭示创业过程的逻辑顺序，对创业过程理论的构建和深化仍然处于表面的描述，不能解释隐藏在这些活动背后的本质因素，也无法解释创业过程的深层次作用机理。

不难看出，创业过程不是简单要素的罗列，也并非肤浅地堆叠各个发展阶段。创业过程的动态性与复杂性特征是创业研究不同于一般管理研究的根本原因（杨俊，2004）。基于此，Timmons（1999）认为，创业过程是创业机会、创业团队以及创业资源三要素间匹配的动态平衡过程。其中，创业机会是创业过程的核心驱动力，创业资源为创业过程提供必要保证。而创业团队则是识别与把握创业机会、利用创业资源的主导者——随着时间推移与环境变化，创业机会、资源和团队三要素间关系可能会随之失衡，此时团队在调整活动内容和重心中发挥着决策者角色。进一步地，Bruyat和Julien（2001）通过引入时间问题对创业过程理论模型进行了完善。他们认为创业者与新创企业是创业过程中的核心要素，并考虑个体、组织、环境、过程以及上述要素之间随着时间推移的联系。具体而言，创业过程实质上是在环境作用下的个体与新创企业间互动的过程，而创业过程研究的核心问题在于将企业创建、随着时间变化的创业流程管理、影响创业活动的外部环境三者间平衡的建立与维护。在此基础上，Shane（2003）认为，通过一系列潜在的重叠和递归阶段构成了整个创业过程，即创业过程包括机会存在、机会识别、机会利用三部分。与此同时，机会的存在、识别和应用的过程影响了资源获取、战略、组织设计以及最终的绩效等，且个人和环境在该过程中存在一定的中介和调节作用。

近年来，创业情景下的创业过程研究大多依据上述创业过程模型进行，其中基于团队、机会和资源三者为核心的Timmons模型的应用最为广泛。Timmons模型认为，创业过程围绕着机会与资源展开，涉及个人、组织、环境三个层面，且这个过程是动态的，会随着时间和环境的变化而变化。创业过程与情景之间存在高度依赖性，制度、时间、空间、历史、社会等要素共同决定了创业者及其创业企业对机会的识别、评估与利用，并构成了创业活动有效性的边界条件（Welter，2011）。良性的创业环境有助于创业者整合利用知识和消息，从而提升创业者的警觉性（Tang，2008）。此外，在特殊情景下的创业过程中，一些学者提出了部分创业活动特有的理论构念，如资源拼凑（Sirmon et al.，2011）、即兴而作（Miner et al.，2001）、试探决策（Barsky，2010）等。

从创业过程的环境层面来看，过往研究大多基于发达国家的背景展开，然而发达国家与发展中国家在产业结构、制度建设等方面均存在巨大差别。因此，有学者开始将制度视角引入创业过程的研究中（Tang，2010；苏郁锋等，2017）。基于制度视角，独具中国特色的创业过程实际上是一个基于创业者、机会、制度环境三要素之间的紧密互动的过程，包括内在和外在两个过程机制：（1）内在机制主要体现在旧制度下创业者面临较大压力与约束，创业激情和创业愿景作为创业者特有的积极心理资本，克服了创业过程中的重重险境与种种困难，让创业者在失败中汲取经验、在不断试错中发现机会；（2）外在机制体现在随着制度的不断演化，创业企业采取制度创业策略不断获取利益相关者的合法性认同，从而为新创企业的发展提供机会（苏郁锋等，2017）。

此外，创业活动充满不确定性，创业失败在创业过程中客观存在。逐渐有学者将创业过程理论应用于创业失败情景。创业失败虽会损耗创业者的经济成本、心理成本与社会成本（Shepherd et al.，2009），但是失败是创业者学习的工具，为创业者的后续创业积累经验（于晓宇等，2013；Nogueira，2019）。

连续创业者在现实生活中是普遍存在的，有学者在先前研究的基础上总结归纳出创业者从首次创业失败到再次创业过程中的关键活动以及逻辑关系，构建了创业失败情景下的连续创业过程理论模型，进一步丰富了创业过程理论（张志刚等，2022）。该模型由创业失败后连续创业的外在行动与内在成长相互作用的双元路径构成，其中外在行动表现在创业失败后的创业者通过调整情绪、反思归因、失败学习进行失败管理，而后通过识别机会、管控风险、整合资源进行再创准备，准备结束后继续投入到再创运营；内在成长路径可概括为：创业失败（起点）——一阶成长（心态转变）—二阶成长（心智成长）—三阶成长（经验运营）—再创运营（终点）。

2.1.2 创业决策理论

创业决策是创业过程中的重要环节，并决定着创业者的创业行为的产生，是影响创业活动的关键要素。尤其是新创企业在创业过程中所呈现的战略性和迭代性，面临着大量的决策，创业决策开始受到学者的关注（于晓宇等，2022）。源于决策理论逻辑并结合创业过程的情景特征，创业决策理论强调了创业者创业决策的形成过程会受到创业者个体特征和外部环境的共同作用影响（Shepherd et al.，2015）。

与一般的决策过程相比，创业决策有着较为明显的自身特质，主要表现在三个方面：一是，创业过程的高度不确定性决定了创业者在创业活动中对目标绩效取舍的难度较大；二是，创业决策的不可复制性，由于创业者或新创企业在资源禀赋和所处环境存在较大差异，创业活动的决策形成很难有迹可循，决策过程往往是创业者的即兴而作；三是，创业决策会存在较高的资源约束性，创业者或新创企业在资源拼凑能力、合法性等方面存在先天劣势，极大程度上制约了其对资源的获取，从而影响了创业决策。

在此基础上，创业决策理论进一步对创业决策的形成机理进行了深入探讨。Sitkin 等（1992）从风险感知和倾向的视角分析了创业者风险情绪因素对创业决策的影响机制。具体而言，创业者在风险情绪上所表现出的差异性会影响其对初创项目风险的感知，不同的风险感知结果以及创业者的风险倾向又会进一步导致创业者形成差别显著的创业决策。一方面，创业者的风险倾向会直接作用于风险选择，从而形成创业决策的结果；另一方面，创业者的风险倾向又会作用于风险感知，进而影响创业决策。因此，在创业实践过程中往往能够看到具有高风险倾向的创业者，在创业决策时更为倾向选择高风险性的创业项目，以期获得高利润回报。

随着对创业决策理解的不断深入，创业者风险感知和倾向影响创业决策的理论观点遭受了质疑（Keh et al.，2002），风险倾向对创业决策的影响并不明显。因此，部分学者从创业机会识别的视角对创业决策的形成进行了理论阐释。该观点认为，创业活动的开展是建立在机会的基础上，创业者对创业机会的识别以及自身对信息整理加工的能力会影响创业决策。创业机会识别又与创业者的先前经验、创业警觉性等个人特质密切相关，创业决策的形成首先是要创业者能够发现创业机会，它是创业决策的第一步，是影响创业决策的重要因素。

而从外部环境的视角来看，环境不确定性也会导致创业者创业决策的形成。面对错综复杂的创业环境，其未来发展难以预测，创业者需要衡量创业机会的可能性与潜在创业风险，从而做出创业决策。而这种环境的不确定性也会在一定程度上导致创业过程目标的模糊化。因此，采用决策理论中因果逻辑进行创业决策很难达到较好的适用性，这就需要通过效果逻辑的决策方式来促进创业决策的形成。效果逻辑强调了从创业者既有手段出发，在事先确定的可承受的风险和损失范围内，通过注重合作和联盟，积极利用意外优势来进行创业活动，进而取得较好的创业收益（周瑛等，2022）。效果逻辑能够有效地降低创业者所面对的环境不确定性，推动了创业决策。

也有学者从创业学习和认知的角度对创业决策进行了丰富。Minniti 和 Bygrave（2001）将创业过程视作为创业者不断学习的过程，创业者在面对高度不确定的环境时，通过创业学习，获取知识并提升自身能力，进而形成创业决策。创业者通过创业学习不仅能够化解环境不确定性对创业活动的负面影响，也能不断提升创业知识的积累。创业知识的积累有助于创业者在创业过程中创业决策的形成（尹志超等，2015）。同时，创业认知也是影响创业决策和行为的关键要素。创业者个体在认知层面表现出来的差异性，不仅会影响其对创业机会的识别，也会影响其在创业活动中用于决策判断的创业知识结构。

2.1.3 归因理论

Heider（1982）从通俗心理学（Native Psychology）的视角，在其著作《人际关系心理学》中提出了归因理论。归因理论认为个体行为背后的原因是多重的，为了解读个体或他人的行为结果，个体往往会在某一行为或某一事件发生后，会带着“为什么会这种行为或事件”的询问，对其产生的原因进行分析。这种分析通常从以下几个方面展开探讨，如何解释行为或事件？对于同一种行为或事件，不同个体去分析是否存在差异？不同的解释会不会影响到后续的行为或事件？上述的探讨过程搭建起了归因理论的逻辑框架。

Heider（1982）的归因理论也强调，个体对于原因的看法会影响到未来的行动，任何事件背后都有原因，即因果关系。在假定个体都具备对期望世界的理解一致以及想要操控环境动机的前提下，归因理论将原因分为内部和外部的两种类型。其中，内部原因包括了个体的态度动机、努力程度、个人能力等个人特质因素；而外部原因则包括如环境、任务难度等因素。

在此基础上，越来越多的研究对归因理论的内涵进行了深化，对其内外部因素的划分不断进行细化。例如：Kelley 等（1980）根据一贯性、特殊性的协变原则，以及补偿、怀疑的组合原则，从强促进、弱促进和抑制性 3 个维度，将归因理论的内外部因素划分为不同的组合类型。Weiner（1985）则在归因理论的内因、外因维度的基础上，提出了归因稳定性。并进一步将归因理论和动机理论结合起来，指出归因这个行为会对个体的情感产生影响，归因的结果也会影响个体做出具体行为的动机，从来源的内外部、是否稳定、是否可控 3 个角度划分行为背后的原因。个体的成就水平越高，任务的成功或失败越倾向归因于自身努力的程度。

归因理论不断结合新出现的理论来丰富自身，以便应用于更多的领域。例如：自我效能感和归因是互相影响的，自我效能感强的个体在进行失败归因时，把失败归类为不稳定的因素，认为可以通过努力来实现目标（Koutroubas and Galanakis，2022）。Abramson 等（1978）引入归因的概念后将理论应用于人类行为领域，认为对事情失去控制并不足以产生无助感，提出整体性的跨情景归因维度。Schulman 等（1989）引入幸福感，罗列出 5 种可以获得幸福感的行为，提供了可以获得幸福感的方式。

进一步地，个体对成功或失败的归因结果往往是影响其对成功或失败的态度，以及其后续行为。因此，在创业领域，尤其是创业失败的相关文献中，归因理论对既有研究提供了重要的理论支持。创业失败者从主观层面对创业失败归因给出的解释通常要比客观上的原因更加重要，并且大多数的创业失败者对创业失败归因会聚焦于因果关系的维度（于晓宇等，2013），把失败的原因简单地归类为内因和外因（Cardon，2011）。而创业者对失败归因的不同结果，又会进一步导致其在创业失败学习中的差异化表现，以及衍生不同的后续创业决策（于晓宇等，2018）。由于个体存在的认知局限性，在实践和理论探索中也发现，创业者或新创企业往往存在着一种"自我服务偏见"，即将创业成功归因于内部因素，而将创业失败归因于市场的动荡、技术的更新换代速度过快等外部因素（Franco et al.，2010）。而部分研究从积极意义建构视角出发，研究发现创业者交替使用高主动和高被动的恢复导向时，把创业失败原因归结于自身内部，并且可以通过努力来改变时，会坦然面对失败现实，并花费时间和精力总结失败教训，进而在接下来的学习和工作中努力提升自己来避免再次失败（于晓宇等，2018）。

2.1.4 资源拼凑理论

资源拼凑最早是由法国学者 Lévi - Strauss（1966）提出，是指在日常工作中，除了采用规范性的思维，还可以采用拼凑思维模式来不断观察身边资源的内在属性，来发掘它的内在价值，在外在环境不确定的情况下，积极主动整合利用身边资源来解决难题。

相关学者也从不同理论视角对拼凑概念进行了理论阐释。Lévi - Strauss（1967）从人类学视角，给出拼凑的概念是重构整合手头的资源创造出新的用途来完成任务。立足于哲学视角，Jacques（1981）用解构主义来定义拼凑。Weik（1993）从组织社会学角度，强调拼凑具有即兴创造的特性。Kallinikos

(1998)在前者的基础上，运用动态资源基础观，指出拼凑是在资源使用方式上实现的创新。Garud 和 Karnøe（2003）从技术角度，解释了拼凑重在发掘现有资源价值来应对外界的挑战。Nelson（2005）基于行为心理学理论，将拼凑定义为资源的重组、识别任务、提出解决问题的方案和评价最终的效果 4 个步骤。Fisher（2012）从创业管理视角认为凑合是整合利用手头现有资源解决新问题或开发新机会的过程。Duymedjian 和 Rüling（2010）用组织理论定义拼凑是组织情境的新配置。和资源基础理论不同，拼凑不是对难以替代的独有资源整合，也不是对资源的依赖，它没有否认独有资源对于企业的竞争力优势的贡献，而是更加关注资源的构建以此突破现有资源匮乏的困境，以手段为导向，创造性地利用包括实物资源、资金、人力、客户、制度环境等以应对新的挑战。

Baker 和 Nelson（2005）将拼凑概念引入创业领域，借助社会学的拼凑概念，通过对 29 家资源约束严重企业的扎根研究发现，利用手头现有而常被忽视、遗忘的实物资源、社会资源、制度资源，创造性地加以利用会产生前所未有的新价值，并正式提出创业资源拼凑理论（Entrepreneurial Bricolage），认为通过现有资源的“将就”与重构，是突破新企业资源约束，应对新的创业机会或挑战的有效途径（整合现有资源解决新问题面对新挑战）。通过重新组合企业闲置、被低估的资源，使用资源拼凑战略可以让它们应用于更多的业务中，发挥更大的价值。

Baker 和 Nelson（2005）提出的资源拼凑包括了 3 个维度，即现在行动、手边资源、为了新目的整合资源。其中，现在行动是创业者主观上会采取一种即兴而作的行动，主动去抓取潜在机会。拼凑者把合适作为评判的标准，不一定追求最优解，强调的是立即行动，且不放弃任何可能的机会；手边资源是指存在但价值却被企业忽视的资源，包括物质资源和无形资源两种。现有资源包括很多非标准化资源，如废弃资源或闲置资源；为了新目的整合资源是拼凑者观察过新市场需求后，重新识别出资源的非常规用途，整合资源后来抓获市场的新机会。Di Domenico 等（2010）在资源拼凑三维结构的基础上，又提出了两个关键维度：即兴创作和不屈从于约束。在组织管理学中，即兴创作是指为了适应动态变化的环境，组织采取的不事先约定和规划就采取行动的新模式。

在创业情境下，即兴创作特指创业者或新创企业采取的适应性和创造性行动来获取新机遇。不屈从于约束是创业者或新创企业通过不断试错的方式反复探索如何打破原有制度、政治和资源环境约束，在组织架构和业务模式上创新，从而获得有价值的资源拼凑组合方案。

进一步地，现有研究对资源拼凑的探讨主要集中在以下四个方面：

第一，资源拼凑的影响因素。主要从个人、组织两个层面对资源拼凑的前置变量进行了研究。例如，管理者的经验越丰富，越能够通过拼凑来解决创业活动中的难题（Fuglsang，2010）。管理者的创业激情也会影响企业的拼凑行为，对公司的发展越充满热情，企业家越有可能运用拼凑来助力企业的发展（Stenholm and Renko，2016）。敢于承担风险，拥有冒险精神的企业家更愿意通过实行拼凑摆脱资源困境（Salunke et al.，2013）。在做出重大决策时，创业者认知柔性可以让创业者更容易接受创新的行为规范，根据外在环境变化及时调整企业先前一贯的准则，为开展资源拼凑策略奠定基础（左莉和周建林，2017）。

同时，企业营造充满信任的文化氛围将会激励本企业在岗人员实施资源拼凑行为（Ferneley and Bell，2006）。拼凑可以催化组织进行变革，并且显著提升了组织的增长率（Gundry 等，2011）。创业导向是新创企业开展业务活动时，采用创新性的思维，领先于竞争者的一种模式，有助于培养员工对外界新事物的敏感程度，营造对失败高度包容的氛围，有助于创业拼凑活动的展开（祝振铎，2015）。利益相关者在短时间内难以提升自己的资源识别能力，政府补助可以推动他们关注、聚焦编码和解码注意力，改变思维认知，提高小微企业对于资源拼凑的合法性认知（张敏，2021）。在政府提供资助带给企业的社会资本也会提升组织的资源拼凑能力，同时研究发现在政府不再对企业进行资助，创业企业仍旧可以利用已经形成的拼凑战略对现有的资源进行调度整合（卫田和万倩雯，2023）。

第二，资源拼凑的作用机制。已有研究跳出了创业者个体局限性，把资源拼凑现象结合动态能力理论，在企业层面对公司战略进行了分析，并探索了 3 种资源拼凑类型对企业资源整合和有效识别机会能力的影响。其中，要素拼凑能促进企业资源整合能力提升，但对企业的机会识别能力造成了阻碍；制度拼凑可以促进企业整体的机会识别能力和资源整合能力的提升；顾客拼凑只会正向影响企业机会识别能力，当企业过分强调资源拼凑，反而可能会错失机会（赵兴庐等，2016）。企业的知识吸收能力会激发企业创业导向和拼凑能力，尤其是在高科技技术公司，可以通过拼凑这个路径来提升企业创新能力（孟猛猛等，2020）。同时，资源拼凑可以通过异质性重组为企业构建“新”能源，提升组织在行业的适应能力，同时提升组织本身的稳定性，有利于企业进行探索式和利用式的双元学习，进而提升企业的绩效（吴亮和刘衡，2017）。

第三，资源拼凑的情境因素。从组织生命周期阶段来看，资源拼凑对新创企业和成长企业的影响作用不同。和已处于成熟期的企业相比，初创公司在经营资源的数量、外部关系网络的复杂度、获取新资源的能力都相对弱小，此时运用资源拼凑策略可以极大提升企业整合资源的能力，加速企业向成熟期过渡。随着企业的发展，和刚刚成立时期相比，现有资源对企业约束能力减弱，企业不用过分依赖拼凑来获取发展的资源，此时拼凑不太能促进绩效的提升。而且，无论企业处于何种时期，内部环境的稳定性对于实施拼凑策略都十分有益（Iqbal et al.，2021）。企业也可利用拼凑来获取生存资源，企业对于外部信息进行分析凝练，得出前瞻性战略的能力越强，越容易选择好未来发展的方向，进而利用拼凑让资源更好地发挥价值（周键等，2021）。从团队方面来看，创业团队人数多，整体的灵活性不高，会负向影响资源拼凑对企业绩效的提升作用，相对于团队规模较大的企业，小规模团队更有利于开展资源拼凑行为（Bojica et al.，2014）。而从环境因素来看，激烈的市场竞争要求企业要通过持续创新立于不败之地，在资源有限的情况下选择拼凑会提升企业的创新能力，但是连续拼凑则会降低企业的创新能力（李晓翔和霍国庆，2015）。同时，企业和政府之间良好的政商关系对企业拼凑和创业导向间的关系起到负向的调节，不利于企业整体的创新导向，但政商关系所形成的社会网络可以扩大拼凑的范围和边界，延缓效益的递减效应（张敏，2020）。组织外部环境越动荡，市场的需求稳定性降低，会促使创业者开展拼凑行为来抓住机会（李玎玎和李雪灵，2021）。

第四，资源拼凑的影响后果。首先，资源拼凑和企业绩效表现出何种关系尚未形成一致的结论。企业在资源拼凑的环境下，可以促使企业加速形成自身品牌，提升企业的创新能力（曾国军等，2022）。对于制造型企业，资源拼凑策略会提升企业开发新产品的速度，然而过分的拼凑会降低新产品开发的效果，技术越动态变化，两者间的关系越明显（Wu et al.，2017）。资源拼凑能够正向影响企业的支持性创新，同时间接影响企业的交互性创新。对创新绩效的影响表现在：拼凑本身的即时性，创业团队无须烦冗的审批程序就可以开展；对企业手头现有的资源进行排列整合和重新分类，比从外界获得新资源节省了时间成本；拼凑具有反复性，在实行策略过程中，会出现计划外的创新结果和经济效益（Salunke et al.，2013）。

其次，不同类型的资源拼凑可以助力企业获取相应的组织合法性，实物、技能和市场拼凑在经济层面上帮助企业获得市场合法性，制度、人力拼凑帮助创业企业取得社会合法性，要根据企业所处的成长阶段来匹配途径获取合法性（彭伟等，2018）。新兴市场的创业企业相对缺乏合法性，手段导向型方式向利益相关者为主的网络型的资源拼凑方式的转化，来实现企业资源的最大化。合法性的获得也可以为企业后续争取到更多新的外部资源，多种情境约束下，资源拼凑战略在企业获得合法性的过程中发挥重要作用（张媛等，2022）。

最后，在竞争激烈的环境下，企业可以通过拼凑发现废弃或无关的冗余资源，缓解资金短缺的压力，进而获得瞬时的竞争优势。尤其是在冗余资源较多的情景下，创业团队敢于去试错以此提升团队的竞争优势（于晓宇等，2020）。适度地挖掘资源潜在用途进行创造性的重组，企业组合资源的能力不断得到提升，有利于形成创新产品和服务，帮助创业团队增强竞争优势（叶宝升等，2023）。同时，资源拼凑不单单对新创企业发展有益，组织衰落的企业也采用拼凑进行组织复苏。僵尸企业和衰落企业通过利用拼凑手头资源解决本企业的技术难题、人员难题和材料难题，帮助企业抓住关键机会获取竞争优势，来在逆境中成长并突围逆境（王健，2021）。

2.1.5 合法性理论

“合法性”最早起源于政治学领域，通常被用于讨论社会秩序和规范，是权力构成的前提。随后“合法性”概念应用于微观组织的研究，衍生出“组织合法性”的概念（Parsons，1960）。结合制度理论，组织环境中的动态变化不仅来自于物质及技术的冲击，还源自于文化形式、符号以及信仰的影响（DiMaggio and Powell，1991）。这就意味着，社会的文化、规范、信仰等会对组织发展带来一定的影响。因此，组织合法性可定义为组织行为是否与社会建构起来的规范体系、价值观、信仰等保持一致（Suchman，1995）。

具体而言，组织合法性强调了社会普遍认知，尤其是利益相关者的认知对于组织的认可作用。合法性具有整体性、主观性、社会性三大特质——整体性体现在合法性对单个事件的发生具有弹性，即单个事件可能并不会长期影响组织的合法性水平（戴鑫等，2018）；主观性意味着合法性依赖于社会受众对组织行为的主观认知与反应，若组织的某些行为不能被感知，那么合法性就不会发生波动；社会性意味着合法性与社会集体规范相关，个人评价无法影响组织合法性（Fischer et al.，2016；Fischer et al.，2017）。

组织合法性理论主要涉及赋予合法性的行动者、寻求合法性的行动者、合法性标准三类要素，且这三要素之间存在紧密互动关系（戴鑫等，2011）。组织合法性根据来源可划分为规制合法性、规范合法性和认知合法性（Chung et al.，2016）。其中，规制合法性来源于政府、协会等规范部门的规章制度；规范合法性来源于社会普遍存在的价值观和道德规范；认知合法性建立在可理解性与理所当然性的基础之上，来自于特定事物或活动的知识扩散以及群众对此的接受水平。

组织合法性理论在组织研究领域中的运用十分广泛，在组织行为（Filatotchev and Nakajima，2014）、战略管理（陶红和卫海英，2016）、创业管理等研究领域较为普遍。组织合法性理论认为，组织需要做出一些迎合社会需求、创造社会价值的行为，从而获取社会公众的合法性认同。因此，合法性压力能够导致企业治理体系的变革，并在一定程度上影响企业行为，促使企业计划实施更多可持续性的活动，而不仅关注短期经济利益（Filatotchev and Nakajima，2014；Schaltegger and Hörisch，2017）。基于组织合法性理论，企业责任信息在企业的生存和发展中发挥重要作用，企业社会责任披露展示了企业社会意识，从而实现合法性的持续维护与获取（李诗田和宋献中，2015）。与此同时，合法性可以作为企业战略管理的重要参考标准（Iglesias et al.，2020）。发生危机事件的企业，基于合法性压力，会针对特定的危机情境采取各种类型的策略对损失的合法性进行维护（陶红和卫海英，2016）。

相比于传统组织而言，创业行为具有高风险性，因此创业合法性对于创业企业的影响更为显著。究其本质，创业实际是新创企业争取合法性的过程。相对于成熟企业而言，新创企业往往具有更高的死亡率。原因在于，社会公众往往对于初创企业的产品或服务不熟悉不了解，从而抑制新创企业初始资源的获取。新创企业的合法性获取不是简单快速实现的，而是一个迭代的、动态的、持续的过程（Tracey et al.，2018）。独特性、受众多样性、市场类别演变以及多重合法性阈值等因素解释了创业合法性的复杂性（Fisher，2020），即合法性获取取决于创业企业的特征（Zhao et al.，2017）、利益相关者的差异性（Fisher et al.，2017）、所处行业类型（Younge and Fisher，2020）、新创企业所处的生命周期（Fisher et al.，2016）等。许多学者基于不同研究视角探索了新创企业创业过程中合法性的影响因素，具体包括效果推理先前承诺逻辑与可承受损失逻辑（俞园园和文学舟，2022）、象征性行动（张燕等，2022）、关系学习（刘芸等，2020）等。现有研究主要关注合法性获取的3种机制：身份机制、联结机制、组织机制（于晓宇和陈依，2019），即通过展示身份、展示自身与某些权威的个体或组织间的相关关系、展示企业过往信息的方式，满足社会公众的预期，并维护和获取合法性，以减少“新进入缺陷”。

此外，创业的高失败率让学者和创业者不得不考虑创业失败后合法性维护的问题。创业失败的创业者往往会选择公开其失败经历，以培养社会受众，尤其是利益相关者对创业者的良好印象，以便未来再创业行动的开展。向社会大众公开声明的创业失败叙事类型包括胜利、和谐、拥抱、偏移和显示，不同叙事类型利用一组不同的印象管理策略描述不同的失败含义（Kibler et al.，2021）。创业者选择不同印象管理策略，往往会对后续创业合法性产生不同的效果。Cardon et al.（2011）认为，公开指责其他个人或者将责任推卸给外因的创业失败叙事传达了创业者的不利形象。但是，Kibler等（2017）的研究表明，当创业者将失败推卸给其无法控制的外部因素时，受众对于失败的反应更为积极。有限且矛盾的证据表明，创业失败情景下，印象管理理论在解释印象管理策略对创业合法性的影响的过程中仍未得到有效的利用。

2.2 科技型新创企业的研究回顾

2.2.1 科技型新创企业的概念内涵

(1) 科技型新创企业的概念

科技型新创企业在其概念内涵上包含了“科技型企业”和“新创企业”的双重属性。第一，科技型企业又称高科技企业。Anderson（1987）认为，科技型企业区别于其他企业的地方在于研发人才较多，高级工程师、科学家等高素质、高技术类员工比重较高，且 R&D 支出在其总支出中占比也要远高于其他类型企业。随着对科技型企业认识的不断深入进一步发现，科技型企业的员工构成中高技术人才比重较大、研发投入较高、在采用新技术上较为迅速、企业增速较快。总体来看，科技型企业主要从事高科技产品的研发、生产和销售，所处市场环境复杂，整个经营过程充满不确定性，且认为科技型企业还应该包含公司领导者应具有比较强的创新意识，较高的开拓市场的能力以及较高的经营管理水平（陈晓红和马鸿烈，2012）。

第二，新创企业主要有 3 种存在形式：一是，由两个或者多个成熟企业联合创建的合资企业或者联合经营企业。二是，由成熟企业创建的独立运营具有法人资格的子公司。三是，由一个或者几个创业者自主创建的企业。其中，第一、二种类型属于公司创业范畴，而第三种类型即自主创业是新创企业的主要形式。Chrisman 等（1998）从广义的视角对新创企业进行了定义，认为是处于企业生命周期的初级阶段，且尚未进入成熟期的企业，具有“新进入缺陷”特征。但在研究操作上，企业进入成熟期的具体时间往往难以评估。因此，已有文献对新创企业概念内涵进一步从其生存性和成长性两个方面进行了延伸。其中，新创企业的生存性是指企业成立时间较短，成长性是指企业在财务指标、运营管理能力等方面有所增长。而在上述两方面中，新创企业的成长时间尤为重要。因此，已有研究更多地对企业成立时间进行了界定。例如，考虑企业的盈利能力，McDougall 等（1992）将新创企业的时间以 7 年为限。Lussier

和 Corman（1995）在对新创企业关键成功因素进行探索的过程中，将新创企业的年限界定为1～10年。蔡莉和尹苗苗（2009）认为，成立时间小于或等于8年的企业，既是新创企业。Batjargal 等（2013）将新创企业界定为成立时间在8年及8年以下，且财务与管理独立的私营企业。

与成熟企业的生命周期不同，创业者在创建企业后需要有过渡期和起飞期，这两个阶段均为新企业的初创期（Wong et al.，1993），这一时间的长短主要集中在5年（胡望斌等，2009）、6年（Zahra et al.，2003）、8年（Batjargal et al.，2013）。新创企业的成长时间往往与创业环境密切相关，尤其是随着经济不确定性和竞争维度的不断升高，新创企业的生命周期也在不断缩短。因此，本书较为认同张玉利和李乾文（2006）对新创企业的概念阐释，认为新创企业是企业发展的初始过程，主要是指从企业创立甚至企业最初创意开始，到摆脱生存困境并基本转变成规范化、专业化管理的过程。同时，已有研究也多数认为8年是新创企业进入成熟期的时间标准（张秀娥和张坤，2018）。

综上所述，结合科技型企业和新创企业的双重属性，本书将科技型新创企业界的概念界定为由一个或者几个具有共同愿景的创业者，通过评估环境、整合资源、组建团队，进而创建实体，且从事高科技产品的研发、生产和销售，成立时间在8年以内的企业。

（2）科技型新创企业的特征

科技型新创企业特征也包含了科技型企业和新创企业的双重特征。从科技型企业属性来看。一是，科技型新创企业强调了技术因素在企业发展中的核心位置，企业的生产、运营要以技术研发与应用为主导，通过技术价值转化商业价值来获取企业利润，促进企业成长。二是，科技型新创企业的创新程度高，其创业过程是以技术研发与应用为基础，突出创新精神在新产品、新服务、新商业模式上的技术价值实现过程。三是，科技型新创企业的高风险性，体现在技术创新过程中的高度复杂性，技术的研发与应用不仅受到技术成熟度、技术可替代性等自身因素影响，还受到政策支持、市场接受度等外部环境因素的影响。四是，科技型新创企业对创业决策者的素质要求更高。已有对科技型新创企业案例研究中较多发现，创业决策者不仅是新创企业技术研究与应用的核心骨干，还要兼顾对企业战略选择，发掘潜在市场机会，要求具备较高的战略管理能力。五是，科技型新创企业还具有高投入性。相较于其他类型的新创企业，以技术为主导的创业过程需要投入大量的资金以维持企业的持续发展，一旦创业失败，所遭受的失败损失往往也是巨大的。

从新创企业的属性来看，其突出的特征在于“新进入缺陷”具体表现为科技型新创企业在内部缺少足够的资源、能力和经验，外部缺乏信任和社会关系网络等合法性，导致资源和能力不足，给新创企业的生存发展带来挑战。“新进入缺陷”对科技型新创企业的影响表现不仅体现在企业内部，也会影响到企业外部。一方面，由于创业决策者的创业经验和能力相对不足，很难在企业内部形成一整套完整、成熟的业务流程和运营决策过程，需要创业决策者随着创业情景的变化不断进行完善，降低业务流程中的不确定性。另一方面，也是由于企业成立时间较短，与利益相关者的信任联结强度往往不高，缺乏来自企业外部的信任机制，科技型新创企业难以获得来自利益相关者的认可和合法性获取。

总体来看，科技型新创企业一般具有较大的灵活性和极强的创新性，利用新技术、新发明，可以很快开发出新产品；由于其高新技术产品的新颖性和高技术特性，使其能迅速地占领市场。同时，创新性造成的高风险性必然存在，科技型新创企业的特征概括为“三高”，即高灵活性、高成长性和高风险性，正是由于“三高”的特点，造成科技型新创企业创业失败客观存在（王朋举等，2014）。

2.2.2 科技型新创企业的成长过程及影响因素

科技型新创企业是创新驱动创业的重要载体（蔡莉等，2022），为了揭示其成长机理，越来越多的学者们开始关注其企业成长过程和影响因素。既有文献普遍认为科技型新创企业的成长不仅是一个伴随环境依赖的动态学习过程，也是创业决策者不断进行机会识别和资源获取整合的复杂过程（李新春等，2010）。在新创企业的动态学习过程中，强调了创业机会识别和创业知识积累的重要性（Lazonick，2002）。同时，新创企业能否取得成功也取决于组织、环境、团队能否与创业实践过程达到较好的要素匹配。并且，创业决策者也在其成长过程中起到了关键作用，其内生能力主导着新创企业在机会识别和资源获取过程中的表现。刘辉（2015）在对我国信息技术企业的案例研究中发现，新创企业的成长表现在3个维度的能力提升。其中，创业能力是指新创企业在初始阶段表现在机会识别、资源整合以及风险承担等方面的能力；动态能力是指新创企业在存货阶段对外部知识学习和技术合作能力；创新能力是指新创企业对新产品研发、市场扩展方面的创新程度，3种能力的协同作用揭示了科技型新创企业的成长过程。

进一步地，通过对新创企业发展的长期实践探索，其成长过程是会受到来自内外部因素的影响，并且在不同的创业情境以及企业发展阶段，其影响程度也呈现差异化的表现（蔡莉和单标安，2013）。只有在明确市场和制度环境下，新创企业才能更好地识别机会、整合资源，取得健康、可持续的发展成长。因此，已有研究也从不同的视角探讨了影响科技型新创企业成长的因素，试图更为清晰地展现其发展成长的全貌。主要涉及了资源基础观、企业战略观、制度环境观和创业者特质观等方面。

第一，在资源基础观方面，新创企业需要与利益相关者保持较为紧密的关系来获取发展所需的资源，通过对获取资源的进一步整合利用，进而促进企业成长。一般而言，财务资本和人力资本是新创企业成长最为重要的基础性资源（Westhead et al.，2001）。

第二，在企业战略观方面，已有研究主要探讨了战略导向和战略选择对新创企业成长的影响。Chrisman 等（1998）发现新创企业的战略选择与其企业绩效之间存在着高相关性。并且在之后的实证检验中也发现，创新战略会影响新创企业的财务表现和创新潜力。而制度环境的差异化也可能影响着企业战略与新创企业绩效之间的关系。例如，Tang 等（2008）就发现，在中国情境下的新创企业战略导向与企业绩效之间存在一种倒U的非线性关系。同时，中国企业的战略选择也往往更为重视短期的利润收益，而非创新战略（Tang and Hull，2012）。

第三，在制度环境观方面，越来越多的学者开始关注市场和制度差异在新创企业成长过程中的作用。对于新创企业而言，需要准确定位市场和环境，才能为企业发展留出足够的发展空间。诸多国内学者也指出，制度环境对于我国新创企业的成长至关重要。Tang 和 Tang（2012）发现，由于在知识产权保护不完善、市场规范化程度相对较低等方面的不足，我国新创企业在战略选择更为倾向多元化战略。同时，相较于国有企业，民营企业在资源和合法性获取上存在天然劣势，越来越重视政商关系和商业关系的打造（王玲玲等，2017；王海花等，2019），而且非正式关系在新创企业合法性获取的过程中起到重要作用（杨婵等，2019）。

第四，在创业者特质观方面，随着近年来市场制度环境的不断改善，也有文献开始关注创业者特质在新创企业成长过程中的作用。例如，薛鸿博等（2019）认为，具有行业内先前工作经验的创业者，会在一定程度上限制新创企业的商业模式创新程度。单标安等（2018）的研究发现，创业决策者的创造性和成就需求会积极影响新创企业的成长。关健等（2022）也指出创业者的教育水平越高，越能够吸引风险投资的关注，并促进企业的技术创新。郝喜玲（2013）则通过实证检验得出，创业者的价值观是否与新创企业具有紧密的契合也会影响其健康、可持续的发展。同时，也有学者关注企业家能力，认为创业决策者的企业家能力是新创企业获取资源和合法性的关键因素（刘芳等，2014）。

2.2.3 简要评价

在当前创新驱动创业实践的过程中，科技型新创企业越来越受到理论界和实务界的关注。已有研究对科技型新创企业概念内涵的解读，以及对新创企业成长影响因素的梳理，在一定程度上揭示了科技型新创企业的成长机理。但既有文献更多关注了科技型新创企业的创业成功规律，而忽视了客观存在的创业失败现象。

由于科技型新创企业所具备的高风险性和不确定性，决定了其创业过程并非一帆风顺。尤其是随着我国创业政策的不断完善和引导，创新能力的不断增强，科技型新创企业的数量也在快速增长，但较高的创业失败率依然是不容回避的问题。因此，非常有必要聚焦于科技型新创企业的创业失败问题，对如何降低创业失败率，促进企业健康、可持续发展进行探讨。

2.3 创业失败的研究进展

受“反失败”偏见的影响（Shepherd et al.，2016），创业实践与研究过程中都较为关注创业成功企业，探索创业成功规律，从创业特质性、机会视角、资源视角等多个角度对创业者和新创企业的创业过程和行为进行了大量的案例与实证检验（McGrath，1999），取得了较为丰富的研究成果。由于创业活动的风险性和不确定性，使创业过程充满了未知性，创业失败客观存在，是创业活动的必然组成部分（Politis and Gabrielsson，2009）。从失败学理论来看，失败也是一种重要资源（王岳森和李岱松，2006），通过对创业失败资源的积累与配置，能够丰富后续创业活动的技能和知识，提高创业成功的概率（Edmondson，2011）。

创业研究领域越来越重视对创业失败问题的关注，从创业失败的概念内涵、创业失败归因以及创业失败的影响与应对3个方面对创业失败的研究进展进行梳理。

2.3.1 创业失败的概念内涵

学界对于创业失败的关注最早源于对创业失败内涵的解读，但由于对创业失败审视角度的差异，对创业失败概念的界定仍未形成明确、统一的观点（Amankwah－Amoah et al.，2015）。已有研究对创业失败的概念内涵的解读主要包括以下3种类型：

一是，从新创企业的最终状态进行定义，将企业关闭等同于创业失败（Zacharakis et al.，1999；Wennberg et al.，2010）。但该种对创业失败的定义受到质疑，因为新创企业在绩效优异或绩效欠佳的情况下都有可能退出企业（Headd，2003），比如新创企业的创业决策者因发现新的商机资源关闭企业的情形（Shepherd，2003），或因在某一业务上发生兴趣转移而终止当前业务

(Shepherd et al., 2007)，而这些情形并不能简单地等同于创业失败。

二是，从创业初衷、期望及目标对创业失败进行判断，即是否达成了新创企业预期目标情况进行定义，但对预期目标的判断又分为最终目标和阶段性目标两种情况。对于创业最终目标而言，如果新创企业未能达成，经营业绩惨淡，无法偿还债务，会被界定为创业失败（McGrath，1999；田喜洲和谢晋宇，2012）。但该种定义也存在一定局限性，未能区分那些经营业绩惨淡但为了自身利益而苦苦支持的僵尸企业。尤其是在中国情境下，由于我国破产程序成本过高导致存在大量的僵尸企业（黄少卿和陈彦，2017）。这在一定程度上扰乱了对新创企业创业失败问题的探讨，难以真正揭示出新创企业创业失败的原因和特点。而从预期目标的阶段性完成情况来看，这类情景包括了新创企业在创业过程中出现的融资失败、新产品的市场开发失败、阶段性的业绩表现不佳等。但在具体的操作上，有时难以区分创业过程中的运营管理错误、创新研发差错等情况（郝喜玲等，2020）。

三是，将创业失败定义为新创企业遭受重大挫折，难以恢复到先前的创业过程。这种重大挫折往往会造成新创企业难以维系企业日常运营，甚至导致企业走向破产边缘。并且，创业失败会进一步引发利益相关者对创业者的信任丧失，产生刻板性印象，形成失败污名（Xiong et al.，2021），进而造成合法性丧失。

本研究是探讨如何对科技型企业进行创业失败修复，结合已有文献对创业失败的概念界定，并考虑创业失败的结果和原因，借鉴 Zhang 等（2019）、郑馨等（2019）的研究发现，本书认为创业失败是指创业者无法调动必要的专业知识和资源来应对旧的和新出现的威胁，导致企业不盈利或陷入财务困境最终造成创业者终止或退出新创企业。

2.3.2 创业失败的归因

哪些因素导致了创业者或新创企业的创业失败，也是创业失败研究所关注的重要议题。既有研究主要基于 Timmons 的创业三要素模型，从机会、资源和团队 3 个方面对创业失败的原因进行了审视（Yamakawa et al.，2015）。在机会要素方面，创业者或新创企业对创业机会的识别、评估、开发和利用出现偏差，往往会造成失败结果（Cardon et al.，2011）。在资源要素方面，资源基础观认为新创企业受资源约束性，资源要素是创业企业建立和成长的重要基础，因而资源缺失导致创业失败的比例较高（Brush et al.，2001；Hayward et al.，2010）。在团队要素方面，较多的是从组织行为学角度分析创业失败原因所在，创业团队作为创业活动的核心要素，创业者的创业经验缺乏（Shepherd，2003），或者是过度盲目自信（Franco et al.，2010），会极大影响创业决策判断，导致创业失败的发生。

进一步地，在归因理论的逻辑框架下，越来越多的实证检验发现创业者在失败之后往往会由于利己性偏见而寻找某些解释和理由来掩盖失败的真实原因（Mantere et al.，1999），但这种对创业失败原因的主观解释往往比客观真实的原因更为重要，归因是对创业失败意义构建的关键和基础，极大地影响着创业失败者的后续行为决策（张秀娥和王超，2020）。已有研究更多的是从因果根源的视角对创业失败归因进行了分析，将失败归因划分为内部因素和外部因素两种类型，并取得了较为丰富的研究成果。

具体来看，由于个体所具有的“自我服务偏见”，创业者往往倾向于将创业成功归因于内部因素，而将创业失败归因于外部因素，例如外部环境欠佳、缺少投资资金、政策的转变、创业任务较难等（Gries et al.，2016）。也有部分研究认为，创业失败是由于个人创业经验和能力不足、努力程度不够等内部因素所致，并且归因于内部因素，也有利于创业失败者更好地进行创业失败学习，汲取失败经验，促使其在后续创业活动取得成功（杨特等，2019）。同时，创业活动中的不同角色对于失败归因的看法也存在较大差异，创业者自身更多将失败原因归结为自身的内部因素，而创业投资者则认为失败结果是由外部的不确定因素所导致（Zacharakis et al.，1999）。

但随着对创业失败归因认识的不断深入，仅是单一地将失败归因为内外部因素存在一定的片面性，有关学者也在因果归因的基础上进一步展开了更为细致的探讨。例如，陈睿君等（2021）就认为，需要进一步考虑内外部因素的稳定性和可控性，其中稳定性是指失败原因在相似情境中的一致性判断，可控性是指个体对失败原因的可控程度。当创业失败者将失败归因于可控的内因

(能力不足)、不可控的外因（市场环境不佳）以及不稳定的外因（政策的转变）时，有利于创业失败修复，促进后续创业意向的形成。于晓宇和蒲馨莲(2018) 也通过质性研究对比了我国和北欧创业者对失败归因的差异性，发现在个人主义和集体主义文化维度的理解不同，北欧企业的创业决策者会对创业过程中员工的利己行为更为包容，不会将创业失败归结于员工的利己不当行为。而我国企业的创业决策者受集体主义文化的影响，往往难以忍受员工与企业相悖的行为发生，将失败归结于员工忽视集体利益的利己行为。可见，文化差异会影响创业失败归因的结果（Cardon et al.，2011)。

2.3.3 创业失败的影响与应对

(1) 创业失败成本

失败对于创业者而言是痛苦，会给其带来破坏性的后果。创业失败对创业者或新创企业在财政、情感、社会关系等方面造成的负面影响程度就是创业失败成本。现有研究对于创业失败成本的结构维度还缺乏统一的认识（于晓宇，2011)，较多认为失败成本结构包括财务成本和情感成本（Shepherd and Cardon，2009)，即在新创企业创立之初，所投入的大量资源不仅包括了人力、物力、财力等可度量的经济因素，还包括了创业过程中所投入的情感因素(Cope，2011)，一旦创业失败，必然会给创业者带来经济损失和心理打击(易高峰，2021)。

在财务成本方面，创业者不仅要在创业之初投入大量物质资源（如厂房、设备、资金)，还需要在创业过程中持续性地投入资金维持企业的正常运转。而由于自身资金约束，往往需要多元化融资渠道获得资金支持，从而产生相应债务。如若遭受创业失败，前期所投入的物质资源无法产生预期收益，必然会给创业者带来巨大的财务方面损失，如资金投入的损失，个人资产的缩水，收入的减少，以及背负债务的损失（李雪灵等，2014；Wilhelm et al.，2019)。

在情感成本方面，创业者与新创企业之间往往存在着较为紧密的情感联系。新创企业的创业过程不仅仅是创业者获取个人的利润收益，也是一个自我价值实现，达成个人成就需要的过程。因此，创业者也会在创业过程中持续的进行“情感”投资（Eggers and Song，2015）。当新创企业遭受创业失败，会给创业者带来显著的负面情绪影响，如愤怒、羞愧、痛苦、懊恼等，并会伴随疲惫、失眠、高血压等不好的生理症状，更有甚者产生抑郁的精神症状（McMullen and Shepherd，2006）。而且，创业者在新创企业的情感时间投入越长，创业失败给创业者心理和情绪上带来负面影响程度越大。

除此之外，越来越多的研究也关注到创业失败给创业者的社会关系带来的负面影响。例如，创业失败会造成创业者遭受来自家庭、亲人的疏离，来自利益相关者的合作排斥（丁桂凤等，2019）。同时，创业失败也会给创业者带来刻板印象，遭受创业失败污名（厉杰等，2019）。

（2）创业失败价值识别

创业失败带给创业者惨痛经历的同时，人们逐渐认识到创业失败中所蕴含的价值。自 McGrath（1999）研究之后，创业失败研究逐步从创业内涵分析向创业失败价值识别转变，即从创业失败中可以得到什么的问题（于晓宇等，2017）。从创业机会角度来看，经历过创业失败的创业者，在创业机会识别、利用的能力上往往比初次创业者表现更强（Stokes and Lomax，2002），有助于降低创业活动的不确定性（McGrath，1999），以提高创业者的后续创业意愿。

从创业资源管理角度来看，失败经验能够促进创业者在资源管理方面能力的提高（Sarasvathy，2001；Politis，2008），尤其是对失败资源的拼凑更能决定着创业者后续行为的选择。并且，对失败资源的管理不仅包括了对创业失败后物质资源的有效识别和整理，还包括了通过失败学习所形成的失败经验向失败知识的转化（Xiong et al.，2023）。

在创业者自身价值方面，已有研究认为创业失败能够激发创业者自我学习（郝喜玲等，2017；赵文红等，2014），提高自身的自我管理能力、适应环境能力、应对挫折能力等，使其在创业决策中更加谨慎，结合对自身情况清晰的认识，从而做出理智的决策。同时，经历过创业失败的创业者对于风险的态度会更加谨慎，在对创业机会识别的过程中警觉性更高，从而发现更有价值的潜在机会。

但也有学者从创业失败成本的视角提出了相反的观点。从效用理论来看，创业失败造成了巨大的财务成本，创业失败者的负担过重，越倾向于风险规避，严重打击了创业者的后续创业信心，对后续创业意向产生负向影响(Brunstein and Gollwitzer，1996)。

(3) 创业失败学习

创业失败学习则是对创业失败价值最大化的实现，通过从失败经历中获取有用的创业知识，以提高创业能力，降低后续创业的不确定性（倪宁等，2009)。针对创业失败学习的研究，主要探讨如何从创业失败中学习的问题，包括了创业失败学习过程、学习内容以及学习模式等方面。

创业失败学习过程中，首先应对失败源进行识别，通过对失败事件的剖析，从而将失败经验转化为创业知识（胡洪浩和王重鸣，2011)，其转化路径主要包括了探索式和利用式两种知识转化的模式（倪宁和王重鸣，2007)。同时，创业失败者越能认识到失败中所蕴含的巨大价值，越能够认识到失败是识别机会的“试金石”，从而在失败后更为积极主动地进行经验总结，开展后续的创业活动（Politis，2005)。

在学习的内容上，包括了对机会的识别、评估，创业资源的管理能力，资源的获取方式、渠道等（Davidsson and Honig，2003；Cope，2005)。并且，不同的创业者在创业失败学习的内容上也存在不同侧重。例如，创业者先前失败的次数和程度与创业失败学习内容上存在倒U形的非线性关系（王华锋等，2017)。创业失败者的反事实思维也会对创业失败学习产生作用影响，采取上行反事实思维会促进其单环学习，而采取下行反事实思维会促进其双环学习(郝喜玲等，2018)。

学习模式是创业者从创业失败中的学习方式，包括了单环学习和双环学习的选择（Politis，2005；张玉利等，2015)，而这种选择则会受到失败经历、学习内容的影响。倪宁（2011）研究认为，创业失败使得创业者更倾向于探索式的学习方式。失败归因也会影响创业失败学习模型，一般而言，将创业失败归因于能力，更倾向于选择双环学习；而归因于努力，则倾向于选择单环学习(于晓宇等，2013)。郝喜玲等（2018）的研究也发现，创业者的韧性越强，创业失败对其所带来的消极影响越小，有利于其进行单环学习和双环学习。

(4) 创业失败对后续创业的影响

对于创业失败者来说，其后续选择包括两种，即重整旗鼓继续创业或进入市场选择创业（赵文红等，2014）。因此，就创业失败与后续创业的关系而言，现有研究呈现两种观点：一种体现了正向关系，即创业者在经历失败之后，能够更加客观地审视创业的困难，合理评估遇到的问题，增强创业者的信心，并且通过创业失败学习，提升了自身的创业技能和知识储备，进而激发其后续创业的努力程度（Ucbasaran et al.，2010）。例如，根据前景理论，当创业失败者遭受的经济成本足够高时，其会表现出高风险偏好，从而促进其后续创业意向（丁桂凤等，2016）。Shepherd and Cardon（2009）提出的悲痛恢复理论也认为，创业失败者通过反思取向和恢复取向等不同方式对悲痛情绪进行管理，能够帮助其更快地从悲痛情绪恢复，在后续创业活动中表现得更加积极。

另一种则体现了负向关系（Brunstein and Gollwitzer，1996），强调了创业失败对创业者的镇痛，由此所带来的负面情绪一定程度上阻碍了创业者从失败中学习的积极心态，丧失了对后续创业成功的信心，以至于对后续创业意向产生消极作用。例如，于晓宇等（2013）的研究发现，由于双环学习是对创业者先前经验的根本否定，如果创业者未能对先前创业决策做出根本性反省，会极大地损耗后续创业的信心，反而会带来更大的负面情绪，不利于后续创业决策，也在一定程度上揭示了为什么有的创业者会在创业过程中屡败屡战。

此外，随着对创业失败与后续创业关系的理解不断深入，也有学者进一步探讨了两者关系中存在的权变因素，更为细致地揭示了创业失败对后续创业的影响机制。例如，对于自我效能高的创业失败者，其遭受创业失败的情感成本与后续创业意向之间存在着倒U形的关系（Shepherd，2009）。在对破产程序较为友好的制度环境下，创业失败者的破产成本相对较低，并不给创业者带来更多负担，使其进行破产重组的可能性大大增加，促进了其后续创业的意向（Singh et al.，1986；于晓宇和蒲馨莲，2018）。

2.3.4 简要评价

既有研究对创业失败的概念内涵、创业失败归因以及创业失败的影响与应对等方面形成了较为丰富和深刻的理论洞见，在一定程度上揭示了为什么有的创业者或新创企业能够在创业失败后“涅槃重生”，而有的创业者却面对失败

“偃旗息鼓”。并且，已有研究发现对于理解科技型企业的创业现象也提供了扎实的理论支持。但对于如何对创业失败进行修复，已有研究仍然存在碎片化的问题，缺少系统、全面地理论解释和实证检验。

2.4 失败修复机制及其在创业领域中的研究现状

2.4.1 失败修复机制

已有关于失败修复机制的研究主要聚焦于生态修复（王苓等 2022）、信任修复（徐彪，2014；Sabbaghi et al.，2016；李燕凌和丁莹，2017；严瑜和吴霞，2016；Bozic，2017），以及服务失败修复（王珂等，2006；钟科等，2014）等领域，并采用归因理论对各种情境下的失败伤害进行了归因分析，通过建立修复模型进一步提出修复策略。由于产品伤害修复、服务失败修复是企业提供的产品或服务未能满足消费者的信任，使消费者信任受损，因此将它们归入到信任受损修复中。

（1）生态修复

生态修复是对遭受到破坏的生态系统，采取生态工程或生物技术手段进行修复，使其恢复到原来或与原来相近的结构和功能状态（聂斌斌等，2010）。朱永华等（2012）认为，生态修复是指利用生态系统的自我调节能力与自组织能力，辅以人工措施，使遭到破坏的生态系统逐步恢复或使其向良性循环方向发展。与生态修复对等的概念是生态恢复（王震洪等，2006），旨在将受损的生态系统从远离初始状态，通过一定的手段和方式恢复到初始状态。生态修复（恢复）主要包括水土保持、小流域治理、环境生态和森林生态。尽管学界对生态系统的界定不一，但存在一个共同点，即生态系统可以通过自然修复和人工修复两种方式进行恢复，最终使生态系统修复到未受损害前的初始状态。

（2）信任受损修复

Lewicki 和 Bunker（1996）最早开始涉足研究信任修复，认为信任修复是信任受损后，通过修复使信任变得更加积极。Bottom 等（2002）认为，信任修复是信任受损后，能够重新合作和情感得到积极恢复。Kim 等（2004，2006）将信任受损修复定义为在信任受损发生后、能够恢复到受损之前的状态，旨在使信任方的信任信念和意愿更加积极地活动，并由此将信任受损的修复内容分为信任意愿、信任信念；随后 Schweitzer 等（2006）将信任行为作为信任修复的另一内容。在上述观点的基础上，姚琦等（2012）将信任修复内容归结为 3 方面：信任、消极情感和消极行为。信任修复主要通过 3 种理论即归因理论、社会平衡理论和结构理论对上述内容进行修复的，其中归因理论较其他两种理论更常被用于分析信任受损修复过程。

目前信任受损修复策略主要有否认、道歉和承诺（Aune et al.，1998；Schweitzer et al.，2006）、补偿（Okimoto and Tyler，2007）等，Xie 和 Peng（2009）认为否认、道歉、承诺等修复方式仅局限于情感方面，对于消费者的信任是不够的。在此基础上提出了另外两种新的修复方式，即功能修复和信息修复，并通过实证研究证实组合修复方式比单一修复方式更有效。根据对信任修复的定义可知，信任受损修复的直接结果就是建立积极的信任意愿，除此之外，还需塑造积极的情感和行为。但姚琦等（2012）认为对该结果的界定存在两个问题：一是信任能否被彻底修复？二是是否存在矛盾状态？即在某些方面信任，在另一些方面不信任。

信任修复结果会受信任修复策略的影响，影响因素主要有：信任违背类型（Kim et al.，2004；Schweitzer et al.，2006；Gillespie and Dietz，2009）、修复努力的主动性（Nakayachi and Watabe，2005；Desmet et al.，2011）、信任方的人格特征（Haselhuhn et al.，2010）、信任违背发生的时间（Lount Jr et al.，2008）及文化规范（Ren and Gray，2009；Fehr and Gelfand，2010）。

2.4.2　创业失败修复

创业失败修复是创业失败领域的一个新兴话题，源于对悲痛复原的探讨（Shepherd，2003），强调通过对创业失败所引起问题的解决返回到初始创业的原始状态。由于对创业失败修复尚未形成统一认识，已有研究从不同的视角对其概念内涵进行了解读。一是，从结果观来看，Shepherd（2003）认为，失败修复是指创业者不再受到先前失败事件的困扰，面对创业失败仍能保持良好的状态，能够继续创业。当创业者再次思考失败事件时，并不会产生消极情绪，表明创业失败者已经从失败事件中恢复过来。二是，从过程观来看，创业失败修复与失败学习密切相关，虽然失败事件会导致一系列的成本损失，但同时也是一种宝贵的学习资源（Cope，2011）。从失败中学习，从失败中汲取经验，通过提升自身的创业能力来实现创业失败修复，进而在后续创业中增强信心（Ayala and Manzano，2014）。从情绪观来看，创业失败修复更为强调创业者不再受到因失败事件导致的负面情绪影响。在修复过程中创业者要结合失败情境，适时地对个体的情绪变化进行调节，削弱消极心理对再创业决策的影响（Korber and McNaughton，2017）。结合已有研究发现，本研究认为创业失败修复是指创业者或新创企业在遭受创业失败后，利用一定的方式和策略来消除失败所导致的负面问题，使创业者或新创企业走出失败“阴霾”。

创业失败修复也会受到相关因素的影响，阻碍或促进着创业失败修复的实施。针对创业失败修复的阻碍因素。由于创业失败带给创业者的悲伤情绪，如果创业者在创业过程中投入的情感时间成本越长，遭受失败所形成的消极情绪越容易累积，进而加剧创业失败者的悲伤程度。情感成本的不断累加会抑制创业失败修复的发生。同时，这种悲伤情绪也会降低创业者的后续创业积极性，负向影响自我效能感，也阻碍了创业失败修复（谢雅萍等，2022）。

针对创业失败修复的促进因素。陈睿君等（2021）的研究发现，失败归因方式是影响创业失败修复的重要因素，对于那些遭受创业失败的创业者而言，失败归因于可控的内因、不可控的外因以及不稳定的外因时，会促进其创业失败归因。同时，积极情绪也发挥着关键作用。积极、正确地看待创业失败结果，能够在一定程度上缓解失败的压力，从而能让创业失败者更快地从压力体验中反弹（王永和王振宏，2013），促进创业失败修复。创业者的个人特质也影响着创业失败修复。例如，具有自我领导行为的创业者往往会锚定创业目标，即使遭受创业失败，也会将目标转向后续创业，因此相比于没有自我领导行为的创业者更容易进入创业失败修复（Boss and Sims，2008）。

此外，在创业失败修复的方式和内容方面，现有研究的探讨并不充分，在碎片化的文献探讨中也主要是以创业失败成本为修复策略的实施内容。例如，针对创业失败的财务成本，可以借助社会支持系统来促进创业失败修复（Shepherd，2009）。而对于创业失败的情感成本，较多的学者聚焦于基于创业者的自我调整、自我定位所形成的心理修复，包括了情绪修复和认知修复的内容。在此基础上，谢雅萍研究团队（谢雅萍等，2020；陈睿君等，2021；谢雅萍等，2022）对创业失败修复的维度进行了探讨，认为创业失败修复包括了情绪修复、认知修复和行动修复3个方面，其中情绪修复是通过一定的悲痛恢复方式，使创业者在回想失败事件时不再产生悲伤情绪；认知修复强调通过信息搜索和整理，重新识别和评估创业失败经历，对自身的创业知识结构进行更新；行动修复是指通过融资、技术改良等资源重组和拼凑的行动，重新开始创业活动。

2.4.3 简要评价

不难看出，创业失败修复作为创业失败领域的一个新兴话题，正逐步引起相关学者的关注。对创业失败修复内涵、影响因素以及内容维度方面的探讨，进一步扩展了创业失败研究的范畴。但已有研究更多是从个体层面分析创业失败修复的过程，而对于以科技型企业为代表的组织层面，相关研究还较少涉及。同时，对于不同类型的创业失败成本，其在修复内容和方式上有何种特点，以及不同的修复内容和方式对后续创业的影响又是怎样的表现，既有文献并没有给出明确、系统的理论解答。

小 结

本章节对创业过程理论、创业决策理论、归因理论、资源拼凑理论和合法性理论进行了梳理，回顾了科技型新创企业的已有研究内容，对科技型新创企业的概念内涵、成长过程及影响因素进行了文献分析，归纳了既有文献对创业失败问题的研究进展，探讨了创业失败的概念内涵、归因、影响及应对方面的内容，总结了失败修复机制及其在创业研究领域中研究现状。

第3章

科技型企业创业失败修复的理论机理分析

引导和激励科技型企业创业失败后的再创业决策对提升创新创业质量具有重要作用。本章节将基于效用最大化原则，构建科技型企业创业失败后的再创业决策模型，对模型进行描述和解析。在此基础上，进一步引入创业失败损失补偿修复，探讨损失补偿修复对科技型企业再创业决策的影响，并进行仿真分析。揭示科技型企业创业失败修复的内在机理，解答创业失败修复的必要性问题。

3.1 问题的提出

在创新驱动发展战略实施的背景下，科技型企业是创新驱动创业的重要载体（张玉利等，2022）。科技型企业的创业活动不仅能够创造更多的就业岗位和社会福利，也可以赋能经济社会的高质量发展。但创业活动的高不确定性决定了科技型企业的创业过程并非一帆风顺（于晓宇和汪欣悦，2011），尤其是受到疫情冲击和全球经济下行的影响，创业企业的生存环境更为严峻，创业失败现象客观存在。随着理论和实务界对创业失败认识的不断深入，发现具有创业失败经历的科技型企业在创新质量、提供就业岗位和促进社会发展等方面更具突出表现（谢雅萍等，2020）。但创业失败导致的巨大成本损失往往制约着创业失败企业的再创业决策（Eklund et al.，2020），相比于初始创业决策，再创业决策的形成过程可能更为困难且复杂（Guerrero and Peña - Legazkue, 2019）。因此，如何引导和激励科技型企业在创业失败后做出再创业决策，对完善创业失败保障机制，促进创业失败企业的“涅槃重生”“东山再起”，提升创新创业质量尤为重要。

在先前创业失败情境下，创业失败损失不仅会造成再创业过程中的巨大成本压力，也会引起创业失败者的失败污名（Shepherd et al.，2011），造成声誉损耗，均会在一定程度上对创业失败企业的再创业决策产生负面影响。虽然现有研究对如何激励科技型企业的创新创业进行了系统探讨，但从激励方式来看，无论是财政补贴、税收优惠，还是相关费用减免、无偿贷款，均较多地关注于科技型企业创业过程的前端（宋卿清和穆荣平，2022）。例如，刘小元等（2013）、张永安等（2016）分析了政府补贴和税收优惠对科技型企业创新创业行为的影响，发现政府补贴和税收优惠均能够促进创业企业的创新资源投入，表现出显著的激励效应。王铁等（2022）也认为，以政策性贷款担保、税收优惠为代表的财政扶持政策能够显著提升科技型创业企业的创新绩效。可以说上述激励政策和手段对科技型企业创业活动的开展起到了“扶上马”的作用。但在先前创业失败的条件下，科技型企业的创业失败者可能更关注于创业失败损失所带来的负面影响（贾天明和雷良海，2016），对于收益补偿性的激励方式并不敏感，需要进一步考虑能够影响创业失败者再创业决策的激励方式。

因此，本研究以效用最大化原则，构建科技型企业创业失败后的再创业决策模型，对创业失败者的再创业决策的内在机制进行数理分析。在决策模型基础上，进一步考虑损失补偿修复对创业失败者再创业决策的影响，并进行仿真分析。

3.2 科技型企业创业失败后的再创业决策模型

3.2.1 模型描述

针对科技型企业创业失败后的再创业决策过程进行模型构建。假设科技型企业的创业失败者后续行为可以划分为两种：失败后就业、失败后再创业。根据经济效用最大化原则，只有当科技型企业的创业失败者再创业效用大于就业效用时，才会选择失败再创业决策。x 代表科技型企业因先前创业失败所承受的失败损失，$x>0$。

同时，设定创业失败者是风险规避的，r_x 是其在遭受创业失败损失 x 时的风险规避度，所付出风险规避成本为 $\frac{1}{2}r_x\sigma^2$。根据刘万利等（2012）的研究，创业者的损失感知程度越高越不利于其创业决策的形成。因此，假设风险规避度 r 会随着创业失败损失的增多以递减速度进行增长。考虑其曲线变化特征，以指数形式表示创业失败者的风险规避度变化，即 $r_x=r^0+r(1-e^{-x})$，其中 r^0 为创业者风险规避度的初始值，r 为随创业失败损失 x 变化时创业者风险规避度产生的最大增量。

如果科技型企业的创业失败者选择就业行为，其就业成本为 C_{em}，存在 $C_{em}>0$。此时，借鉴黄永春等（2021）的研究，创业失败后选择就业的效用 U_{em} 可表示为：$U_{em}=\varepsilon-C_{em}-\frac{1}{2}r_x\sigma^2-x$。$\varepsilon$ 代表效用产出的随机变量，$\varepsilon\sim(\mu,\ \sigma^2)$。

如果科技型企业的创业失败者选择再创业行为，其再创业成本为 C_{en}，存在 $C_{en}>0$。一般而言，失败再创业的成本会比就业成本更大，即存在 $C_{en}>C_{em}$。同时，根据陈涛等（2018）的研究，失败后再创业的效用 U_{en} 可表示为：

$$U_{en}=aw_x+dz_x+\varepsilon-C_{en}-\frac{1}{2}r_x\sigma^2-x。$$

其中，w_x 代表创业失败者遭受创业失败损失 x 时的创业声誉水平，aw_x 表示再创业过程中通过声誉产生的效用，存在 $a>0$。借鉴原红旗等（2020）的观点，随着先前创业失败损失 x 增多，创业声誉 w_x 以递减速度减少，故存在 $w_x=w_0-w(1-e^{-x})$。w_0 为创业声誉的初始值，代表科技型企业创业初期所享有的声誉水平。w 为随创业失败损失 x 变化时创业声誉产生的最大减少量。

z_x 代表创业失败者遭受创业失败损失 x 时的创业能力水平，dz_x 表示再创业过程中通过能力产生的效用，存在 $d>0$。同时，创业失败损失的多少也能够在一定程度上反映先前创业过程的困难程度，困难程度越大也代表着可供失败学习的经验和知识存量越多（祁明德等，2022）。因此，随着先前创业失败损失 x 增多，通过失败学习创业能力 z_x 会以递减速度增加，故存在 $z_x = z_0 + z(1 - e^{-x})$。$z_0$ 为创业能力的初始值，代表科技型企业创业初期的能力水平。z 为随创业失败损失 x 变化，创业能力实现的最大增量。

通过上述的参数设定和分析，可以得到：

$$U_{em} = \varepsilon - C_{em} - \frac{1}{2}[r_0 + r(1 - e^{-x})]\sigma^2 - x \tag{3-1}$$

$$U_{en} = a[w_0 - w(1 - e^{-x})] + d[z_0 + z(1 - e^{-x})] + \varepsilon - C_{en} - \frac{1}{2}[r_0 + r(1 - e^{-x})]\sigma^2 - x \tag{3-2}$$

进一步地，创业失败者会根据效用最大化原则决定失败后是就业还是再创业。因此，只有当 $U_{en} > U_{em}$，即 $\Delta U = U_{en} - U_{em} > 0$，创业失败者的再创业效用大于就业效用时，才会做出失败再就业决策。此时 $\Delta U = U_{en} - U_{em}$ 可表示为：

$$\begin{aligned}\Delta U &= a[w_0 - w(1 - e^{-x})] + d[z_0 + z(1 - e^{-x})] - (C_{en} - C_{em})\\ &= aw_0 + dz_0 + (dz - aw)(1 - e^{-x}) - (C_{en} - C_{em})\\ &= -(dz - aw)e^{-x} + (dz - aw) + aw_0 + dz_0 - (C_{en} - C_{em})\end{aligned} \tag{3-3}$$

可将 ΔU 转化为 $\Delta U(e^{-x})$，$\Delta U(e^{-x})$ 是关于 e^{-x} 的一次函数，存在：

$$\Delta U(e^{-x}) = -(dz - aw)e^{-x} + (dz - aw) + aw_0 + dz_0 - (C_{en} - C_{em}) \tag{3-4}$$

此时，推导出 $\Delta U(e^{-x}) = 0$ 时的根为 $(e^{-x})^* = \frac{dz - aw + dz_0 + aw_0 - (C_{en} - C_{em})}{dz - aw}$。

由于 $x > 0$，故存在 $0 < e^{-x} < 1$，即 $0 < \frac{dz - aw + dz_0 + aw_0 - (C_{en} - C_{em})}{dz - aw} < 1$。可根据 $(dz - aw)$ 的正负号情况，分析 $\Delta U(e^{-x})$ 的变化特征，讨论创业失败者在失败后就业与失败后再创业的行为选择。

3.2.2 模型解析

（1）当 $dz - aw > 0$ 时，$0 < (dz - aw) + aw_0 + dz_0 - (C_{en} - C_{em}) < dz - aw$，$\Delta U(e^{-x})$ 的函数变化情况如图 3-1 所示。

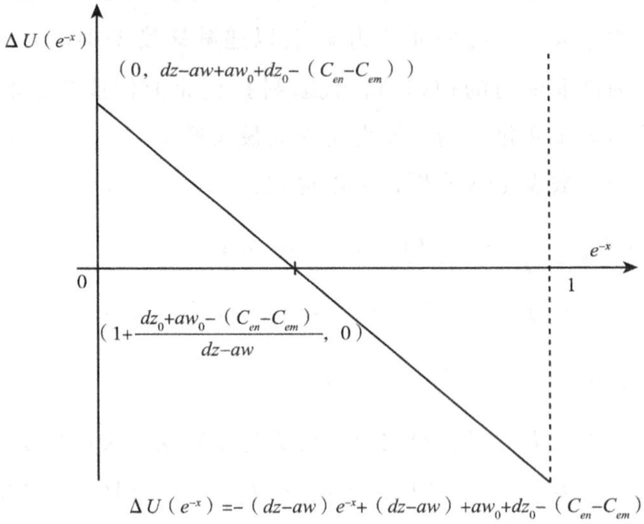

图 3－1　$dz-aw>0$ 时，函数 $\Delta U(e^{-x})$ 的变化情况

从图 3－1 可以看出，当 $0<e^{-x}<1+\frac{dz_0+aw_0-(C_{en}-C_{em})}{dz-aw}$ 时，存在 $\Delta U(e^{-x})>0$。上述结果表明科技型企业遭受创业失败后的再创业效用大于就业效用，创业失败者应做出再创业决策。因此，当通过创业失败学习实现的能力增长收益大于创业失败导致声誉下降所带来的收益损失时，随着创业失败损失 x 的增大，e^{-x} 的大小会逐渐由 1 向 0 变化，当达到 $e^{-x}<1+\frac{dz_0+aw_0-(C_{en}-C_{em})}{dz-aw}$，可推导出创业失败损失 x 存在以下约束条件：

$$x>-\ln\left[\frac{dz-aw+dz_0+aw_0-(C_{en}-C_{em})}{dz-aw}\right] \tag{3-5}$$

此时，科技型企业创业失败者的再创业正效用才会凸显，并且随着创业失败损失的增大，创业失败者越会做出再创业决策。

进一步地，上述情形适用于解读中小型科技企业在创业失败后的再创业决策形成过程。在初创期，中小型科技企业的创业能力相对较弱、创业声誉相对较低，创业初始所能创造的创业收益较少。如果遭遇创业失败，创业者进行再创业活动的成本往往较大，远高于失败后的就业成本。此时，由于中小型科技企业的初始创业声誉不高，创业失败所引起的声誉收益损失也十分有限。如果创业失败者具备良好的失败学习能力，可以将创业失败损失中所蕴含的失败知识、失败经验转化为自身创业能力的提升。当创业失败损失达到一定程度，创业者通过失败学习使创业能力水平增长足够多时（$x > -\ln\left[\frac{dz - aw + dz_0 + aw_0 - (C_{en} - C_{em})}{dz - aw}\right]$），会积极地从自我能力提升的视角感知到能力增长所获收益大于创业失败导致声誉下降所带来的收益损失，使其对再创业收益产生较好的预期感知，弱化创业失败损失带来的负面影响，中小型科技企业的创业失败者从而做出再创业决策。

（2）当 $dz - aw < 0$ 时，$dz - aw < (dz - aw) + aw_0 + dz_0 - (C_{en} - C_{em}) < 0$，$\Delta U(e^{-x})$ 的函数变化情况如图 3－2 所示。

从图 3－2 可以看出，当 $1 + \frac{dz_0 + aw_0 - (C_{en} - C_{em})}{dz - aw} < e^{-x} < 1$ 时，$\Delta U(e^{-x}) > 0$，表明科技型企业创业失败者的再创业效用会大于就业效用，应在创业失败后做出再创业决策。因此，当通过创业失败学习实现的能力增长收益小于创业失败导致声誉下降所带来的收益损失时，同随着创业失败损失 x 的增大，e^{-x} 逐渐减小，创业失败者选择再创业决策的可能性在不断变小。也就是说，创业失败损失越大，科技型企业的创业失败者选择就业的可能性越大。只有在 $1 + \frac{dz_0 + aw_0 - (C_{en} - C_{em})}{dz - aw} < e^{-x} < 1$ 时，创业失败者的再创业正效用才会凸显。从而可以推导出此时的创业失败损失的约束条件为：

$$x < -\ln\left[\frac{dz - aw + dz_0 + aw_0 - (C_{en} - C_{em})}{dz - aw}\right] \tag{3-6}$$

进一步地，上述情形可以解读具备一定规模的科技型企业在创业失败后的再创业决策形成过程。在初创期，此类科技型企业往往在利益相关者中享有良好的创业声誉，因而能从利益相关者中获取更多的创业资源，企业对创业人才的吸引也更为明显，通过组建高质量的创业团队，其自身的创业能力更为突出（姜忠辉等，2021）。因此，具备一定规模的科技型企业在初创期能够转化的创业收益也相对较多。如果企业遭受创业失败，考虑到初始状态的创业声誉较高，如果创业失败损失越大，创业者在利益相关者中声誉损耗程度也会增大，相应的收益损失也会进一步扩大。而从创业能力方面来看，具备一定规模的科技型企业在创业初始的创业能力相对较高，考虑到能力以递减的速度增长的曲线指数形态，创业失败后通过失败学习所能带来的能力增长空间有限，如果创业失败损失过大，失败再创业过程中能力增长所获收益可能并不能弥补创业失败导致声誉下降形成的收益损失，进而导致创业者对再创业收益产生较差的预期感知，再创业决策难以形成。因此，只有在创业失败损失相对较小，尚未达到阈值（$x < \ln\left[\frac{dz - aw + dz_0 + aw_0 - (C_{en} - C_{em})}{dz - aw}\right]$）时，具备一定规模的科技型企业才会在创业失败后做出再创业决策。

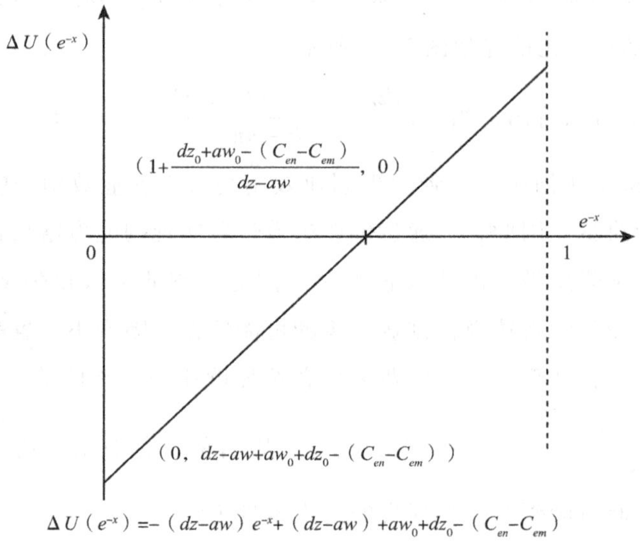

图 3－2　$dz - aw < 0$ 时，函数 $\Delta U(e^{-x})$ 的变化情况

通过对上述两种情形的对比分析可以进一步发现：

（1）中小型科技企业在创业失败后主要从创业能力提升的角度来判断是否做出再创业决策。如果中小型科技企业的创业者具备一定的知识转化能力，在遭受创业失败损失的同时，仍能从中获得足够的失败经验和失败知识并转化为自身创业能力，因能力提升会对再创业收益产生更为积极的预期感知，从而做出再创业决策。这也能够在一定程度上解释为什么会存在一部分的中小型科技企业的创业者在遭受一次次的创业失败后仍然选择后续创业，实现创业失败后“涅槃重生”。

（2）具备一定规模的科技型企业在创业失败后更多地会从创业声誉损耗的角度来判断是否做出再创业决策。具体而言，创业声誉在其初创期带来的资源支持尤为显著，也能够形成良好的创业预期收益，但若遭受创业失败，所承担的巨大失败损失反而会反噬其先前的创业声誉，尤其是在“成王败寇”的思想下，利益相关者或社会公众会给创业失败者赋予无能、有缺陷等负面标签，这种创业失败污名化会严重制约创业失败者的后续创业活动开展（Xiong et al.，2021）。虽然创业失败经验能够促进其创业能力的提升，但失败污名导致的巨大声誉收益损失会掩盖自身对能力增长所获收益的正面感知。因此，此类科技型企业的创业者会在创业失败损失相对较小，创业声誉损耗相对较低的情况下选择再创业决策，也从侧面揭示了为什么有些科技型企业在经历创业失败后“声名狼藉”导致其难以开展后续创业活动。

3.3 考虑损失补偿修复的失败再创业决策

引导科技型企业在创业失败后“东山再起”“涅槃重生”，能够创造更多的就业机会和社会福利，需要通过一定的创业失败修复手段来激励更多的创业失败者做出再创业决策。根据失败再创业决策模型中创业失败损失与再创业决策的关系，进一步考察在一定的损失补偿修复影响下科技型企业创业失败者的再创业决策。

设定政府相关部门构建了针对于创业失败修复的损失补偿机制（如创业担保基金等）（宋保胜等，2022）。当科技型企业遭受创业失败后，为了对创业失败企业进行失败修复，损失补偿机制会根据先前创业失败损失程度在其创业失败后给予一定的损失补偿修复资金 k，$k>0$。同时，为了规避可能存在的逆向选择问题，当创业失败者的后续决策行为产生收益效用后需要偿还所获得损失补偿修复资金 k。那么，此时创业失败企业的创业者选择再创业和就业的效用分别为：

$$U_{em}=\varepsilon-C_{em}-\frac{1}{2}[r_0+r(1-e^{-(x-k)})]\sigma^2-x+k-k \tag{3-7}$$

$$U_{en}=a[w_0-w(1-e^{-(x-k)})]+d[z_0+z(1-e^{-(x-k)})]+\varepsilon$$

$$- C_{en} - \frac{1}{2}[r_0 + r(1 - e^{-(x-k)})]\sigma^2 - x + k - k \quad (3-8)$$

此时，$\Delta U = U_{en} - U_{em}$ 可表示为：

$$\Delta U = aw_0 + dz_0 + dz - aw - (dz - aw)e^{-x} + awe^k - (C_{en} - C_{em}) \quad (3-9)$$

将 ΔU 转化为关于 e^{-x} 的一次函数 $\Delta U(e^{-x})$，即

$$\Delta U(e^{-x}) = -(dz - aw)e^{-x} + (dz - aw) + aw_0 + dz_0 - (C_{en} - C_{em}) + awe^k \quad (3-10)$$

若 $\Delta U(e^{-x}) = 0$，可推导出此时的 e^{-x} 为：

$$(e^{-x})^* = 1 + \frac{dz_0 + aw_0 - (C_{en} - C_{em})}{dz - aw} + \frac{awe^k}{dz - aw} \quad (3-11)$$

（1）当 $dz - aw > 0$ 时，$\Delta U(e^{-x})$ 的函数图像如图 3-3 所示。可以看出，与未给予创业失败者损失补偿修复资金 k 相比，此时 $\Delta U(e^{-x})$ 向右移动了 $\frac{awe^k}{dz - aw}$，表明随着创业失败损失 x 的增大，e^{-x} 由 1 向 0 从右向左移动，由于损失补偿修复资金 k 的作用影响，相比没有创业失败损失补偿，$\Delta U(e^{-x})$ 会更早地达到 $\Delta U(e^{-x}) > 0$，科技型企业的创业者在创业失败后选择再创业决策的可能性进一步增大。当 $\Delta U(e^{-x}) > 0$ 时，此时存在 $e^{-x} < 1 +$

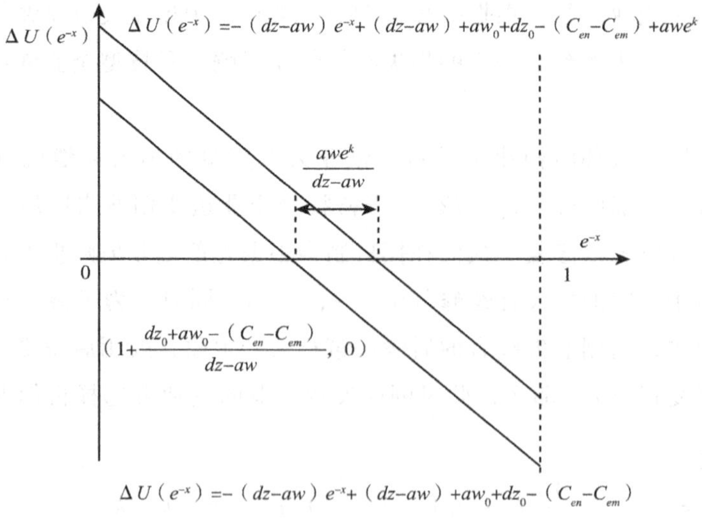

图 3-3　考虑损失补偿且 $dz - aw > 0$ 时，函数 $\Delta U(e^{-x})$ 的变化情况

$\frac{dz_0 + aw_0 - (C_{en} - C_{em})}{dz - aw} + \frac{awe^k}{dz - aw}$。

由于 $e^k \geq 1$ 且 $dz - aw > 0$，存在$\frac{awe^k}{dz - aw} \geq \frac{aw}{dz - aw}$。因此，在损失补偿修复资金的作用影响下，$\Delta U(e^{-x})$ 的函数图象最少会向右移动$\frac{aw}{dz - aw}$。并且，随着损失补偿修复资金 k 的增多，$\Delta U(e^{-x}) > 0$ 时 e^{-x}的取值范围会进一步扩大，科技型企业在创业失败后选择再创业决策的可能性进一步增大。

（2）当 $dz - aw < 0$ 时，$\Delta U(e^{-x})$ 的函数图象如图 3-4 所示。与未给予创业失败企业损失补偿修复资金 k 相比，考虑到 $e^k \geq 1$，$\Delta U(e^{-x})$ 最少会向左转 $\left|\frac{aw}{dz - aw}\right|$ 个单位，即在损失补偿修复资金的作用影响下，$\Delta U(e^{-x}) > 0$ 时 e^{-x} 的取值范围也会扩大，创业失败者选择再创业决策的可能性进一步增多。

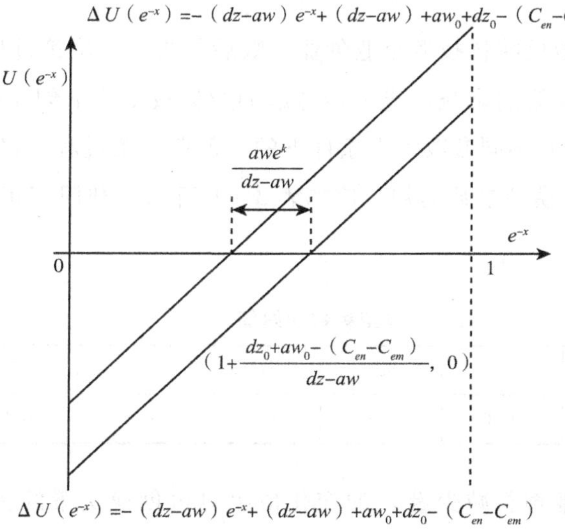

图 3-4　考虑损失补偿且 $dz - aw < 0$ 时，函数 $\Delta U(e^{-x})$ 的变化情况

综上所述，当科技型企业遭受创业失败时，通过对其进行损失补偿的创业失败修复，能够在一定程度上激发创业失败企业做出再创业决策。但在具体的创业失败损失补偿强度上，虽然给予创业失败者越多的损失补偿修复资金，越能够显著促进其再创业决策。但在政府资金资源有限的约束条件下，单一提高损失补偿修复资金强度并非最优措施。而从模型分析结果来看，在实施创业失败损失补偿修复策略的情况下，无论损失补偿修复资金多少，均能够增大 $\Delta U(e^{-x})$。为了激发科技型企业在创业失败后做出再创业决策，此时的创业失败损失补偿修复资金更多表现出激励创业失败者再创业行为的信号效应。根据张帆等（2018）的研究，政府的损失补偿行为会在一定程度上传递给利益相关者关于创业失败企业再创业行为的积极信号，从而形成一定的声誉修复效果。同时，在有限政府资金规模下，也能够让更多的创业失败企业惠及到损失补偿，减少再创业初期所面对的阶段性成本压力，促进更多的创业失败者开展后续创业活动。

3.4 数值仿真分析

为了更为直观地反映科技型企业创业失败后的再创业决策过程，以及损失补偿修复对再创业决策的影响。进一步考虑创业失败影响下创业声誉减少量 w 和创业能力增加量 z 在不同参数水平条件下的再创业决策过程。根据式（3－4）和式（3－9），假设模型参数的初始值如表 3－1 所示。利用 Matlab R2015b 软件进行数值仿真。

表 3－1　　模型参数初始值

C_{en}	C_{em}	d	a	w	w_0	z	z_0
1	0.3	1.8	1.3	0.3	0.1	0.1	0.4

首先，探讨创业声誉减少量 w 的变化情况对再创业决策的影响。图 3－5 的仿真结果显示，当 $dz-aw<0$，创业声誉减少量 w 分别为 0.3、0.25、0.2 和 0.15 时，ΔU 的值随创业失败损失 x 的增大以递减的速度逐渐减小；而当 $dz-aw>0$，创业声誉减少量 $w=0.1$ 时，ΔU 的函数图象发生改变，ΔU 的值随创业失败损失 x 的增大以递减的速度逐渐增大。同时，从总体来看，随着创业声誉减少量 w 的逐渐变小，ΔU 的函数曲线在不断向上移动，ΔU 的最小值会逐渐增大，发生从小于 0 向大于 0 的转变。上述结果进一步说明了，由于创业失

败导致创业声誉减少量的不断变小，科技型企业的创业失败者选择再创业决策的可能性在不断变大。因此，可以通过优化创业环境，营造鼓励创新、宽容失败的创业氛围，引导公众正确地看待创业失败现象，降低企业因创业失败带来的声誉收益损失，从而促进创业失败者的再创业行为。

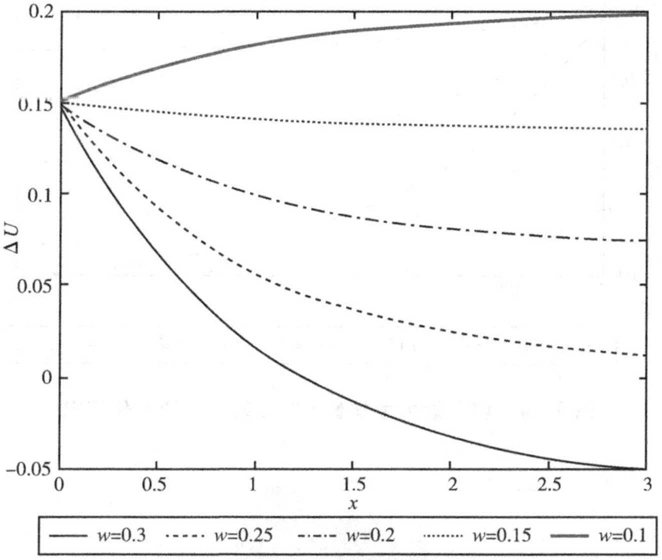

图 3－5　创业声誉减少量 w 变化时 ΔU 的变化情况

其次，分析创业能力增加量 z 的变化对再创业决策的影响。图 3－6 的仿真结果显示，当 $dz-aw<0$，创业能力增加量 z 分别为 0.1、0.15 和 0.2 时，ΔU 的值随创业失败损失 x 的增大以递减的速度逐渐减小；而当 $dz-aw>0$，创业能力增加量 z 分别为 0.25 和 0.3 时，ΔU 的函数图象发生改变，ΔU 的值随创业失败损失 x 的增大以递减的速度逐渐增大。总体来看，随着创业能力增加量 z 的不断增大，ΔU 的函数曲线也是在不断向上移动，函数 ΔU 的最小值从小于 0 向大于 0 逐渐增大，即通过创业失败学习转化为创业能力的增量不断变大，科技型企业的创业失败者选择再创业决策的可能性也在不断提高。因此，需要引导创业者正确认识创业失败，重视失败知识和失败经验的转化，磨炼创业韧性，在创业失败中不断提升自身的创业能力，进而促进其再创业行为。

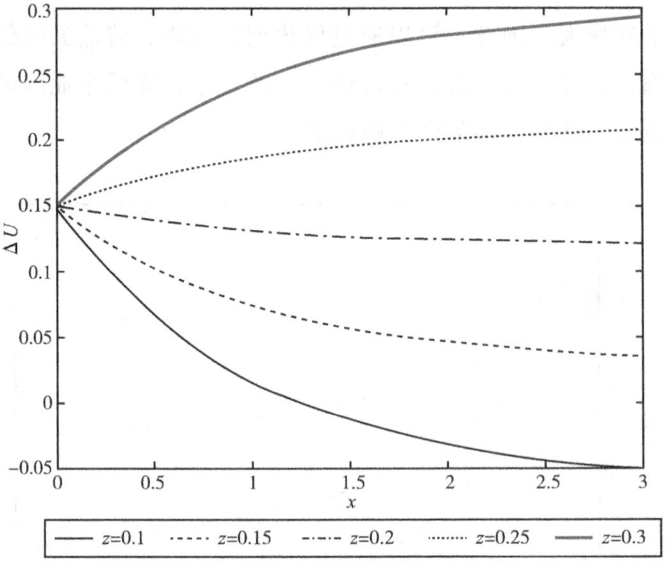

图 3－6　创业能力增加量 z 变化时 ΔU 的变化情况

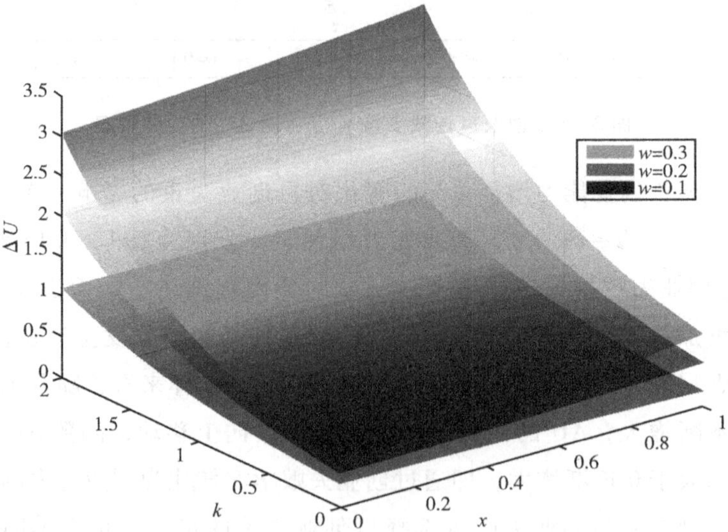

图 3－7　考虑损失补偿修复时，创业声誉减少量 w 变化对 ΔU 的影响

最后，考虑损失补偿修复资金 k 时，创业声誉减少量 w 和创业能力增加量 z 的变化对再创业决策的影响。从图 3－7 的仿真结果可以看出，随着损失补偿

修复资金 k 的不断增大，ΔU 的值呈现增长趋势。但在创业声誉减少量 w 变化的影响下，函数图象呈现出了有意思的变化情况，随着创业声誉减少量 w 的逐渐变小，ΔU 的图形面在不断下降。同时，损失补偿修复资金 k 增加所带来的 ΔU 函数值增大幅度也在减小，即在良好的容错环境下，创业失败并不会造成过多的创业声誉损耗，此时损失补偿修复资金的激励效应相对有限。这也进一步说明了在创新创业环境还有待完善优化时，针对于创业失败的损失补偿修复效果更为明显，但从再创业决策激励的长效机制来看，考虑政府资金资源的有限性，完善优化创业容错环境才能带动更多的科技型企业创业失败者进行再创业活动。

图3－8的仿真结果显示了考虑损失补偿修复时，创业能力增加量 z 变化对再创业决策的影响。可以看出，随着损失补偿修复资金 k 的增大，ΔU 的值呈逐步扩大趋势，即通过损失补偿修复的激励，能够显著促进科技型企业创业失败者的再创业决策。同时，在创业能力增加量的变化影响下，z 值变大对损失补偿修复资金 k 与 ΔU 的关系并不会出现明显差异，反而会引起 ΔU 在创业失败损失 x 影响下变小，即随着创业失败损失 x 的增多，创业失败者的再创业决策可能性出现下降趋势。说明当创业失败者通过失败学习使自身创业能力得

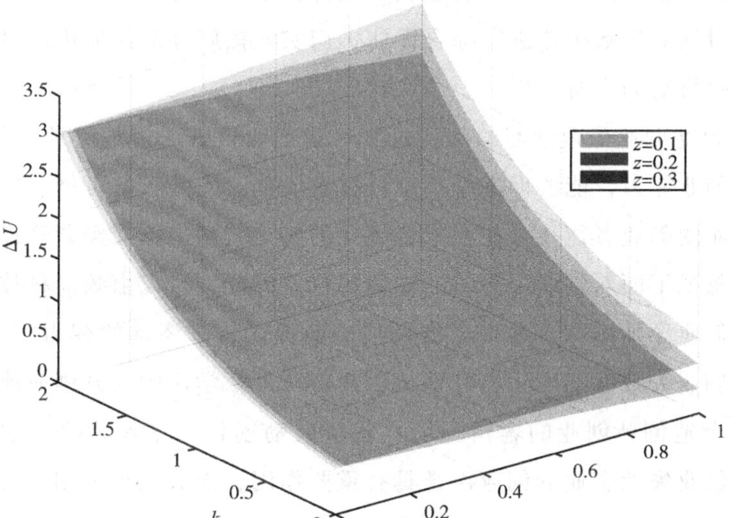

图3－8　考虑损失补偿修复时，创业能力增加量 z 变化对 ΔU 的影响

到显著提升时，对其再创业决策的激励要谨慎使用损失补偿修复资金，其可能的原因在于，创业能力强的科技型企业创业者在创业失败后做出后续行为决策会更为谨慎，尤其是遭受巨大的失败损失时，会进一步警示其审视先前失败归因，即使存在创业失败损失补偿修复的激励，创业失败者也会谨慎做出再创业决策。

3.5 结果讨论

研究发现表明不同企业规模的科技型企业再创业决策的判断视角存在差异。同时，通过一定的损失补偿修复能够激励创业失败者的再创业决策，促进其后续创业行为，具体而言：

（1）建立创业失败损失补偿的代偿机制。在创新创业环境还有待完善优化时，政府部门可通过设置创业担保基金等方式建立创业失败损失补偿的代偿机制，进一步激发科技型企业的再创业行为。在资源有限的约束条件下，尤其是要做好创业失败损失补偿修复对象的甄别评估工作，可从创业资源获取能力，资源、渠道和方式，创业机会识别能力，市场条件，团队关系和团队正式化等维度对创业失败企业进行综合评估，切实发挥好外部保障机制对科技型企业创业失败修复的支持效用。

（2）建立创业失败学习的帮扶机制。在创业失败中汲取经验、转化知识，进而提升创业能力，能够促进中小型科技企业创业失败后的再创业决策。中小型科技企业的创业者往往可能在专业领域的能力较强，但在经营管理方面存在缺陷，也忽视了面对创业挫折时的知识转化。因此，可以由政府科技管理部门牵头建立创业导师团队，为中小型科技企业提供管理咨询的智力支持。同时，也可建立创业失败案例库，更好地让创业者从失败学习中提升创业能力。

（3）营造创新创业的容错环境。营造鼓励创新、宽容失败的创新创业氛围对维护创业失败企业的创业声誉具有重要作用，能够减小因创业失败导致的声誉损耗对再创业决策带来的负面影响。因此，要努力转变对创业结果关注的“成王败寇”思想，引导公众正确认识创业失败的客观现象，对那些大胆创新而失败的创业案例反而要给予充分肯定。例如，通过创业失败损失补偿修复资金的使用，向公众传递积极信号。同时，也可以进一步完善优化企业破产制度，对那些敢于创新而出现过失的科技型企业创业者予以一定的宽容和保护。

小　结

本章从经济效应最大化的视角构建了科技型企业创业失败后的再创业决策模型，分析了随创业失败损失变化情况下创业失败者再创业与否的决策过程，在基础上考虑损失补偿修复对创业失败者再创业决策的影响机制，并进行了仿真分析，研究结果发现：（1）中小型科技企业从创业失败损失中获得足够的失败经验并转化为自身创业能力时，才会从能力提升的角度做出再创业决策。（2）具备一定规模的科技型企业只有在创业失败导致的声誉损耗相对有限时，才会从创业声誉损耗的角度做出再创业决策。（3）损失补偿修复资金的增多能促进科技型企业的失败再创业决策，但在修复资源有限的条件下，损失补偿修复更多地表现出激励再创业的信号效应。尤其是在良好的容错创业环境下，损失补偿修复资金的激励效果会受到限制。

第4章

科技型企业创业失败修复对象的甄别评估研究

创业失败修复对科技型企业失败再创业具有重要作用，但在资源有限约束下需要对创业失败的科技型企业进行甄别，才能发挥好资源支持对科技型企业创业失败修复的效用。本章将对科技型企业创业失败修复对象进行科学、准确的甄别评估，在系统分析科技型企业创业失败源的基础上，从属性归因和因果归因的双重维度，构建科技型企业创业失败修复对象甄别评估指标体系，并设计一种由主观赋权和客观赋权相结合的组合赋权方法，建立科技型企业创业失败修复对象甄别评估模型。

4.1 问题的提出

科技型企业是技术驱动型创业活动的重要载体，但受到创新创业活动复杂性和高度不确定性的影响，科技型企业创业失败是一个客观且普遍的现象。但受“反失败”偏见，过往实务界和理论界往往忽视了对创业失败问题的关注，随着我国创新创业高质量发展实践的不断深入，以及相关理论研究发现，具有失败经历的创业企业，在提供就业岗位、创造财富和促进经济发展方面表现出更为突出的潜力（谢雅萍等，2020）。因此，人们越来越认识到完善科技型企业创业失败保障机制对促进创业失败企业的“涅槃重生”“东山再起”，提升创新创业质量尤为重要。

从创业失败到再次创业对科技型企业而言是一个复杂多变的决策过程，创业失败修复在这一过程中发挥着重要作用（谢雅萍和陈睿君，2018）。具体来说，创业失败修复是通过采用一定方法和方式解决创业者先前失败经历所带来的问题，使创业者从失败困境和创伤中恢复，重新开始后续创业的过程。相关研究对创业失败修复过程进行了多方面的解读，认为创业者的情绪认知（Shepherd et al.，2009）、学习能力（Cope，2011）、社会文化（Simmons et al.，2014）等方面的因素差异会造成失败修复结果的不同。根据经济损失、生理损失、社会损失和心理损失等创业失败成本的不同，在创业失败修复策略上也存在不同的应对重点（Singh et al.，2007）。从研究层面来看，现有研究更多地从情绪修复、认知修复等创业者个体层面来设计创业失败修复策略，但忽视了组织层面的关注，以及外部环境保障机制对创业失败修复支持的探讨。

随着我国“鼓励创新、宽容失败”创业环境的完善，部分地区相继出台有关对科技型企业创业失败修复的支持政策和制度，例如：四川省在《加快医药产业创新发展的实施意见》中首次提出创新失败可补偿；广东省、市两级财政针对科技企业孵化器创业投资失败项目分别按照投资损失额的30%和20%给予补偿；在浙江余杭的一项人才创业保险制度中，政府通过给科技创业团队购买保险，如若创业失败，可通过保险理赔方式为创业者“兜底”，解决创业者的后顾之忧。但受制于资源有限性，这些创业失败修复政策在实施过程中难以惠及每一个科技型创业失败企业。因此，需要科学、合理地甄别创业失败修复对象，切实发挥好外部保障机制对科技型企业创业失败修复的支持效用。

失败归因是阻碍创业者失败修复的重要因素，失败归因的差异会影响创业者对失败的认知、情感和行为反应（陈睿君等，2021），最终影响到创业失败修复的效果。因此，对科技型创业失败企业实施针对性的、高效的修复措施，其先决条件是要对创业失败企业的失败源进行深入且全面的认识和分析，明确科技型企业创业失败的原因，厘清造成创业失败产生的影响因素，并在上述基础上进一步划分创业失败类型，对不同类型创业失败情况进行综合评估，从而为科技型企业创业失败修复对象的甄别提供决策信息支持。

4.2 科技型企业创业失败源分析

对创业失败原因的解读是识别创业失败类型的重要方式（Yamakawa et al.，2015）。已有研究对创业失败的归因主要源于3个方面，即因果关系、可控性和稳定性（陈睿君等，2021）。其中，因果归因强调了导致失败的原因是个人自身的内部因素或是受到外部因素的影响；可控性则是指创业主体能否对失败原因进行控制；稳定性是判断在相似的情境下，导致失败的原因是否具有一致性。进一步地，根据自我服务偏见理论，个体更容易将成功结果归因于内部因素，而将失败结果归因于外部因素（黎常，2019）。因此，既有文献更多地从因果关系的角度探讨创业失败归因分类（Mantere et al.，2013；于晓宇和蒲馨莲，2018；于晓宇等，2018）。具体来看，创业失败的外部因素主要包括：创业时机不佳、资源获取困难、市场力量、组织机制以及外部坑害；内部因素主要包括：个体错误、盲目从众和集体错误。创业失败因果归因的细节描述如表4－1所示。

表4－1　创业失败的因果归因

<table>
<tr><th colspan="2">因素</th><th>解释说明</th><th>后续影响</th></tr>
<tr><td rowspan="5">外部因素</td><td>创业时机不佳</td><td>经济政策的不确定性较高、市场环境动荡，不佳的创业时机导致新创企业的外部生存环境较差，造成创业失败。</td><td rowspan="5">创业失败的归因结果强调创业者个体不可控的外部因素，会使创业者认为创业失败是不可控制。因此，更易使创业者从容应对失败羞耻感、挫败感，从创业失败中恢复，对再创业更有信心。但在再创业领域上，可能更容易放弃原有领域。</td></tr>
<tr><td>资源获取困难</td><td>由于企业外部网络关系的不足，企业创业过程中所需的人力资源、资金资源、技术资源难以通过外部环境进行获取和拼凑，从而制约了创业过程的可持续发展。</td></tr>
<tr><td>市场力量</td><td>由于未能正确评估市场的潜在市场以及市场进入障碍造成新产品未能建立市场竞争优势，导致新创企业创业失败。</td></tr>
<tr><td>组织机制</td><td>因组织结构关系不合理，运营管理模式不健全造成新创企业创业失败。</td></tr>
<tr><td>外部坑害</td><td>受到竞争对手的市场打压，或通过恶意挖人瓦解创业团队，导致新创企业的内耗进而造成创业失败。</td></tr>
</table>

续表

<table>
<tr><th colspan="2">因素</th><th>解释说明</th><th>后续影响</th></tr>
<tr><td rowspan="3">内部因素</td><td>个体错误</td><td>主要是指导致创业失败的创业者个体责任，主要包括：个体创业经验的不足、个体创业态度的不严谨、个体创业管理决策能力的缺失等方面。</td><td rowspan="3">创业失败的归因结果强调创业者个体可控的内部因素，会使创业者认为可以通过失败学习、自我纠偏，在后续创业过程中取得成功。但内部归因相较于外因会更易导致创业者的失败羞耻感、挫败感，产生自我歧视，降低风险倾向。</td></tr>
<tr><td>盲目从众</td><td>创业过程中的从众心理，模仿追随成功者的创业活动。但这种群体思维也限制了新创企业产品的创新性和独特性，导致在市场中缺之竞争力，难以独树一帜。</td></tr>
<tr><td>集体错误</td><td>强调包括创业者在内的创业团队由于在创业态度、创业经验和创业决策等方面不足造成的创业团队集体劣势，从而导致创业失败的发生。</td></tr>
</table>

来源：作者整理所得。

从表 4 – 1 可以看出，创业失败的因果归因更多地强调外因与内因是否处于可控范围，其作用影响也更为突显创业失败后的经验学习过程。但是，创业失败的因果归因结果也会受到自我服务偏见的影响，一定程度上掩盖了对失败原因可控性和稳定性的客观判断，尤其是影响利益相关者对失败修复的信息获取，限制创业失败后的修复行为决策实施。因此，对失败归因维度的划分需要更加细化，从而更为精准地对科技型企业创业失败源进行识别。

根据 Timmons（1999）创业要素理论模型，创业资源获取、创业机会识别、创业团队组建是影响创业者能否顺利开展创业行为并取得创业成功的关键要素。因此，可以从资源获取、机会识别和团队建设 3 个属性维度进一步对创业失败源进行归因识别，从而一定程度上降低因果归因受自我服务偏见的影响，更为全面、客观地反映创业失败源的整体情况。结合表 4 – 1 中所归纳的创业失败因果归因的因素类型，从资源获取、机会识别和团队建设 3 个属性维度对其进行了深层次划分，划分结果见表 4 – 2。

表 4－2　　基于属性归因和因果归因的创业失败归因结果

属性归因	因果归因			
	外部因素		内部因素	
资源获取	创业资源稀缺	• 资源获取困难	资源获取能力不足	• 集体错误
				• 个体错误
机会识别	市场条件不佳	• 市场力量	缺乏机会识别能力	• 盲目从众
		• 创业时机不佳		
团队建设	制度不完善和竞争对手的挖角	• 组织机制	关系矛盾	• 集体错误
		• 外部坑害		

来源：作者整理所得。

4.3　甄别评估指标体系构建

为精准地对科技型企业创业失败修复对象进行识别评估，根据科技型企业创业失败源的属性归因与因果归因结果，进一步从属性－因果维度构建科技型企业创业失败修复对象甄别评估指标体系，具体包括科技型企业的创业资源获取能力，资源、渠道和方式，创业机会识别能力，市场条件，团队关系和团队正式化等 6 个维度。

创业资源获取能力维度主要是从科技型企业的内部因素视角衡量其资源获取能力。根据赵兴庐等（2017）的研究发现，企业在创业过程中对能否对各类创业资源进行高效、科学地拼凑，一定程度上决定着企业能否创业成功。因此，在其指标的具体衡量设计上，借鉴了王玲玲和赵文红（2017）、蔡莉等（2019）对创业资源获取的研究发现，从科技型企业开发新市场、资源管理和市场营销等方面衡量其所具备的技能和知识。

资源数量、渠道和方式维度主要从科技型企业的外部因素视角衡量其创业活动所需资源的数量，资源获取的渠道和方式，反映了科技型企业创业活动需要资源的可获得性和获取效率问题。在具体衡量上，主要参考了葛宝山和董保宝（2009）、Wiklund 和 Shepherd（2003）、Nerkar 和 Roberts（2004）对资源获取的研究，从资源数量程度、资源获取渠道和方式的差异性上测度科技型企业创业资源的获取情况。

创业机会识别能力维度主要是反映科技型企业自身对机会信息搜集、开发、消化和吸收的能力，侧重于从内部因素视角考量企业对创业机会的识别能力。根据 Baron 和 Tang（2011）、Miocevic 和 Morgan（2018）的研究设计，以“快速搜集及识别创业机会信息”“有能力消化、吸收和整合新的市场机遇”“有能力处理创业过程中的各种困难”3 个指标衡量科技型企业的创业机会识别能力。

市场条件维度是指科技型企业所处的外部环境为其提供了适合创业发展的市场条件。在具体的指标设计上，参考了 Ozgen 和 Baron（2007）的对创业外部环境维度的划分，主要从产品和服务是否适应客户需求和偏好，技术环境、经济环境和政策环境等方面衡量科技型企业所处的市场条件。

团队关系维度主要是从科技型企业内部的团队建设方面考察创业团队中成员之间的关系融洽程度。朱仁宏等（2020）的研究认为，创业团队成员具备融洽的关系氛围能够有效地提升创业团队抵御风险的能力。因此，借鉴了徐平磊等（2020）对于创业团队关系氛围的描述，从任务责任归属、失误承担、彼此失误的理解等 3 个方面对科技型企业创业团队关系进行了衡量。

团队正式化维度是指科技型企业是否具有完善的组织制度机制来抵御外部风险对创业过程中的影响。例如，合理的团队组织架构和具备竞争力的激励机制，这些制度的形成都能在一定程度上降低竞争对手对团队成员的恶意挖角。在具体测度指标上，参考了马卫华等（2012）的研究成果，从分工任务、时间进度和创业愿景衡量科技型企业创业团队正式化。

具体的评估指标体系如表 4-3 所示。

表 4-3　科技型企业创业失败修复对象甄别评估指标体系

属性—因果维度	评估指标
B1 创业资源获取能力	C1 开发新市场的技能和知识
	C2 资源管理的技能和知识
	C3 市场营销的技能和知识

续表

属性—因果维度	评估指标
B2 资源数量、渠道和方式	C4 获得所需数量的创业资源
	C5 从不同渠道获得所需的创业资源
	C6 通过不同方式获得所需的创业资源
B3 创业机会识别能力	C7 快速搜集及识别创业机会信息
	C8 有能力消化、吸收和整合新的市场机遇
	C9 有能力处理创业过程中的各种困难
B4 市场条件	C10 产品和服务适应客户需求和偏好
	C11 市场技术环境适合企业创业
	C12 市场经济环境适合企业创业
	C13 市场政策环境适合企业创业
B5 团队关系	C14 团队成员对任务责任归属看法具有一致性
	C15 团队成员能够共同为任务上的失误负责
	C16 团队成员间能够妥善处理彼此的误解
B6 团队正式化	C17 创业过程中团队内部有明确的分工任务
	C18 创业过程中团队内部有明确的时间进度
	C19 创业过程中有明确和高度认可的创业愿景

来源：作者整理所得。

4.4 研究方法

根据表 4-3 所列示的评估指标体系，对科技型企业创业失败修复对象的甄别评估是涉及多维度、多指标的复杂的综合评估问题。在具体评估过程中，对评估指标的权重赋权确定十分重要。具体表现在：一方面，要考虑不同指标类型在评估时专家主观经验与企业客观实际表现的统一；另一方面，还需要考虑到不同指标之间可能存在的信息重叠所导致的对评估结果失真问题。为此，本研究设计了一种将主观赋权和客观赋权相结合的组合赋权方法，通过区间

AHP法确定评估指标的主观赋权权重，利用熵权法、拉开档次法确定评估指标的客观赋权权重。通过主观赋权和客观赋权的集成，降低指标之间相关性对评估结果的干扰，以及改善熵权法中指标灵敏度过高的缺点，从而对科技型企业创业失败修复对象的甄别进行综合评估。

4.4.1 基于区间AHP法的主观权重确定

区间层次分析法（AHP）在一定程度上解决了主观判断和决策属性的不确定性，降低了对指标权重赋权的主观因素干扰（Akbarian，2020）。在方法的计算步骤上与AHP相似，主要的不同之处在于采用了区间数替代点值数进行影响因素之间的两两比较判定，并且在求解时也通过区间运算得到权重向量。区间数的应用使判定的结果相对而言更具客观性，也更于实现柔性决策。其具体的计算步骤如下：

步骤1 建立区间数判断矩阵

根据表4-3所列示的科技型企业创业失败修复对象甄别评估指标体系，运用1~9区间标度法（表4-4所示），对指标体系中的各评估指标之间的重要性程度进行比较，从而建立区间数判断矩阵$A=(a_{ij})_{n\times n}$。其中，$a_{ij}=[a_{ij}^-, a_{ij}^+]$，$a_{ij}^-$为区间数$a_{ij}$的下限，$a_{ij}^+$为区间数$a_{ij}$的上限。所构造的判断矩阵$A$要满足互反性，即$a_{ij}=1/a_{ji}$。据此，判断矩阵$A$可表示为：

$$A=(a_{ij})_{n\times n}=([a_{ij}^-, a_{ij}^+])_{n\times n} \tag{4-1}$$

其中，$1/9\leqslant a_{ij}^-\leqslant a_{ij}^+\leqslant 9$。

步骤2 判断矩阵的一致性检验

将判断矩阵A分解为$A^+=(a_{ij}^+)_{n\times n}$的上限判断矩阵和$A^-=(a_{ij}^-)_{n\times n}$的下限判断矩阵，在此基础上借鉴刘自发等（2012）的方法，对判断矩阵A按照式（4-2）、式（4-3）进行实数指标k、m进行计算。

$$k=\sqrt{\sum_{j=1}^{n}\frac{1}{\sum_{i=1}^{n}a_{ij}^+}} \tag{4-2}$$

$$m=\sqrt{\sum_{j=1}^{n}\frac{1}{\sum_{i=1}^{n}a_{ij}^-}} \tag{4-3}$$

具体而言，如果存在 $k \leqslant 1 \leqslant m$，则认为判断矩阵 A 具有较好的一致性。

表 4-4　　1~9 区间标度

i 因素比 j 因素的重要程度	区间中点量化值
极端	9
强烈	7
明显	5
稍微	3
同等	1
2，4，6，8 表示相邻重要程度的中间值	

来源：作者整理所得。

步骤 3　计算指标权重

分别计算上限判断矩阵 A^+ 和下限判断矩阵 A^- 的最大特征值，对其进行具有正分量的归一化处理，求解得到上、下限判断矩阵的特征向量 x^+ 和 x^-。此时，权重向量可表示为 $w = [kx^-,\ mx^+]$。可以看出，指标权重向量 w 仍为区间数，具体可表示为：

$$w = [w_1, \cdots, w_l, \cdots, w_n] = [(w_1^-, w_1^+), \cdots, (w_l^-, w_l^+), \cdots, (w_n^-, w_n^+)] \tag{4-4}$$

为了得到点值型权重向量，采用可能度矩阵构造方法进一步计算（卫贵武等，2007），具体如下：

$$P = [p_{ij}]_{n \times n} = [p(w_i \geqslant w_j)]_{n \times n} \tag{4-5}$$

其中，P 为可能度矩阵，区间数 $w_i = [w_i^-,\ w_i^+]$，$w_j = [w_j^-,\ w_j^+]$，并且记 $l(w_i) = w_i^+ - w_i^-$，$l(w_j) = w_j^+ - w_j^-$。进一步地，按照式（4-6）进行处理，存在：

$$p(w_i \geqslant w_j) = \max\left\{1 - \max\left[\frac{w_j^+ - w_i^-}{l(w_i) + l(w_j)}, 0\right], 0\right\} \tag{4-6}$$

可能度矩阵 P 的排序向量 $w' = [w_1',\ \cdots,\ w_l',\ \cdots,\ w_n']^T$，可进行如下计算得到：

$$w_i' = \frac{1}{n(n-1)}\left[\sum_{j=1}^{n} p_{ij} + \frac{n}{2} - 1\right] \tag{4-7}$$

步骤4 指标权重向量的归一化处理

通过归一化处理，计算得到各评估指标的权重向量。

4.4.2 基于熵权法的客观权重确定

在多指标决策问题中，应用熵权法来确定指标的客观权重最为广泛。熵权法是根据评价指标中所包含的信息量确定指标权重（王力召和蒋致远，2020）。具体而言，评价指标的信息熵与指标所包含的信息量成正比，如果某个指标的熵值越大，其权重也越大；信息熵越少，指标的权重越小。熵权法对各指标赋权的步骤如下：

步骤1 评估指标数据的标准化处理

根据表4-3的评估指标体系，假设有m组的评估数据，从而建立原始数据矩阵 $B=(b_{ij})_{m\times n}$。其中，b_{ij}为第 i 组评估数据中第 j 个评估指标的具体数据值。按照式（4-8）进行标准化处理后，得到标准化矩阵 $B'=(b'_{ij})_{m\times n}$。

$$b'_{ij}=\begin{cases}\dfrac{b_{ij}-\min(b_j)}{\max(b_j)-\min(b_j)}, & \text{正向指标}\\[2ex] \dfrac{\max(b_j)-b_{ij}}{\max(b_j)-\min(b_j)}, & \text{负向指标}\end{cases} \tag{4-8}$$

步骤2 计算指标的熵值

第 j 个评估指标的信息熵值为 e_j，其计算公式为：

$$e_j=-k\sum_{i=1}^{m}p_{ij}\ln(p_{ij})$$

$$\begin{cases}-k=(\ln m)^{-1}\\ p_{ij}=\dfrac{b'_{ij}}{\sum\limits_{i=1}^{m}b'_{ij}}\end{cases} \tag{4-9}$$

步骤3 计算指标的权重

第 j 个评估指标的权重值为 w_j，其计算公式为：

$$\begin{cases} w_j = \dfrac{c_j}{\sum\limits_{j=1}^{n} c_j}, j = 1, 2, \cdots, n \\ c_j = 1 - e_j \end{cases} \tag{4-10}$$

式（4－10）中，c_j 为评估指标的信息冗余度，该值越大表明所对应的评估指标在整体评估中的重要程度越大，指标权重 w_j 也越大。

4.4.3　基于拉开档次法的客观权重确定

虽然熵权法是通过对评估指标的客观赋值降低了专家主观意识对指标赋权的影响，但指标赋权的权重值会因为评估数据样本量的变化而产生差异。仅仅是依靠评估指标所包含的信息量多少来确定指标权重，可能会对评估指标之间的信息重叠问题考虑不全。也就是说，在熵权法赋权过程中缺少对评估指标之间的横向比较，由此导致的信息冗余会影响评估结果的精度。因此，本研究在熵权法客观赋权的基础上，进一步引入拉开档次法构成对评估指标权重的客观组合赋权方法，来解决评估指标之间的信息重叠问题。

拉开档次法强调了从整体上最大程度地凸显各评估指标之间的差异，是一种基于差异驱动原理确定指标权重的一种客观赋权方法。应用拉开档次法所确定的指标权重具有过程透明性的特点，其具体的计算步骤如下：

步骤1　根据表4－3的评估指标，建立线性函数 y，如式（4－11）。

$$y = w_1 x_1 + w_2 x_2 +, \cdots, w_l x_l +, \cdots, + w_i x_i = w^T x \tag{4-11}$$

其中，x_i 为具体评估指标，w_i 为各评估指标所对应的指标权重。

步骤2　假设有m组的评估数据，从而得到以下矩阵

$$y = \begin{bmatrix} y_1 \\ y_2 \\ \cdots \\ y_m \end{bmatrix}, X = \begin{bmatrix} x_{11} & x_{12} & \cdots & x_{1j} \\ x_{21} & x_{22} & \cdots & x_{2j} \\ \cdots & \cdots & x_{ij} & \cdots \\ x_{i1} & x_{i2} & \cdots & x_{mn} \end{bmatrix}, \quad \begin{matrix} i = 1, 2, \cdots, m \\ j = 1, 2, \cdots, n \end{matrix} \tag{4-12}$$

$$y = Xw \tag{4-13}$$

步骤 3 计算第 i 个评估对象所指向的函数 $y = w^T x$ 地方差 s^2 最大值

$$s^2 = \frac{1}{i}\sum_{m=1}^{i}(y_m - \bar{y})^2 = \frac{yTy}{i} - \bar{y}^2 \tag{4-14}$$

对原始评估数据进行标准化处理，存在 $\bar{y}=0$，代入式（4-14）得到

$$is^2 = w^T A^T A w = w^T H w \tag{4-15}$$

其中，$H = A^T A$，为正对称矩阵。

步骤 4 设定 $w^T w = 1$，求式（4-16）的最大值，即式（4-16）中 w 可选取的最大值。

$$\begin{aligned} &\max w^T H w \\ &s.t.\ w^T w = 1 \\ &\quad w > 0 \end{aligned} \tag{4-16}$$

4.4.4 综合权重的确定

区间 AHP 法、熵权法和拉开档次法对评估指标权重的赋值结果分别为 $\bar{w}$、w'和 w''，根据程灏等（2021）的建议，组合权重的确定采用乘积法进行计算，即第 i 个指标的综合权重为：

$$w_i = \frac{\overline{w_i} \times w'_i \times w''_i}{\sum_{i=1}^{n}(\overline{w_i} \times w'_i \times w''_i)} \tag{4-17}$$

则所有评估指标的综合权重为：$W = [w_1, w_2, \cdots, w_n]$。

4.4.5 评价结果的计算

（1）评估指标的赋值采用李克特 9 级量表的形式，通过邀请领域专家针对被评估创业失败科技型企业的实际状况进行打分，得到原始评估数据。

（2）运用区间 AHP、熵权法和拉开档次法的组合赋权方法，确定评估指标的综合权重值 W。

（3）根据 TOPSIS 评价方法，计算所有评估指标与正负理想解的欧式范数及相对接近度，从而得到所有被评估对象的评价值，并根据评价值的大小进行排序。

4.5 模型应用与结果分析

根据科技型企业创业失败修复对象甄别的评估体系，以及评估指标权重的确定方法，进一步选取企业实践案例对象对评估模型的适用性和应用进行分析。于2020年11月~2021年3月，与河南杨金高科技创业园管理部门进行了沟通，获取了入住园区的科技型创业企业的相关信息，并在园区管理部门的协调帮助下持续关注企业的发展情况，最终选取了10家科技型创业失败企业，企业具体的情况如表4-5所示。

表4-5　10家科技型创业失败企业的基本情况

企业代码	企业名称	所属行业	基本情况
企业1	河南**信息技术有限公司	电子信息	主要产品和服务包括安防智能设备的技术开发，建筑智能化工程设计与施工，计算机系统集成及服务。在创业过程中，由于创业初始资金使用完毕，后续融资获取困难，导致企业经营困难，最终造成创业失败。
企业2	河南**信息技术有限公司	电子信息	主要产品和服务涉及软件与信息技术服务业，包括嵌入式操作系统和软件的开发设计，企业信息系统的设计、集成和运维服务，以及企业信息技术管理架构和信息系统监理的咨询服务。在创业过程中该企业的产品和服务的市场推广处理不好，产品和服务难以和潜在市场对接。
企业3	河南中航**科技有限公司	电子信息	主要产品和服务包括计算机软件系统的集成和研发，但相较于市场上同类产品和服务，技术并不具备优势。虽然创业团队在商业模式创新上做出努力，但是还是因产品和服务本身的技术短板，没有获得较好的市场反馈，导致创业失败。
企业4	河南**环保设备有限公司	绿色环保	主要产品和服务涉及环保设备技术开发、技术咨询、技术转让以及环保工程的技术服务。产品和服务在市场上具备一定的技术优势。但在创业初期对创业过程中的困难估计不足，面对创业困难不能及时给出针对性的应对预案，因经营不善导致创业失败。

续表

企业代码	企业名称	所属行业	基本情况
企业5	河南 ** 电力科技有限公司	节能环保	主要产品和服务面向于电力行业中高效节能技术研发，以及能源管理系统的开发设计。由于创业过程中的团队核心成员的股权纠纷，对正常的企业经营活动产生消极影响，进而导致了企业创业活动的终止。
企业6	河南 ** 新能源科技有限公司郑州分公司	新能源	该企业为母公司进入郑州市场的分公司，主要产品和服务包括空气能节能环保技术开发、技术咨询、技术转让。受到2020年底的新冠疫情影响，整体市场表现不佳，而作为新进入企业，疫情短期对市场的不良影响更为明显，企业进入郑州市场的创业目标没有成功。
企业7	郑州 ** 农业科技有限公司	电子信息	主要产品和服务涉足农业领域中畜禽饲养、农业气象、农业生产管理等方面的计算机软件开发。但由于产品和服务目标市场的实际情况与创业预期存在较大差别，农业领域中计算机应用的接受度仍然不高，导致企业经营困难。
企业8	河南 ** 电子科技有限公司	电子信息	主要产品和服务涉及电子信息技术的研发，包括计算机系统服务（不含互联网）和计算机软件开发。企业创业团队核心成员主要由技术研发人员构成，克服了创业初期的困难风险，企业经营发展呈现较好态势。但由于创业初期没有形成正式化的相关组织制度，团队成员间就责任归属问题产生矛盾，造成创业团队的分崩离析。
企业9	河南中航 ** 航空科技有限公司	航空航天	主要产品和服务包括民用无人机技术开发和服务，模拟飞行器软件的系统开发与技术咨询，以及航空植保技术服务。企业在初始资金使用完后，难以通过外部网络获得新的资金支持，资金链的断裂造成了该企业不得不中断科技创业活动。
企业10	河南 ** 新能源科技有限公司	新能源	主要产品和服务包括环保技术研发、采暖设备技术服务、咨询、技术。创业初期没有明确清晰的商业模式，市场开发和营销的技巧知识明显不足，导致产品和服务没有很好地融入市场，造成失败结果。

来源：作者整理所得。

进一步地，结合科技型企业创业失败修复对象甄别评估指标体系，于

2021 年 4 ~5 月通过实地拜访、线上视频、电子邮件等形式，邀请了 10 位专家参与评估模型的实践应用过程，具体包括 4 位在政府科技管理部门从事高新技术、科技成果转化、科技奖励等方面的决策者，4 位来自科技型企业的高层管理者，以及 2 位高校中具有丰富产学研经验的教授学者。具体的模型应用过程如下：

步骤 1 区间 AHP 法的权重计算

根据式（4－1），由上述 10 位专家分别对科技型企业创业失败修复对象甄别评估指标按照 1 ~9 区间标度进行判断和打分。结合打分结果的统计，再由 10 位专家组成的专家组进行综合研判，从而构建针对一级指标的区间判断矩阵 A，以及针对二级指标的区间判断矩阵 B_1、B_2、B_3、B_4、B_5、B_6。

$$A=\begin{bmatrix} [1,1] & [4,6] & [2,4] & [1,3] & [1/5,1/3] & [1/4,1/2] \\ [1/6,1/4] & [1,1] & [1/5,1/3] & [1/5,1/3] & [1/9,1/6] & [2,4] \\ [1/4,1/2] & [3,5] & 1 & [3,5] & [1,3] & [5,7] \\ [1/3,1] & [3,5] & [1/5,1/3] & 1 & [1/6,1/2] & [1,3] \\ [3,5] & [6,9] & [1/3,1] & [2,6] & 1 & [4,6] \\ [2,4] & [1/4,1/2] & [1/7,1/5] & [1/3,1] & [1/6,1/4] & 1 \end{bmatrix},$$

$$B_1=\begin{bmatrix} 1 & [6,9] & [3,5] \\ [1/9,1/6] & 1 & [1,3] \\ [1/5,1/3] & [1/3,1] & 1 \end{bmatrix},$$

$$B_2=\begin{bmatrix} 1 & [1,3] & [1/5,1/3] \\ [1/3,1] & 1 & [1/3,1] \\ [3,5] & [1,3] & 1 \end{bmatrix},$$

$$B_3=\begin{bmatrix} 1 & [1/3,1] & [1/7,1/5] \\ [1,3] & 1 & [1/5,1/3] \\ [5,7] & [3,5] & 1 \end{bmatrix},$$

$$B_4=\begin{bmatrix} 1 & [3,6] & [3,5] & [2,5] \\ [1/6,1/3] & 1 & [2,5] & [1,3] \\ [1/5,1/3] & [1/5,1/2] & 1 & [1,2] \\ [1/5,1/2] & [1/3,1] & [1/2,1] & 1 \end{bmatrix},$$

$$B_5 = \begin{bmatrix} 1 & [1/7, 1/5] & [1/5, 1/3] \\ [5, 7] & 1 & [1, 3] \\ [3, 5] & [1/3, 1] & 1 \end{bmatrix},$$

$$B_6 = \begin{bmatrix} 1 & [2, 4] & [1/7, 1/5] \\ [1/3, 1/2] & 1 & [1/6, 1/4] \\ [5, 7] & [4, 6] & 1 \end{bmatrix}$$

在此基础上，根据式（4 - 2）~（4 - 7）的计算，最终得到各评估指标的主观权重向量 $\overline{w}$ = [0.0917，0.0552，0.0364，0.0229，0.0191，0.0420，0.0369，0.0738，0.1107，0.0488，0.0380，0.0212，0.0222，0.0409，0.0818，0.1227，0.0453，0.0227，0.0680]。

步骤 2　熵权法的权重计算

结合 10 家科技型创业失败企业的基本情况，再次邀请 10 位专家根据李克特 9 级量表形式，对每个被评估创业失败科技型企业的不同评估指标情况进行打分。专家组通过对打分结果的综合研判，从而得到原始评估数据，如表 4 - 6 所示。

表 4 - 6　　原始评估数据

序号	C1	C2	C3	C4	C5	C6	C7	C8	C9	C10	C11	C12	C13	C14	C15	C16	C17	C18	C19
企业 1	6	4	5	3	2	2	7	8	5	4	6	5	5	4	2	1	6	5	5
企业 2	2	3	6	4	3	5	8	5	4	7	6	6	4	8	6	4	7	6	9
企业 3	4	3	6	9	7	9	5	4	5	6	7	4	5	6	4	5	6	5	2
企业 4	5	4	5	7	6	7	6	4	3	6	8	5	6	9	7	6	8	5	1
企业 5	7	6	8	4	3	4	7	5	5	6	4	3	3	2	1	1	4	6	5
企业 6	3	5	6	9	8	8	6	7	6	4	3	4	2	5	4	4	6	5	7
企业 7	5	7	6	4	4	3	5	4	1	5	8	9	6	4	3	2	5	8	6
企业 8	4	5	8	5	4	6	6	4	5	8	9	5	5	2	1	1	4	6	7
企业 9	6	5	8	2	1	2	5	6	5	4	5	4	4	8	6	6	8	7	9
企业 10	1	4	6	7	6	8	6	5	7	7	6	5	4	5	4	4	5	7	8

来源：作者整理所得。

在对评估原始数据进行标准化后，根据式（4－9）计算得到每个评估指标对应的熵值，如表4－7所示。

表4－7　　各评估指标的对应熵值

C1	C2	C3	C4	C5	C6	C7	C8	C9	C10
0.9143	0.8513	0.8394	0.8827	0.895	0.8494	0.8018	0.709	0.9386	0.8141
C11	C12	C13	C14	C15	C16	C17	C18	C19	
0.9126	0.8756	0.9253	0.8601	0.8559	0.8097	0.8549	0.7365	0.9144	

来源：作者计算所得。

进一步地，根据式（4－10）计算得到熵权法的评估指标权重向量 w' = [0.0311，0.0539，0.0582，0.0425，0.0381，0.0546，0.0718，0.1055，0.0223，0.0674，0.0317，0.0451，0.0271，0.0507，0.0522，0.0690，0.0526，0.0955，0.0310]。

步骤3　拉开档次法的权重计算

根据式（4－11）~（4－16）的计算步骤，计算得到拉开档次法的评估指标权重向量 w'' = [0.0582，0.0421，0.0507，0.0557，0.0555，0.0565，0.0390，0.0308，0.0663，0.0485，0.0602，0.0372，0.0672，0.0564，0.0562，0.0585，0.0560，0.0372，0.0678]。

步骤4　综合权重计算

表4－8　　三种计算方法下各评估指标权重

二级指标	区间AHP法	熵权法	拉开档次法	综合权重	综合权重 未使用拉开档次法	综合权重 变化量Δ
C1	0.0917	0.0311	0.0582	0.0627	0.0545	0.0082
C2	0.0552	0.0539	0.0421	0.0473	0.0568	－0.0095
C3	0.0364	0.0582	0.0507	0.0406	0.0405	0.0001
C4	0.0229	0.0425	0.0557	0.0205	0.0186	0.0019
C5	0.0191	0.0381	0.0555	0.0153	0.0139	0.0014
C6	0.0420	0.0546	0.0565	0.0490	0.0438	0.0052

续表

二级指标	区间 AHP 法	熵权法	拉开档次法	综合权重	综合权重 未使用拉开档次法	综合权重 变化量 Δ
C7	0.0369	0.0718	0.0390	0.0390	0.0506	-0.0116
C8	0.0738	0.1054	0.0308	0.0905	0.1486	-0.0580
C9	0.1107	0.0223	0.0663	0.0618	0.0472	0.0147
C10	0.0488	0.0674	0.0485	0.0603	0.0628	-0.0025
C11	0.0380	0.0317	0.0602	0.0274	0.0230	0.0044
C12	0.0212	0.0451	0.0372	0.0134	0.0183	-0.0048
C13	0.0222	0.0271	0.0672	0.0153	0.0115	0.0038
C14	0.0409	0.0507	0.0564	0.0442	0.0396	0.0046
C15	0.0818	0.0522	0.0562	0.0907	0.0816	0.0091
C16	0.1227	0.0690	0.0585	0.1871	0.1617	0.0254
C17	0.0453	0.0526	0.0560	0.0504	0.0455	0.0049
C18	0.0227	0.0955	0.0372	0.0305	0.0414	-0.0109
C19	0.0680	0.0310	0.0678	0.0540	0.0403	0.0137

来源：作者计算所得。

根据式（4-17）的计算，得到综合的评估指标最终权重 W = [0.0627，0.0473，0.0406，0.0205，0.0153，0.049，0.039，0.0905，0.0618，0.0603，0.0274，0.0134，0.0153，0.0442，0.0907，0.1871，0.0504，0.0305，0.054]。此外，在使用区间 AHP 法、熵权法和拉开档次法计算综合集成指标权重的同时，也使用区间 AHP 法和熵权法计算了指标权重，对两种不同方法得到的指标权重值进行了比较，上述结果均在表 4-8 中列示。

从表 4-8 可以看出，两种赋权方法计算得到的指标权重存在明显差异，进一步表明了在科技型企业创业失败修复对象甄别评估指标体系中，不同评估指标之间确实存在一定的信息重叠和相互关联性。在对指标权重的客观赋权的过程中，通过使用熵权法和拉开档次法的集成，有效降低了单一使用熵权法赋权导致权重灵敏度较高的缺陷。因此，采用区间 AHP 法、熵权法和拉开档次法的组合赋权方法对评估指标权重进行确定更具科学性，评估结果也更为准确。

步骤 5 评估结果计算

基于 10 位专家对被评估企业自身实际情况的打分结果，采用 TOPSIS 法对被评估对象的评估结果值进行计算。计算结果和综合排名情况如表 4－9 所示。

表 4－9 基于 TOPSIS 法的科技型企业创业失败修复对象甄别评估结果及排名

序号	正理想解距离	负理想解距离	理想解贴近度	综合排名
企业 1	0.2333	0.1247	0.3483	7
企业 2	0.1391	0.1741	0.5559	3
企业 3	0.1511	0.1817	0.5460	5
企业 4	0.1379	0.2312	0.6264	2
企业 5	0.2398	0.1084	0.3113	9
企业 6	0.1385	0.1683	0.5486	4
企业 7	0.2184	0.1008	0.3158	8
企业 8	0.2448	0.1106	0.3112	10
企业 9	0.1106	0.2384	0.6831	1
企业 10	0.1474	0.1645	0.5274	6

来源：作者计算所得。

根据表 4－9 的结果显示，被评估企业的评估结果值在前 5 位的分别为：企业 9（0.6831）、企业 4（0.6264）、企业 2（0.5559）、企业 6（0.5486）和企业 3（0.5460），表明上述 5 家创业失败企业通过失败修复其后续创业的可能性更高，并且在资源有限性的约束条件下，创业失败修复的价值性更加凸显。因此，可以采用相适应的方式和策略对科技型创业失败企业进行失败修复。但是，根据 Singh 等（2007）的研究发现，针对于创业失败的挽救和修复的方式类型存在差异，包括情感修复、资源支持、社会声誉恢复等，且不同类型的修复方式所针对的失败归因点和修复效果也不相同。这就需要进一步明确被评估企业的创业失败类型，为创业失败修复方式的选择和策略的制定提供决策支持。

在此基础上，进一步从创业资源获取能力，资源数量、渠道和方式，创业机会识别能力，市场条件，团队关系和团队正式化6个一级指标方面计算指标的相对接近度，如表4-10所示，并绘制了10家被评估企业的雷达图，如图4-1所示。表4-10和图4-1的结果显示，企业9在一级指标“资源数量、渠道和方式”方面的相对接近度较低，企业4和企业3在一级指标“创业机会识别能力”方面的相对接近度较低，企业2在一级指标“创业资源获取能力”方面的相对接近度较低，企业6在一级指标“市场条件”方面的相对接近度较低。此外，其余被评估企业在一级指标方面的评估结果均存在较弱表现，如企业5、企业8在一级指标“团队关系”方面的相对接近度较低。

表4-10　　　　被评估企业在一级指标方面的评估结果

序号	创业资源获取能力	资源数量、渠道和方式	创业机会识别能力	市场条件	团队关系	团队正式化
企业1	0.4934	0.0637	0.8084	0.2276	0.0880	0.4354
企业2	0.1848	0.3995	0.4230	0.6799	0.6472	0.7360
企业3	0.3519	0.9617	0.2904	0.5248	0.7194	0.2977
企业4	0.4286	0.7143	0.1916	0.5637	1.0000	0.4488
企业5	0.8749	0.2857	0.4269	0.4242	0.0000	0.3219
企业6	0.3838	0.8753	0.7054	0.0314	0.5736	0.5329
企业7	0.6535	0.1986	0.0000	0.4286	0.2322	0.5237
企业8	0.5902	0.5403	0.3095	0.8739	0.0000	0.4268
企业9	0.7311	0.0000	0.4918	0.1584	0.9261	0.8829
企业10	0.1895	0.8191	0.4799	0.6715	0.5736	0.5711

来源：作者计算所得。

根据上述的计算结果，可以从属性—因果维度对科技型创业失败企业的失败类型进行明确，包括能力不足型、缺乏远见型、关系矛盾型、资源稀缺型、市场不佳型和团队背叛型6个类型，并且对10家被评估企业进行了类型界定，如图4-2所示。

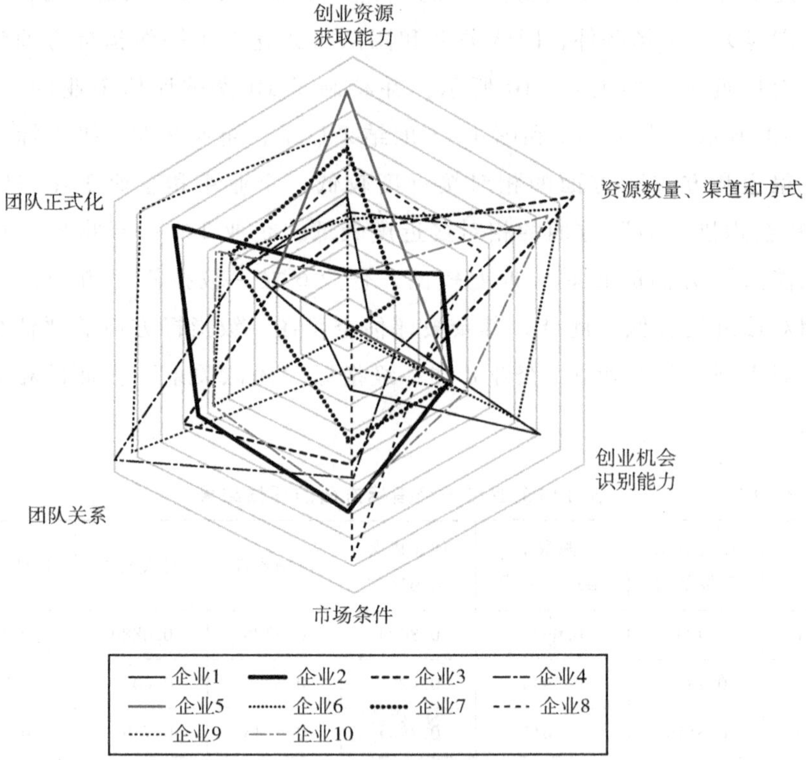

图 4-1 评估结果的雷达图

	资源	机会	团队
内部因素	能力不足型（企业2、企业10）	缺乏远见型（企业3、企业4、企业7）	关系矛盾型（企业5、企业8）
外部因素	资源稀缺型（企业1、企业9）	市场不佳型（企业6）	团队背叛型

图 4-2 创业失败类型及被评估企业的失败类型界定

4.6 讨　论

从图 4-2 反映的结果来看，被评估的 10 家科技型创业失败企业中，能力不足型的为企业 2 和企业 10，缺乏远见型为企业 3、企业 4 和企业 7，关系矛盾型为企业 5 和企业 8，资源稀缺型为企业 1 和企业 9，市场不佳型为企业 6。根据上述创业失败类型的细化，可以对科技型企业创业失败修复形成更具针对性和明确的方式和策略。

对于评估结果综合排名第一的企业 9 而言，根据一级指标维度的计算结果，其创业失败类型确定为资源稀缺型，表明企业 9 在创业过程中受制于创业资源数量、渠道和方式方面存在的缺陷进一步导致了创业失败。具体而言，企业 9 涉及航天航空植保、能源和新材料的技术开发与服务，创业初期的研发活动开展需要高投入的资源支持，但是由于企业创业团队的社会关系网络存在不足，以及企业核心成员对政策环境了解程度不高，导致企业在外部资源获取的数量、渠道和方式较为单一化，从而企业在初始资金使用完后，难以通过外部网络获得新的资金支持，资金链的断裂造成了该企业不得不中断科技创业活动。因此，对于该科技型企业的创业修复应重点关注企业对外部资源获取数量、渠道和方式的扩展，如政府科技管理部门可利用创新创业基金、研发补贴政策等形式，根据企业已有研发费用的实际支出给予科技型创业失败企业一定的研发资助（王朋举等，2014），引导企业继续已中断的科技创业活动。此外，政府科技管理部门还应积极为科技型企业搭建研发技术和科技成果的展示平台，在吸引潜在风险投资机构对企业资源支持的同时，也进一步扩展企业的外部资源网络。

缺乏远见型的科技创业失败企业，其创业失败修复的重点应在保持企业团队创业激情的同时，创业团队内部应通过失败学习进一步将失败经验转化为创业机会的识别能力，提高自身在创业过程中处理各种困难的效率与水平，增强失败再创业的信心，进而提升后续创业成功率（Riar et al.，2021）。在分析结果中，企业 3 和企业 4 两家被评估企业的评估结果值相对较高，说明其具备创业失败修复的潜在价值。在具体的修复方式选择上，政府科技管理部门可依托行业协会、企业联盟组织等机构，引导科技创业失败企业对失败结果进行研判，准确地对失败归因，高效转化失败知识，通过失败学习明确失败修复的方向重点。例如，企业 4 由于在创业初期对创业过程中的困难估计不足，面对创业困难不能及时给出针对性的应对预案，因经营不善导致创业失败。但就创业项目本身而言，企业 4 聚焦于节能环保产业，是我国优先发展的 7 大战略性新兴产业，且具备一定的技术优势和良好的市场前景。因此，对其的创业失败修复应重点关注对企业创业信心的恢复，以及创业能力不足的弥补。一方面政府科技管理部门可利用税收优惠、再创业补贴等激励方式的声誉效应（朱桂龙等，2019），减少由于创业失败引发的刻板印象与污名化（Kibler et al.，2021）；另一方面企业创业团队内部要积极地将失败经验看作是成功道路上的必然经历，通过对先前失败归因进行失败学习，弥补创业能力的短板。

对于能力不足型的企业 2 而言，由于创业团队核心成员多是以技术背景为主，在创业过程中更多地关注了技术研发部分，而忽视了产品服务的市场推广，导致其创业失败归因于缺乏必要的市场开发和营销能力，产品服务难以和潜在市场对接。因此，针对此种类型的科技型创业失败企业，其创业失败修复的着重点应聚焦于如何提升企业的市场开发和营销能力。创业失败企业在进行失败学习、明晰失败原因的同时，针对自身天然存在的能力缺陷，可以进一步吸收专业人士或团队加入到创业项目本身，从而弥补自身的能力短板。同时，政府科技管理部门可依托于行业协会等非政府组织，利用信息获取优势，搭建行业信息交流、共享平台。一方面提高企业针对能力不足搜寻对口专业人士或团队的效率；另一方面也可基于平台定期向企业推送行业发展的最新动态，从而帮助企业及时判断市场变化情况，从而适时地调整自身的生产计划以适应市场需求。

市场不佳型的科技创业失败企业，主要是指企业所处的市场技术环境、经济环境和政策环境等外部条件的某一方面已不适合企业的创业活动开展，外部环境的不确定性进而导致创业失败。例如，企业 6 的创业失败归因就是由于受到新冠疫情的影响，市场整体经济活动的停滞影响了企业正常经营活动的开展，创业失败并非由于市场环境下正常的优胜劣汰，而是由于不佳的外部环境所致。因此，对于市场不佳型企业的创业失败修复，要具体问题具体分析，更多地应从更好帮助企业适应外部环境不确定性的方面着手，以企业 6 为代表的在新冠疫情期间创业失败的科技型企业，尤其是中小型科技企业，政府相关部门应采取提供资金补偿、扩展融资渠道等资金修复方式，不仅要降低企业的创业失败资源损失，同时也要降低失败企业的再创业成本，引导并激励科技型企业的再创业行为。

对于关系矛盾型和团队背叛型的科技创业失败企业而言，失败归因于创业团队要素。稳定的创业团队、和谐的团队氛围关键在于创业团队核心成员之间具备了充分的沟通，具有明确和高度认可的创业愿景。但是这种融洽的团队关系一旦出现裂痕，对创业活动的影响往往是巨大的，由于团队破裂引发的创业失败案例在创业实践中比比皆是（贾旭东，2013）。并且从修复可能性和效果的角度来看，针对创业团队关系的修复也较难以达成，这也从评估结果中可以反映出来，关系矛盾型的企业 5 和企业 8 的评估值分列第 9 和第 10 位。因此，关系矛盾型和团队背叛型的企业在创业失败后的重点应强化失败学习，利用先前的失败经验进一步完善再创业行为，在创业团队关系建设方面做好事前控制。创业之初就从制度化角度建立核心团队成员之间的定期沟通交流机制，设计合理的团队组织架构和具备竞争力的激励机制，以应对创业取得阶段性成功后团队成员间可能存在的潜在风险，如任务责任归属缺乏共识、竞争对手对团队成员的恶意挖角等。

综上所述，一方面，在当前创新创业型经济发展的背景下，创业失败客观存在，如何帮助创业失败企业"重整旗鼓""涅槃重生"，对于构建创新容错环境、形成良好创业氛围尤为重要。本章的研究发现从失败修复的视角着重探讨了科技型企业创业失败修复对象甄别问题，为创业失败修复问题的相关研究开辟了新方向，丰富了创业失败研究领域的相关内容。另一方面，本章节也从属性—因果维度视角，综合应用多种权重赋权方法，开发了一套甄别科技型企业创业失败修复对象的评估模型，弥补了当前创业失败归因多以单维度评价的不足，也丰富了当前创业失败修复甄别以经验评价为主的研究现状。

本章节的研究发现为科技型企业和政府科技管理部门提供了创业失败修复对象甄别评估的启示。在资源有限的约束条件下，并非所有科技型企业的失败创业活动都具有修复价值，创业失败修复对象的甄别评估必不可少。尤其是根据甄别评估结果，对科技型创业失败企业的类型划分，能够进一步明确失败修复的重点，从而借鉴相关指标的评估结果表现，帮助科技型企业和政府科技管理部门在设计修复对策时获得启示。

小　结

为甄别科技型企业创业失败修复对象，本章节从属性—因果维度构建了科技型企业创业失败修复对象甄别的评估指标体系，并建立了区间 AHP 法、熵权法和拉开档次法集成的评估模型，采用 10 家科技型创业失败企业的实践案例对评估模型的适用性和应用进行了分析，得到以下研究发现：

（1）基于属性—因果维度的科技型企业创业失败修复对象的甄别评估，包括创业资源获取能力，资源、渠道和方式，创业机会识别能力，市场条件，团队关系和团队正式化 6 个维度，涉及 19 个衡量指标。

（2）基于区间 AHP 法、熵权法和拉开档次法的组合赋权，有效降低了不同评估指标之间存在的信息重叠和相互关联性对评估结果的失真影响，使评估结果更为合理、科学。

（3）根据对评估模型实践案例的应用，企业 9、企业 4、企业 2、企业 6 和企业 3 的评估结果位于前 5 位，表明上述企业具有一定的创业失败修复价值。并根据实践案例企业在不同维度的表现得分，进一步将科技型创业失败企业划分为能力不足型、缺乏远见型、关系矛盾型、资源稀缺型、市场不佳型和团队背叛型 6 个类型，在具体的修复方式上采取针对性措施。

第5章

如何应对创业失败的财务损失？资金修复科技型企业创业失败的政策工具

从政府视角来看，通过对科技型创业失败企业的失败损失进行一定的资金补偿修复，能够减少创业失败企业的再创业投入成本，激励其开展后续创业行为。但在具体的实施过程中，还需要对失败损失补偿的修复方式选择和标准确定进行探讨。因此，本章节将首先分析科技型企业创业失败财务损失补偿修复的政策工具，即政府资金直接补偿和税收优惠补偿。在此基础上，运用实物期权分析方法，探索损失补偿修复方式的选择和修复标准的确定问题。

5.1 问题的提出

科技型企业在创业过程中需要持续性地投入大量的人力、物力、财力，来维持创业项目的正常实施。一旦遭受创业失败，会给科技型企业带来巨大损失，包括了资金损失、情感损耗和失败污名。资金损失强调了科技型企业由于创业失败所承受的资金投入成本损失；情感损耗主要是指科技型企业的创业者由于创业失败所产生的情感耗竭、消极情绪和创业恐惧；失败污名则针对于遭受创业失败的科技型企业受到来自公众的刻板印象。

上述失败损失带来的负面影响会在一定程度上抑制科技型创业失败企业的再创业意向。尤其是对新创企业，创业失败前所投入的物质资源无法产生预期收益回报，加之失败造成的直接财务损失以及间接财务影响构成的创业失败财务成本，不仅会给创业失败企业的再创业决策带来巨大的资金投入压力，也不利于营造勇于创新、大胆创业的环境氛围，在一定程度上打击了其他科技型企业创业决策者的信心，阻碍了社会的创新创业前进步伐（庄芹芹等，2022）。

为了引导和激励科技型创业失败企业进行再创业活动，可以利用一定的政策工具手段来减轻其创业失败的财务成本压力，通过对科技型企业的创业失败项目进行财务损失的资金修复，不仅使创业失败企业的创业决策者不再因受失败损失而面对再创业踌躇不定，也是全社会传递了一种“宽容失败，鼓励创新创业”的积极信号。部分地方政府，如浙江、江苏、四川等省份已制定了对科技型企业创业失败科技项目给予风险补偿的政策，但在具体的损失补偿修复方式和修复标准的确定上仍多采用经验主义的判断。因此，需要进一步探讨如何根据科技型企业的创业失败特点，匹配相适宜的失败损失补偿修复方式，进而确定恰当的修复标准。

5.2 科技型企业创业失败财务损失补偿修复的政策工具

从政策工具的视角来看，通过一定的政策手段对科技型企业进行创业失败修复补偿，能够激励和引导其进行再创业决策，不仅可以创造更多的就业岗位和社会福利，也可以赋能经济社会的高质量发展，对提升创新创业质量具有重要作用。结合科技型创业失败企业的损失修复涉及方面，政府补偿科技型企业创新失败损失的政策工具主要有资金补偿、税收优惠和声誉补偿，但考虑到声誉补偿不能弥补科技型企业由于创业失败造成的沉没成本，无法解决科技型企业再创业投入不足的问题，尤其对于中小型科技企业而言声誉补偿的创业失败修复效果可能并不明显（王旭和王非，2019），而资金补偿和税收优惠在创业失败修复效果表现上对创业失败企业的资金损失补偿更为直接。因此，本章节从政策工具视角考虑科技型企业创业失败的损失补偿修复方式时仅考虑政府资金直接补偿和税收优惠补偿。

5.2.1　政府资金直接补偿

政府资金直接补偿是指在财政预算内，政府通过一定的资金运作模式（如创新创业担保基金等）对科技型创业失败企业予以直接的资金补偿。政府资金直接补偿主要是促进科技型创业失败企业的再创业投入、引导社会机构向科技型创业的再创业活动进行投资，目的是通过弥补科技型企业由于创业失败造成所付人力、物力、财力的财务损失，鼓励企业再创业，并使创业失败企业有能力进行再创业投入，最终在社会上形成“鼓励创新、宽容失败”的创新创业氛围和环境。

政府资金直接补偿虽然在补偿科技型企业创业失败损失效果直接、显著。但对科技型企业的再创业投入方面，资金直接补偿是一把“双刃剑”。一方面，资金直接补偿能够鼓励创业失败企业的再创业，使科技型企业有能力再创新，促使企业有意愿将此科技创新项目开展下去，从而会增加企业再创业的投入，提升企业再创业能力。另一方面，由于政府和企业的信息不对称，容易造成创业失败企业的逆向选择问题，科技型企业在获取政府资金直接补偿后，并未将创业失败修复的补偿资金用于失败后的再创业活动，限制了其再创业投入，这与政府通过政策工具修复科技型企业创业失败，激发鼓励企业再创业的初衷背道而驰。

5.2.2　税收优惠补偿

税收优惠补偿是指政府利用税收政策工具对科技型创业失败企业的再创业活动给予一定的税收减免，弥补因先前创业失败所遭受的资金损失。税收优惠的内容通常包括：（1）可以减免科技型企业从应交税款中有关科技创新的基础研发费用；（2）可以减免科技型企业应交收入税中有关科技创新的基础研发费用；（3）允许科技型企业对科技创新基础投资（如机器、厂房、设备等）的加速折旧。

在科技型企业创业失败的损失补偿修复过程中，税收优惠补偿不同于资金直接补偿，其对创业失败的修复效果需要一定的时间周期性，往往需要经过一段时期效果才能显现，没有资金直接补偿的效果直接、明显。创业资源要素通过税收优惠的形式在市场环境中进行配置，能够在一定程度上避免资金直接补偿可能产生的政府失灵问题。同时，税收优惠补偿通常以法律法规形式进行实施，对于科技型创业失败企业的修复范围更广，符合补偿条件的科技型企业都可以申请优惠。但税收优惠补偿也有较为明显的修复对象歧视问题，即对于需要纳税且纳税额度较大的规模以上科技型企业而言，税收优惠方式的修复效果可能更为有效，但对于纳税额度较小，甚至不需要纳税的中小型科技企业或新创企业而言，税收优惠方式的修复效果可能是无效的。

5.3 损失补偿修复方式的选择

通过政府资金对科技型创业失败企业进行损失补偿修复，其政策工具的实施成本会因政策类型的不同产生显著差异。因此，需要进一步考虑在明确科技型企业创业失败修复对象的基础上，根据科技型企业创业失败的类型特点，有针对性地选择相适应的修复补偿方式，以提高科技型企业创业失败的损失补偿修复效率。基于此，为了更好地分析政府补偿修复科技型企业创业失败的方式选择问题，本研究引入实物期权法对科技型企业创业失败项目的价值进行衡量。实物期权法是解决项目价值评估过程中不确定性和灵活性的有效方法，由于科技型企业创业项目中所体现出的投资不确定性、不可逆性、外部性等特点，使得实物期权更加适合科技型企业创业项目价值的评价，克服了净现值法、内部收益率法等传统评价与决策方法的缺陷（郁洪良，2003）。

5.3.1 模型假设

通过实物期权法建立政府资金直接补偿、政府税收优惠两种补偿方式下科技型企业创业失败项目的价值模型。

模型建立有如下假设：

假设5－1：政府进行科技型企业创业失败项目修复补偿决策主要考虑的因素为通过政府补偿行为能够最大限度地提升科技型企业创业失败项目的价值。

假设5－2：对于政府而言，科技型企业创业失败项目修复补偿方式的不同，其差别仅体现在补偿支付成本的不同。

假设5－3：科技型企业是理性的，是基于创业失败项目价值最大化进行再创业投资决策。

假设5－4：科技型企业创业投资失败后会残存部分人力资源、财物资源和信息资源，企业做出再创业决策，会对这些失败资源进行再造，以应用于企业的再创业过程中。因此，科技型企业创业失败项目具有价值，其价值为A。

假设5－5：将科技型企业创业项目抽象为两阶段模型，如图5－1所示，其中T_2-T_1时间段为科技创业项目研发阶段，在此阶段只有研发投入，无收益；T_3-T_2时间段为科技创业项目成果转化阶段，在此阶段既有投入，又有项目收益，收入为V，并且假设两阶段的投入分别在T_1、T_2时刻一次性投入完毕。

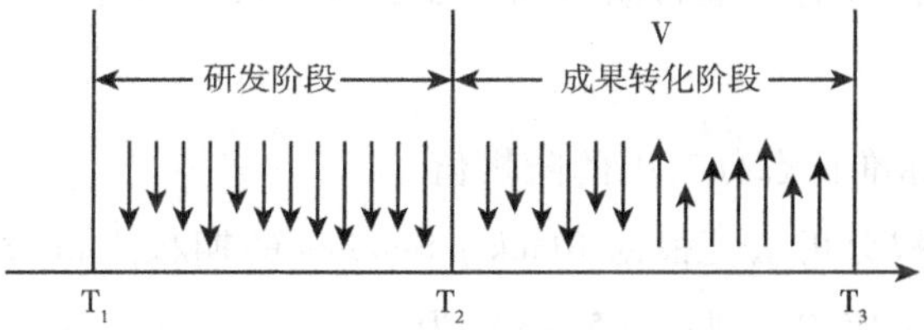

图5－1　科技型企业创业项目两阶段模型

5.3.2　研发阶段的科技型企业创业失败项目

研发阶段的科技型企业创业失败项目是指在T_2-T_1时间段内，科技创业项目受不确定性因素影响致使项目失败。在图5－2中，科技创业项目在T_X时间点遭受创业失败，科技型企业受经济效益因素的驱动，以及政府的创业失败修复补偿政策的影响，在对已有科技创业失败项目资源再造的基础上，在T'_X时间点做出再创业的决策，再创业投入为I_1，且此时通过失败资源再造使科技创业失败项目价值为A。在T_2时间点科技型企业创业项目研发成功，进入科技成果转化阶段，且科技成果转化投入为 I_2。

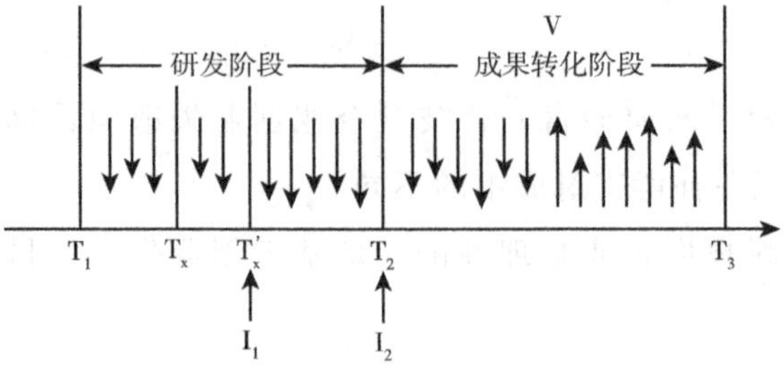

图 5－2　研发阶段的科技型企业再创业项目模型

根据科技创业的特点，可知在项目收益期 T_3-T_2 时间段，项目收入的价值随时间的变化而变化，即 $V(t)$ 随机变化，并且服从布朗运动，遵循式（5－1）：

$$dV=\mu Vdt+\sigma Vdz \tag{5-1}$$

其中，μ 为科技创业项目价值增长率，假定为常数；σ 为单位时间内 V 的方差瞬时变化率；dz 为标准布朗运动，如式（5－2）所示。

$$dz=\varepsilon\sqrt{dt} \tag{5-2}$$

ε 为一个在标准正态分布中的随机值。

结合实物期权分析法，根据 Black－Scholes 的期权定价公式，可知科技型企业再创业项目价值 C，则式（5－3）为：

$$C=VN(d_1)-I_2e^{-rt}N(d_2) \tag{5-3}$$

其中：

$$t=T_3-T_2;$$

$$d_1=\frac{\ln(V/I_2)+(r+\sigma^2/2)t}{\sigma\sqrt{t}};$$

$$d_2=\frac{\ln(V/I_2)+(r-\sigma^2/2)t}{\sigma\sqrt{t}};$$

$N(x)$ 是符合标准正态分布变量的累计概率分布函数。

因此，进一步可以确定科技再创业项目的净价值 F，如式（5－4）表示，即项目的期权价值减去项目的初始投入以及科技创业失败项目的价值。

$$F = C - I_1 - A = VN(d_1) - I_2e^{-rt}N(d_2) - I_1 - A \quad (5-4)$$

引入政府修复科技型企业创业失败损失的补偿效率概念，设为 E，即科技再创业项目的净价值 F 与政府修复补偿投入 S 的比值，以此为判断标准，通过比较不同修复补偿方式下政府修复科技型企业创业失败损失补偿效率 E 的大小，从而确定最优政府修复补偿方式。

（1）政府资金直接补偿

如果政府将科技型企业创业失败损失修复的补偿方式选择为资金直接补偿，也就是在 T'_X时间点，科技型创业失败企业进行再创业投入的同时，给予一定额度的政府失败补偿，补偿投入为 S，这就在一定程度上减少了科技型创业失败企业的再创业投入，从原有的 I_1 变为 $I_1 - S$，则此种情况下的项目执行价格变为 $I_1 - S$。

根据式（5－4），此种情况下的科技型企业再创业项目的净价值 F_1 为：

$$F_1 = C_1 - (I_1 - S) - A = VN(d_{11}) - I_2e^{-rt}N(d_{12}) - (I_1 - S) - A \quad (5-5)$$

其中：

$$d_{11} = \frac{\ln(V/I_2) + (r + \sigma^2/2)t}{\sigma\sqrt{t}}$$

$$d_{12} = \frac{\ln(V/I_2) + (r - \sigma^2/2)t}{\sigma\sqrt{t}}$$

则此时的政府修复科技型企业创业失败损失的补偿效率 E_1 为：

$$E_1 = \frac{F_1}{S} = \frac{VN(d_{11}) - I_2e^{-rt}N(d_{12}) - (I_1 - S) - A}{S} \quad (5-6)$$

（2）税收优惠补偿

如果政府将科技型企业创业失败损失修复的方式选择为税收优惠补偿，其实质是政府对科技型创业失败企业的再创业投入进行减税，如果政府将减税额度比例设定为 b，企业所获得的税收优惠额度可表示为 $b(I_1 + I_2)$，即使科技型企业的再创业项目价值 V 得到了增加，变为 $V + b(I_1 + I_2)$。以上可以看出，税收优惠补偿方式时，政府对创业失败损失修复的补偿额度 S 等同于企业所获得的税收优惠额度 $b(I_1 + I_2)$，即 $S = b(I_1 + I_2)$。

根据式（5－6），此种情况下的科技型企业的再创业项目的净价值 F_2 为：

$$F_2 = C_2 - I_1 - A = [V + b(I_1 + I_2)]N(d_{21}) - I_2 e^{-rt} N(d_{22}) - I_1 - A \tag{5-7}$$

其中：

$$d_{21} = \frac{\ln[V + b(I_1 + I_2)/I_2] + (r + \sigma^2/2)t}{\sigma\sqrt{t}}$$

$$d_{22} = \frac{\ln[V + b(I_1 + I_2)/I_2] + (r - \sigma^2/2)t}{\sigma\sqrt{t}}$$

则此时的政府修复科技型企业创业失败损失的补偿效率 E_2 为

$$E_2 = \frac{F_2}{S} = \frac{[V + b(I_1 + I_2)]N(d_{21}) - I_2 e^{-rt} N(d_{22}) - I_1 - A}{b(I_1 + I_2)} \tag{5-8}$$

（3）比较分析

通过分析比较 E_1 和 E_2 之间的关系，可以确定针对在研发阶段的科技型企业创业失败项目，政府选择何种修复补偿方式对其进行损失修复补偿时，政府修复科技型企业创业失败损失的补偿效率较高。

对比式（5－6）和式（5－8）可以发现，存在累计概率函数 $N(d_{11})$、$N(d_{12})$、$N(d_{21})$、$N(d_{22})$，由于 $N(x)$ 自身为增函数，需要进一步比较 d_{11}、d_{12}、d_{21}、d_{22}的大小关系。而从 $N(x)$ 的表达式可以看出 $d_{11} > d_{12}$、$d_{21} > d_{22}$、$d_{21} > d_{11}$、$d_{22} > d_{12}$，即可知在 d_{11}、d_{12}、d_{21}、d_{22} 中 d_{12} 为最小值，且存在 $N(d_{11}) > N(d_{12})$、$N(d_{21}) > N(d_{22})$、$N(d_{21}) > N(d_{11})$、$N(d_{22}) > N(d_{12})$。

进一步地，科技型企业的再创业项目如果能够取得成功，往往成功后的再创业项目价值 V 要远大于成果转化阶段的投入 I_2。对于 d_{12}，如果 V/I_2 的比值较大，有 $\ln(V/I_2)$ 的值较大，而对于科技型企业再创业成功项目来说，$\sigma\sqrt{t}$往往较小，且在 $\sigma\sqrt{t}$较小的情况下，d_{12}较大。因此，需要进一步对累计概率函数 $N(x)$ 的取值进行分析，通过查阅 $N(x)$ 函数的取值可以发现，当 $x > 2.500$ 时，$N(x)$ 的函数值大于0.99且小于1，所以在 d_{12}足够大的情况下 $N(d_{12})$ 的值接近1。由于 d_{12} 为 d_{11}、d_{12}、d_{21}、d_{22} 中最小值，可进一步得出 $N(d_{11})$、$N(d_{21})$、$N(d_{22})$ 的值都接近1。

在此基础上，可对 E_1 和 E_2 进行简化，则

$$E_1 = \frac{V - I_2 e^{-rt} - (I_1 - S) - A}{S};$$

$$E_2 = \frac{V + b(I_1 + I_2) - I_2 e^{-rt} - I_1 - A}{b(I_1 + I_2)};$$

两者相减得

$$E_1 - E_2 = \frac{V - I_2 e^{-rt} - (I_1 - S) - A}{S} - \frac{V + b(I_1 + I_2) - I_2 e^{-rt} - I_1 - A}{b(I_1 + I_2)} \tag{5-9}$$

由于存在 $S = b(I_1 + I_2)$，则

$$E_1 - E_2 = 0$$

所以，针对在研发阶段的科技型企业创业失败项目，政府在此阶段内无论采用资金直接补偿方式，还是采用税收优惠补偿方式，两种方式的政府修复补偿效率相同，政府可根据自身情况选择其中任意一种。

5.3.3 成果转化阶段的科技型企业创业失败项目

成果转化阶段的科技型企业创业失败项目是指在 $T_3 - T_2$ 时间段，即在科技创新成果转化阶段遭受失败的创业项目。在图 5－3 中，科技型企业创业项目的研发投入为 I_1，研发阶段项目实施顺利，研发成功取得了科技创新成果，在 T_2 时间点进入成果转化阶段，但在 T_X 时间点科技创新成果转化失败。为了使科技创新成果尽快市场化，产生科技创业收益，科技型企业在对已有创业失败项目资源再造和重新拼凑的基础上，在 T'_X 时间点做出科技再创业决策，再创业投入为 I_2，且此时通过失败资源再造使得科技型企业创业失败项目价值为 A。

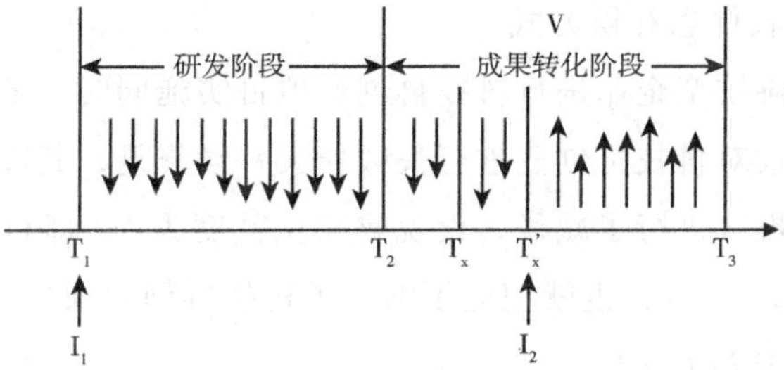

图 5－3　成果转化阶段科技型企业创业项目模型

在上述的分析基础上，比较政府资金直接补偿方式、税收优惠补偿方式针对成果转化阶段科技型企业创业失败项目所表现的修复补偿效率差异性。

（1）政府资金直接补偿

如果在T'_X时间点，政府选择资金直接补偿方式对科技型企业的创业失败项目进行损失补偿修复，补偿额度为S，也就是增加了科技型企业的再创业投入，即投入变为I_2+S，相应的项目期权执行价格由I_2变为I_2+S。

因此，在此种情况下科技型企业的再创业项目的价值为C_1，则

$$C_1 = VN(d_{11}) - (I_2 + S)e^{-rt}N(d_{12}) \tag{5-10}$$

其中：

$t = T_3 - T_2$；

$$d_{11} = \frac{\ln[V/(I_2 + S)] + (r + \sigma^2/2)t}{\sigma\sqrt{t}};$$

$$d_{12} = \frac{\ln[V/(I_2 + S)] + (r - \sigma^2/2)t}{\sigma\sqrt{t}};$$

由于在成果转化阶段的科技再创业项目，科技型企业是在对已有科技创业失败项目资源再造和重新拼凑的基础上实施的，此时的科技创业失败项目价值A理应包括研发阶段的科技型企业创业研发投入I_1，所以此种情况下，科技型企业的再创业项目净价值F_1为

$$F_1 = C_1 - A = VN(d_{11}) - (I_2 + S)e^{-rt}N(d_{12}) - A \tag{5-11}$$

则政府修复科技型企业创业失败损失的补偿效率E_1为

$$E_1 = \frac{F_1}{S} = \frac{VN(d_{11}) - (I_2 + S)e^{-rt}N(d_{12}) - A}{S} \tag{5-12}$$

（2）政府税收优惠补偿方式

如果政府在科技型企业进行科技再创业项目实施同时（T'_X时间点），选择税收优惠补偿方式对科技再创业进行失败损失补偿修复，其实质是对科技型企业的科技再创业投入进行了减税，设税收减税额度为b，即科技型企业所获得的税收优惠为$b(I_1+I_2)$，也就相应了增加了科技再创业项目价值V，政府的补偿额度S也就等于$b(I_1+I_2)$。

因此，在此种情况下科技型企业的再创业项目的价值为C_2，则

$$C_2 = [V + b(I_1 + I_2)]N(d_{21}) - I_2 e^{-rt} N(d_{22}) \tag{5-13}$$

其中：

$t = T_3 - T_2$；

$$d_{21} = \frac{\ln[(V + bI_1 + bI_2)/I_2] + (r + \sigma^2/2)t}{\sigma\sqrt{t}};$$

$$d_{22} = \frac{\ln[(V + bI_1 + bI_2)/I_2] + (r - \sigma^2/2)t}{\sigma\sqrt{t}};$$

此种情况下科技型企业的再创业项目的净价值 F_2 为

$$F_2 = C_2 - A = [V + b(I_1 + I_2)]N(d_{21}) - I_2 e^{-rt} N(d_{22}) - A \tag{5-14}$$

则政府修复科技型企业创业失败损失的补偿效率 E_2 为

$$E_2 = \frac{F_2}{S} = \frac{[V + b(I_1 + I_2)]N(d_{21}) - I_2 e^{-rt} N(d_{22}) - A}{b(I_1 + I_2)} \tag{5-15}$$

（3）比较分析

根据式（5-12）、式（5-15）对 E_1 和 E_2 进行分析比较，两式相减得：

$$E_1 - E_2 = \frac{VN(d_{11}) - (I_2 + S)e^{-rt}N(d_{12}) - A}{S} - \frac{[V + b(I_1 + I_2)]N(d_{21}) - I_2 e^{-rt} N(d_{22}) - A}{b(I_1 + I_2)} \tag{5-16}$$

可以从式（5-16）中看出，依旧存在累计概率函数 $N(d_{11})$、$N(d_{12})$、$N(d_{21})$、$N(d_{22})$。因此，需进一步比较 d_{11}、d_{12}、d_{21}、d_{22}的大小关系。首先可以确定 $d_{11} > d_{12}$，$d_{21} > d_{22}$，进一步比较 d_{11}和 d_{21}，d_{12}和 d_{22}的大小，从其表达式可以看出 d_{11}和 d_{21}，d_{12}和 d_{22}的比较可以通过$\frac{V}{I_2 + S}$和$\frac{V + b(I_1 + I_2)}{I_2}$的比较来确定大小关系。

由于存在 $b(I_1 + I_2) = S$，则：

$$\frac{V + b(I_1 + I_2)}{I_2} \div \frac{V}{I_2 + S} = \frac{V + b(I_1 + I_2)}{I_2} \times \frac{I_2 + S}{V} = 1 - \frac{S[V - (I_2 + S)]}{VI_2} \tag{5-17}$$

判断 $V - (I_2 + S)$ 的大小，V 为科技型企业再创业项目的价值，而（$I_2 + S$）为企业在获得创业失败损失补偿后进行再创业的实际投入。对于科技型企业再创业成功的项目，必定存在项目价值大于项目的初始投入，则存在 $V > (I_2 + S)$，所以 $V - (I_2 + S) > 0$。而在 $\frac{S\left[V-(I_2+S)\right]}{VI_2}$ 中，S、V、I_2 都为可预期常数且大于 0，即 $\frac{S\left[V-(I_2+S)\right]}{VI_2} > 0$。因此，$\frac{V+b(I_1+I_2)}{I_2} \div \frac{V}{I_2+S} < 1$，则 $\frac{V}{I_2+S} > \frac{V+b(I_1+I_2)}{I2}$，也就是 $d_{11} > d_{21}$，同理可得 $d_{12} > d_{22}$，所以可以确定 d_{22} 为 d_{11}、d_{12}、d_{21}、d_{22} 中的最小值。

对于 d_{22} 来说，如果 $\ln[(V+bI_1+bI_2)/I_2]$ 较大，$\sigma\sqrt{t}$ 较小，则 d_{22} 较大，而对于科技型企业再创业成功项目的这种情况存在，在前文分析中可知，当 $x > 2.500$ 时，累计概率函数 $N(x) \in [0.99, 1]$，也就是说在 d_{22} 较大的情况下，可将 $N(d_{11})$、$N(d_{12})$、$N(d_{21})$、$N(d_{22})$ 的值用 1 做近似处理，可将 $E_1 - E_2$ 简化为

$$E_1 - E_2 = \frac{V-(I_2+S)e^{-rt}-A}{S} - \frac{V+b(I_1+I_2)-I_2e^{-rt}-A}{b(I_1+I_2)} = e^{-rt} - 1 \tag{5-18}$$

由于 $r \in (0, 1)$ 且 $t > 0$，故 $rt > 0$，则 $e^{-rt} - 1 < 0$，因此 $E_1 < E_2$，说明针对成果转化阶段的科技型企业创业失败项目，政府在进行创业失败补偿修复方式选择时，应采用税收优惠补偿方式，其补偿修复效率要优于政府资金直接补偿方式。

5.3.4 综合讨论

针对研发阶段和成果转化阶段的科技型企业创业失败项目，政府在对两种不同的创业失败项目进行创业失败损失补偿修复时，应从政府补偿修复效率的角度，在资金直接补偿、税收优惠补偿两种方式之中，选择与之相适应的补偿修复方式。通过分析可以发现，对于研发阶段的科技型企业创业失败项目，资金直接补偿和税收优惠补偿在损失补偿修复效率的表现是等同的，但应进一步考虑资金直接补偿和税收优惠补偿两种方式的特点，与研发阶段的科技型企业创业失败项目的契合度。不难看出，研发阶段遭受创业失败的科技型企业，在

实施科技再创业项目时，对创业研发资金的需求超出了对政府税收优惠的渴望。原因在于，在研发阶段创业失败的科技型企业在实施再创业项目时，由于研发阶段只有研发投入，无项目收益，尚无形成科技创新成果，不能进行成果转化，税收优惠补偿方式对于此类科技创业失败项目，在损失补偿修复效果上科技型企业往往感知较慢，不能直接、快速地帮助科技创业失败企业更高效地启动再创业项目。因此，针对研发阶段的科技型企业创业失败项目，虽然资金直接补偿和税收优惠补偿在政府补偿效率相同，但考虑到研发阶段科技创业失败企业在实施再创业项目时的需求，应优先选择政府资金直接补偿。

而对于成果转化阶段的科技型企业创业失败项目，模型分析结果可以看出，税收优惠补偿方式的补偿修复效率要大于政府资金直接补偿方式。因此，可以在确定创业失败修复对象的基础上，针对科技型企业创业失败项目应选择的补偿方式为税收优惠补偿。图5－4为政府补偿科技型企业创业失败项目的修复方式选择矩阵。

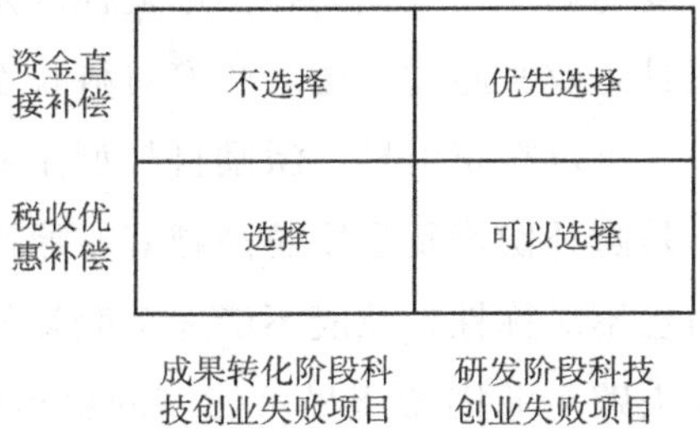

图5－4　政府补偿科技型企业创业失败项目的修复方式选择矩阵

5.4　损失补偿修复的标准确定

对科技型企业创业失败项目损失补偿修复的标准确定，是资金修复科技创业失败项目的关键核心所在，其关系到补偿修复效果以及补偿实施主体政府的资金承受力。政府对科技型企业创业失败项目损失补偿修复的功能定位在于引导激励，即在有限的政府财政资金资源约束下，通过对科技创业失败企业的补偿修复行为进一步激励科技型企业在创业失败后开展再创业活动，并通过政府的资金修复补偿投入带动其他资金流入到科技型企业的再创业项目中。在具体的实施过程中，政府资金修复补偿科技创业失败企业的依据在于，损失补偿修复标准既要在一定程度弥补科技型企业的先前创业失败损失，缓解企业的经营压力，尤其对于中小型科技企业而言尤为重要；另外也要通过科技创业失败的损失补偿资金投入，来减少企业科技再创业时的资金投入压力。因此，政府在对科技型企业创业失败项目损失补偿修复时，要秉持效用最大化原则，即通过尽可能小的补偿修复资金投入，引导激励科技创业失败企业的再创业行为，并使补偿修复资金投入在一定程度上保证企业科技再创业项目的成功。

5.4.1 损失补偿修复标准的理论基础

在确定科技型企业创业失败损失补偿修复对象，选择损失补偿方式的基础上，如何设定合理、适度的创业失败损失补偿修复标准是推进政府资金修复科技创业失败项目政策工具有效实施的关键。政府对科技型企业创业失败损失补偿修复的核心功能定位，重点在于引导、激励科技型企业的再创业行为，其损失补偿修复的效果并不是随补偿修复强度越高越好。原因在于，政府和科技创业失败企业之间存在信息不对称性，政府不能完全获知科技型企业创业失败项目的有关信息，而创业失败企业则希望尽可能多的获得政府的损失补偿资金，当损失补偿修复强度大于科技型企业的再创业投入时，部分损失补偿修复资金投入并不能真正应用到科技再创业活动中。并且，政府也会较多控制科技再创业项目，突出政府的创新创业意愿，而科技型企业丧失了再创业项目的主导权，打击了科技型企业的再创业积极性，政府补偿修复的引导、激励企业科技再创业投入的核心作用得不到体现，损失补偿修复效果出现下降，并进一步会出现科技创业失败企业的逆向选择问题。因此，在效用最大化原则下，合理制定科技型企业创业失败损失补偿修复的补偿强度是补偿标准的关键所在。

根据政府对科技型企业创业失败损失补偿修复效用最大化原则，结合科技创业失败项目的补偿依据，可以认为，政府对科技型企业创业失败损失补偿修复的标准下限在于，政府通过对科技型企业创业失败项目的损失补偿修复资金的投入，能够释放出鼓励创业失败企业再创业的信号，能够引导创业失败企业积极主动地对科技创业失败资源整合再造，引导科技型企业开展再创业项目。而政府对科技型企业创业失败损失补偿修复的标准上限在于，引导激励科技创业失败企业进行再创业活动的基础上，通过政府对科技创业失败损失补偿修复资金投入，可以帮助科技型企业缓解进行再创业时的资金困难压力，在一定程度上提高科技型企业的再创业成功率，强调创业失败损失补偿修复的效用最大原则，即政府在企业创业失败损失补偿修复资金投入尽可能小的情况下使当前再创业项目的净价值最大化。

因此，在损失补偿修复方式选择探讨的基础上，继续通过实物期权法来测度科技型企业再创业项目价值，并根据政府对科技型企业创业失败损失补偿修复效率衡量政策工具的修复效果。具体而言，政府对科技型企业创业失败损失补偿修复效率是指科技型企业再创业项目的净价值与创业失败损失补偿修复的资金投入。通过政府对科技型企业创业失败损失补偿修复效率模型进一步讨论科技型企业创业失败损失补偿修复的标准问题。

5.4.2　损失补偿修复标准分析

在此部分分析过程中，继续将科技型企业创业项目假设为两阶段模型，即研发阶段和成果转化阶段。因此，也将科技型企业创业失败项目划分为研发阶段科技创业失败项目和成果转化阶段创业失败项目，结合政府对科技型企业创业失败项目损失补偿修复方式选择的研究发现，利用政府对科技型企业创业失败损失补偿修复效率模型，分析研发阶段科技创业失败项目下政府资金直接补偿修复，成果转化阶段科技创业失败项目下税收优惠补偿修复的两种补偿修复方式的标准问题。

（1）研发阶段科技创业失败项目的政府资金直接补偿标准

根据实物期权分析法，利用期权定价模型，可以得出此种情况下科技型企业创业失败后进行再创业项目的净价值 F_1：

$$F_1 = VN(d_{11}) - I_2 e^{-rt} N(d_{12}) - (I_1 - S) - A \tag{5-19}$$

其中，V 为再创业项目的收入价值，随时间的变化而变化，即 $V(t)$ 随机变化，并且服从布朗运动；t 为科技再创业项目的收益期；I_1 为科技创业失败企业做出再创业决策时的再创业投入，I_2 为项目进入成果转化阶段的转化投入；S 为政府对科技型企业创业失败损失补偿修复的资金投入；A 为科技型企业通过失败资源再造形成的创业失败项目的价值；$N(x)$ 是符合标准正态分布变量的累计概率分布函数。并且存在以下关系：

$$d_{11} = \frac{\ln(V/I_2) + (r + \sigma^2/2)t}{\sigma\sqrt{t}};$$

$$d_{12} = \frac{\ln(V/I_2) + (r - \sigma^2/2)t}{\sigma\sqrt{t}};$$

因此，此时的政府对科技型企业创业失败损失补偿修复效率模型 E_1 为

$$E_1 = \frac{F_1}{S} = \frac{VN(d_{11}) - I_2 e^{-rt} N(d_{12}) - (I_1 - S) - A}{S} \tag{5-20}$$

由于 $V(t)$、$N(d_{11})$、$N(d_{12})$ 与变量 S 无关，因此，设此种情况下科技再创业项目的期权价值为 C，即 C 为：

$$C = VN(d_{11}) - I_2 e^{-rt} N(d_{12}) \tag{5-21}$$

简化 E_1 可得：

$$E_1 = \frac{C - (I_1 - S) - A}{S} = \frac{C - I_1 - A}{S} + 1 \tag{5-22}$$

对 E_1 进行求变量 S 的一阶导数和二阶导数得

$$E'_1(S) = \frac{-(C - I_1 - A)}{S^2} \tag{5-23}$$

$$E''_1(S) = \frac{2(C - I_1 - A)}{S^3} \tag{5-24}$$

由于 S 为政府对科技型企业创业失败损失补偿修复的资金投入，故存在 $S>0$。因此，需要讨论 $C-I_1-A$ 的正负性来判断 $E_1(S)$ 函数图形的单调性和凹凸性。

当 $C-I_1-A>0$，即 $C>I_1+A$ 时，存在 $E'_1(S)<0$，说明 $E_1(S)$ 函数在 $S>0$ 时图形单调递减；存在 $E''_1(S)>0$，说明 $E_1(S)$ 函数在 $S>0$ 时图形为凹函数。对 E_1 进行讨论，当 $C>I_1+A$ 时，可知 $E_1>1$，$E_1(S)$ 函数在 $C-I_1-A>0$ 时的图形表现如图 5-4 所示。

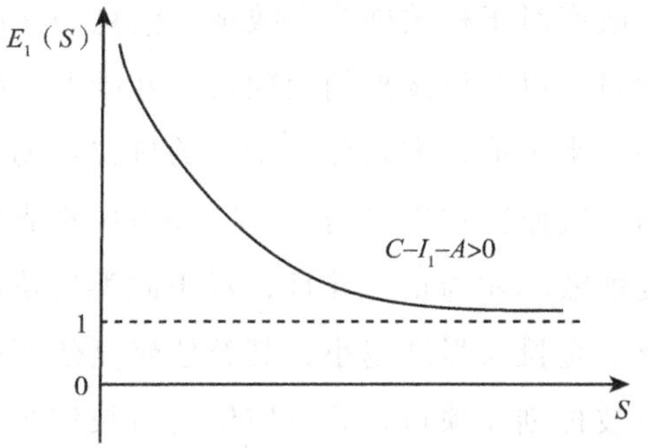

图5-4 $E_1(S)$ 函数在 $C-I_1-A>0$ 时的图形表现

对 $E_1(S)$ 的实际意义进行分析，可知政府对科技型企业创业失败损失补偿修复效率与科技型企业再创业项目本身密切相关，包括科技创业失败企业的再创业项目的期权价值、科技再创业投入、科技型企业通过失败资源再造获得的创业失败项目价值等相关因素。在 $C-I_1-A>0$ 时，即科技创业失败企业的再创业项目的期权价值>科技再创业投入+企业的失败资源价值，随着政府对科技创业失败损失补偿修复资金投入的增加，政府对科技型企业创业失败损失补偿修复效率会随之下降。且 $E_1(S)$ 函数值恒大于1，创业失败损失补偿修复效率为正，大于0，说明科技创业失败企业的再创业项目期权价值大于企业科技再创业的总投入，即科技再创业项目的净价值大于政府对科技创业失败损失补偿修复资金投入，政府通过对科技创业失败企业的损失补偿修复，进一步提升了企业科技再创业项目的价值，政府的补偿修复资金投入所带来的修复效果较为明显。

当补偿修复资金投入强度 $S<C-I_1-A$，即 $C-I_1-A-S>0$ 时，$C-I_1-A<0$，即 $C<I_1+A$，说明科技创业失败企业的再创业项目的期权价值<科技再创业投入+企业的失败资源价值，也就是说科技再创业项目的未来价值较低，不能换回科技再创业的初始投入，即在有限的政府资源约束下，政府失败补偿应侧重于选择未来市场价值较高的科技再创业项目。因此，对于 $C-I_1-A<0$ 时的 $E_1(S)$ 图形并没有实际的分析意义。

综上所述，通过对 $E_1(S)$ 图形的分析，可以发现，对于研发阶段的科技创业失败项目而言，如果政府采取资金直接补偿方式，政府在设定科技型企业创业失败损失补偿修复标准时，需要充分考虑科技型企业创业失败项目的自身情况，而这就取决于政府对于科技创业失败项目信息的获取因素，只有在全面了解科技创业失败项目，以及科技再创业项目的基础上，政府才能较为正确判断科技再创业项目的未来价值，准确分析企业的科技再创业投入和对创业项目失败资源价值的判断。其原因在于，当 $C-I_1-A>0$ 的情况下，政府对科技创业失败损失补偿修复的效率才为正。并且，对于此类科技再创业项目，政府对其失败损失补偿修复资金投入强度越小，其补偿修复效率越大，表明未来收益较高，前景较好的科技再创业项目，政府应给与科技型企业更多的创新创业主导权，这也与政府对科技创业失败损失补偿修复的功能定位，即引导激励科技创业失败企业的再创业活动相一致。如果在此种情况下，政府的补偿修复资金投入较多，也就表明政府在科技再创业项目中的主导权越大，更多体现了政府的创新创业意愿，这会极大挫伤科技型企业的再创业积极性，也就会导致政府对科技创业失败损失补偿修复效率的下降，这就与创业失败损失补偿修复的初衷相违背。但需要注意的是，作为研发阶段的科技创业失败项目，由于项目本身处于只有投入无收益阶段，尤其对于一些中小型新创企业，项目失败损失可能会对企业带来较大影响，政府对科技创业失败损失补偿修复在给出鼓励企业科技再创业信号的同时，理应一定程度上弥补科技型企业创业失败的损失，即在 $C-I_1-A>0$ 的情况下，政府对科技创业失败损失补偿修复资金投入强度 S 应有下限，并不是越小越好。在考虑科技创业失败企业本身实际情况的基础上，政府的补偿修复资金投入 S 也应与科技型企业创业失败损失有关，适当减少企业的科技创业失败损失。因此，政府设定科技创业失败损失补偿修复标准，要充分考虑失败补偿修复资金投入 S 与科技型企业创业失败损失，以及与 $C-I_1-A$ 之间的相互关系。

（2）成果转化阶段科技创业失败项目的税收优惠补偿修复标准

根据实物期权定价模型，成果转化阶段科技创业失败项目，科技型企业在创业失败后进行再创业的项目净价值 F_2 为

$$F_2=[V+b(I_1+I_2)]N(d_{21})-I_2e^{-rt}N(d_{22})-A \tag{5-25}$$

其中，V 为科技再创业项目的收入价值，随时间 t 变化且符合布朗运动；t 为科技再创业项目的收益期；I_1 为科技创业失败企业在研发阶段的项目研发投入；I_2 为科技创业失败企业在成果转化阶段的项目成果转化投入；b 为政府税

收减税额度比例（$0<b<1$），即科技创业失败企业所获得的税收优惠为 $b(I_1+I_2)$；A 为科技型企业创业失败后的项目失败资源价值；$N(x)$ 是符合标准正态分布变量的累计概率分布函数。并且 d_{21} 与 d_{22} 分别为：

$$d_{21}=\frac{\ln[(V+bI_1+bI_2)/I_2]+(r+\sigma^2/2)t}{\sigma\sqrt{t}};$$

$$d_{22}=\frac{\ln[(V+bI_1+bI_2)/I_2]+(r-\sigma^2/2)t}{\sigma\sqrt{t}};$$

因此，此种情况下政府对科技创业失败损失补偿修复的额度为 $b(I_1+I_2)$，其补偿修复效率 E_2 为：

$$\begin{aligned}E_2&=\frac{[V+b(I_1+I_2)]N(d_{21})-I_2e^{-rt}N(d_{22})-A}{b(I_1+I_2)}\\&=\frac{VN(d_{21})-I_2e^{-rt}N(d_{22})-A}{b(I_1+I_2)}+N(d_{21})\end{aligned}\tag{5-26}$$

设 $B=VN(d_{21})-I_2e^{-rt}N(d_{22})$，将 E_2 视为关于变量 b 的函数 $E_2(b)$，对 $E_2(b)$ 求其关于的变量 b 的一阶导数。

$$E'_2(b)=\frac{bB'f(d_{21})d'_{21}-f(d_{21})d'_{21}(I_1+I_2)-bB'f(d_{22})d'_{22}-(B-A)}{b^2(I_1+I_2)}\tag{5-27}$$

其中 $f(d_{21})$、$f(d_{22})$ 为 $N(d_{21})$、$N(d_{22})$ 的概率密度函数，且 $0<f(d_{21})<1$，$0<f(d_{22})<1$，而 d_{21} 和 d_{22} 较为近似，为便于分析，将 $f(d_{21})=f(d_{22})$ 进行处理。并且从 d_{21}、d_{22} 的表达式可以看出 d'_{21} 和 d'_{22} 相同，$E'_2(b)$ 可表示为：

$$\begin{aligned}E'_2(b)&\approx\frac{\dfrac{-I_2(I_1+I_2)^2f(d_{21})}{6\sqrt{t}(V+bI_1+bI_2)}-(B-A)}{b^2(I_1+I_2)}\\&\approx\frac{\dfrac{-I_2(I_1+I_2)^2f(d_{21})}{6\sqrt{t}(V+bI_1+bI_2)}-[C-A-b(I_1+I_2)N(d_{21})]}{b^2(I_1+I_2)}\end{aligned}\tag{5-28}$$

其中 C 为科技再创新项目的期权价值，即：

$$C=[V+b(I_1+I_2)]N(d_{21})-I_2e^{-rt}N(d_{22})\tag{5-29}$$

由于 $E'_2(b)$ 中的变量皆大于 0，且 $0<f(d_{21})<1$，故可以判断

$\dfrac{-I_2(I_1+I_2)^2 f(d_{21})}{6\sqrt{t}(V+bI_1+bI_2)}<0$。另外，讨论 $C-A-b(I_1+I_2)N(d_{21})$ 的正负性，由于 $N(d_{21})$ 趋近于1，故分析 $C-A-b(I_1+I_2)$，可以看出，只有当科技再创业项目的期权价值 > 科技型企业创业失败后的项目失败资源价值 + 政府税收优惠价值时，科技再创业项目才有成功意义，这也与补偿修复对象识别与选择相一致，因此存在 $C-A-b(I_1+I_2)>0$，而 $C-A-b(I_1+I_2)<0$ 则无实际的现实意义。在上述分析的基础上，可以判断 $E_2'(b)<0$，说明 $E_2(b)$ 函数在 $0<b<1$ 时图形单调递减。

继续对 $E_2(b)$ 进行变形可得：

$$E_2(b)=\frac{\frac{C-A}{(I_1+I_2)}}{b}+N(d_{21}) \tag{5-30}$$

因为 $N(d_{21})$ 是符合标准正态分布变量的累计概率分布函数，其函数值接近于1，$\dfrac{C-A}{(I_1+I_2)}$ 与变量 b 无关。所以 $E_2(b)$ 的函数形式与 $y=\dfrac{1}{x}+1$ 相似，可以大致判断出 $E_2(b)$ 的函数图形在 $0<b<1$ 区间内为单调递减凸函数，如图5-5所示。

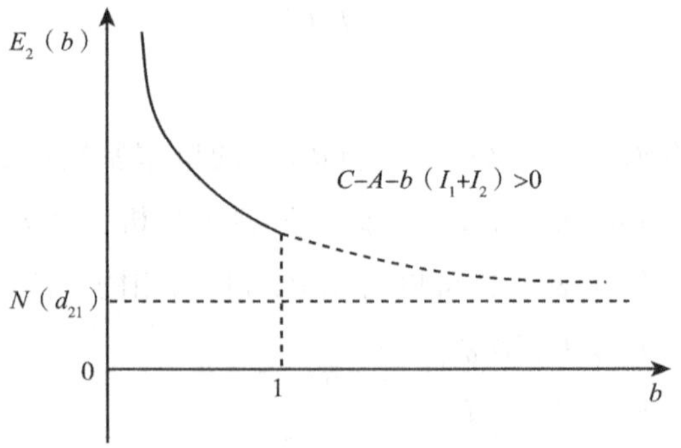

图 5-5　$E_2(b)$ 函数在 $C-A>0$ 时的图形表现

从图5-5可以看出，当 $C-A-b(I_1+I_2)>0$ 时，$E_2(b)$ 在 $0<b<1$ 的区间内，随着 b 的逐渐增大，$E_2(b)$ 是随之减小的，且 $E_2(b)>N(d_{21})$。

其现实意义在于，对于成果转化阶段的科技创业失败项目而言，政府的税收优惠补偿修复方式实施往往是在科技再创业项目的收益期进行，而政府对科技型企业创业失败损失补偿修复对象的识别与选择又是从科技创业项目本身、企业实力等多方面考虑。因此，在此种情况下，政府对科技创业失败损失补偿修复效率 $E_2(b) > N(d_{21})$，也就是说补偿效率 $E_2(b) > 0$，符合成果转化阶段科技再创业项目的特点。正因为如此，政府在设定税收优惠补偿修复方式减税比例 b 时，减税比例 b 不应越高越好。其原因在于，较高的税收优惠比例一方面不能促进政府对科技创业失败损失补偿修复效率的提高，另一方面也可能会因政府的税收优惠扰乱正常的市场竞争环境。可以看出，针对成果转化阶段的科技创业失败项目，政府的税收优惠补偿修复方式的减税比例标准不应过大，该修复方式的核心功能价值在于通过较小的减税比例，给予相关科技型创业企业一种宽容失败、鼓励再创业的激励信号。

小　结

本章从政府对科技型企业创业失败损失补偿修复方式和补偿修复标准方面，从政策工具的视角对科技型企业创业失败损失补偿修复模型进行了分析研究。探讨了政府对科技型企业创业失败损失的补偿修复方式，通过对政策工具的分析，认为政府资金直接补偿、税收优惠两种方式较为适用于科技创业失败企业，并通过对科技创业失败项目类型的划分，利用实物期权方法，分别对比了研发阶段的科技创业失败项目、成果转化阶段的科技创业失败项目下不同损失补偿修复方式的效率差异，认为对于研发阶段的科技创业失败项目，应优先选择政府资金直接补偿方式；对于成果转化阶段的科技创业失败项目应选择税收优惠补偿方式。

此外，在探讨补偿修复方式选择的基础上，进一步分析了研发阶段科技创业失败项目在政府资金直接补偿方式下的补偿修复资金投入强度 S 的特点，认为补偿修复资金投入强度与科技型企业创业失败损失、科技再创业项目价值、科技再创业投入以及科技创业失败项目的失败资源价值等因素有关；针对成果转化阶段的科技创业失败项目在税收优惠补偿修复方式下的政府减税比例 b 的特点，认为政府所实施的税收优惠减税比例 b，要能够明显地向科技创业失败企业释放出激励科技再创业的信号，才能鼓励其进行再创业行为。

第6章

如何消退创业失败恐惧？修复策略对科技型企业再创业意愿的影响

创业决策者的失败恐惧对科技型创业失败企业的再创业意愿存在负面效应，而失败修复在消退负面影响、重启创业的过程中起到关键作用。但对于如何采用不同类型修复策略来消退创业失败恐惧、提升再创业意愿，现有研究尚未形成系统的理论解释。本章节将采用情境实验分析方法，探讨在失败情境下创业失败恐惧、修复策略和再创业意愿的关系以及影响机制的边界条件。

6.1 问题的提出

高度的不确定性决定了失败是创业过程中的高频率事件，失败事件导致的负面结果之一就是创业者失败恐惧的形成（郝喜玲等，2020）。尤其是全球经济发展的持续低迷，不仅造成全球创业活动的举步维艰，创业失败更为普遍，也在一定程度上加剧了创业者的失败恐惧感。根据全球创业观察（Global Entrepreneurship Monitor，GEM）最新公布的调查数据，中国创业者在2019年的失败恐惧达到44.7%，高于其他发达经济体；同时，2020年主要发达经济体创业者的失败恐惧均较前一年度有明显增长（如图6－1所示）。诚然，失败是成功之母，失败经历能够为创业者的再创业过程提供宝贵经验和有益借鉴（郑馨等，2019），但巨大的失败成本也给创业者的情绪带来毁灭性打击，引发强烈的失败恐惧，导致创业失败者的裹足不前，抑制再创业活动（杨隽萍等，2020），这就需要通过一定的创业修复策略来推动失败者的再创业行为（陈寒松等，2020）。因此，如何消退创业失败恐惧，从失败的负面情绪中恢复，成为创业者从失败情境下“涅槃重生”“东山再起”的关键因素。

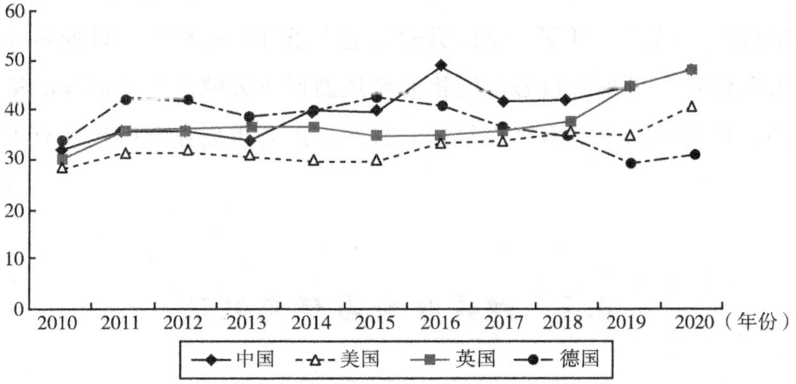

图 6－1　GEM 调查中的创业失败恐惧变化趋势

失败恐惧在创业过程中具有普遍性和常规性。为了有效管理创业失败恐惧，既有研究较多关注失败恐惧对创业行为的抑制作用，失败事件会加剧个体对负面结果的消极认知，进而产生悲观情绪（Lattacher and Wdowiak，2020），负面情绪的不断堆积也会导致创业者降低再创业意愿，这就需要通过一定的修复方式来降低创业失败恐惧的消极影响。而失败修复则是创业领域的一个新兴研究话题，源于 Shepherd（2003）对悲伤修复问题的探讨，既有研究从过程、结果和情绪等不同视角对创业失败修复的内涵进行了解读（谢雅萍等，2020），并且对不同类型的修复策略进行了分析（Singh et al.，2007）。根据悲痛恢复理论，个体可以通过反思取向和恢复取向等不同方式对悲痛情绪进行管理（Shepherd，2003），而情绪认知理论也认为，对消极情绪的调节也是一个从情绪调节到认知修复的修复过程（Boss et al.，2008）。不同类型的修复策略在修复速度和效果上也可能存在差异。同时从积极心理学理论来看，创业者的创业韧性也是影响创业失败恐惧以及修复策略效果的重要因素，富有韧性的创业者在失败后搜集与失败相关的信息、理性审视失败结果、积极应对失败，一方面能够缓解创业失败恐惧导致的负面情绪，另一方面也可增强修复策略的效果（张秀娥和李梦莹，2020）。在失败情境下创业失败恐惧、修复策略、创业韧性和再创业意愿可能存在着密切联系，但既有研究针对如何消退创业者的失败恐惧感，尤其是在失败情境下，采取何种策略来调节消极情绪，修复失败恐惧导致的负面影响，仍未给出全面系统地解释。

因此，本研究将采用情境实验的研究方法，对不同情境条件下创业失败修复的策略选择，以及对再创业意愿影响的边界条件进行检验，以期研究发现能够为在失败情境下受到失败恐惧困扰的科技型创业失败企业的创业决策者选择针对性的、恰当的修复策略来恢复创业状态，提升再创业意愿提供有力的理论指导。

6.2 理论分析与研究假设

6.2.1 创业失败恐惧与再创业意愿

创业过程的高风险性、不确定性和动态性决定了创业者需要在复杂多变的创业任务中面对各种创业障碍和困难（于晓宇等，2018）。创业者不免会产生“趋利避害”的动机，引起对潜在失败结果的担忧，形成恐惧失败的认知和感受（郝喜玲等，2021）。既有研究从不同的理论视角对创业失败恐惧的本质进行了诠释。从成就动机理论来看，创业失败恐惧是指创业者在受到失败障碍刺激时产生的避免失败的动机倾向（Cacciotti and Hayton，2015），强调了个体在成就情境下寻求避免失败的一种相对静态的心理特征。但在遭遇先前创业失败的情况下，创业失败恐惧则是更多表现出创业者对失败事件的适应性反应。由于创业失败导致的资源损失激活了创业者对后续创业过程中潜在失败的害怕，创业者会开始过度关注有关失败的反馈信号（Bélanger et al.，2013）。受到信号刺激的持续影响，创业者在先前失败到再创业决策的过程中，所表现出来的消极情绪其实是一种对创业失败恐惧的暂时性状态（郝喜玲等，2020）。因此，与成就动机理论相比，情绪认知评价理论更适合于失败情境下对创业失败恐惧的诠释。此时，创业失败恐惧更强调创业者感知失败带来的情境威胁所产生的负面情绪（Welpe et al.，2012）。

创业失败恐惧的形成和诱发因素也会受到创业者性别（Wagner，2007）、教育程度（Zhao and Xie，2020）、创业激情（Bélanger et al.，2013）等个体因素以及外部环境（Chua and Bedford，2016）的影响。并且，受到失败恐惧的持续作用，也可能造成创业者在失败情境下对后续创业活动产生一定程度的心理反应。从认知反应维度来看，先前失败结果所造成的资源损失以及对个人自我能力的片面否定，导致创业者过分放大再创业过程中的不确定性，持续关注失败可能带来的负面后果（Morgan and Sisak，2016）。尤其是创业者对再创业决策复杂性的评估，会进一步放大对失败情境的信息感知，从而增强创业者对失败可能带来恶劣后果的认知和评估（Kollmann et al.，2017）。而从情感反应维度来看，创业者过度负面解读失败后所要面对的结果，也会显著增加自身的负面情感（Stroe et al.，2020）。当失败事件所引发的创业障碍和困难给创业者带来了威胁刺激，会加剧个体对负面结果的消极认知，从而产生悲观情绪（Lattacher and Wdowiak，2020），也就在一定程度上造成创业者由于失败恐惧刺激体验了更多的负面情感，而这种负面情感随着时间推移，会导致创业者丧失再创业信心，降低再创业意愿（Hessels et al.，2011）。

综上所述，可以推断失败情境下高创业失败恐惧的个体，其再创业意愿较低，即个体创业失败恐惧程度越高，其再创业意愿越低。因此，本研究提出以下假设：

假设6-1：创业失败恐惧负向影响再创业意愿，即创业失败恐惧的提升会降低创业者的再创业意愿。

6.2.2 创业失败恐惧的修复方式

创业失败修复源于对悲痛复原的探讨（Shepherd，2003），强调通过对问题的解决返回到原始状态。但对于创业者而言，失败事件对其负面影响往往是永久的。因此，从修复结果的视角来看，Shepherd（2003）认为，失败修复是指创业者不再受到先前失败事件的困扰，面对创业失败仍能保持良好的状态，能够继续创业。同时，对创业失败修复内涵的解读也出现不同视角的诠释。其中，修复过程视角指出创业失败修复与失败学习密切相关，虽然失败事件会导致一系列的成本损失，但同时也是一种宝贵的学习资源（Cope，2011）。从失败中学习，从失败中汲取经验，通过提升自身的创业能力来实现创业失败修复，进而在后续创业中增强信心（Stephan，2018）。而从情绪管理视角来看，创业失败修复更为强调创业者不再受到因失败事件导致的负面情绪影响。在修复过程中创业者要结合失败情境，适时地对个体的情绪变化进行调节，削弱消极心理对再创业决策的影响（Korber and McNaughton，2018）。可见，创业失败修复的关键在于创业者的失败学习和情绪管理。

根据情绪认知理论，创业失败修复可以视为一个从情绪调节到认知修复的行动过程，不同环节对失败修复的核心范畴和策略选择也存在区别（谢雅萍等，2020）。在情绪调节阶段，失败修复的重点在于通过向他人倾诉、自我安慰、转移关注、积极面对等方式，转移和发泄失败导致的负面情绪，减轻失败悲伤，逐步激发积极情绪（Hayward et al.，2010；Engel et al.，2021）。在认知修复阶段，失败修复重点则在于通过对失败经验的学习进而把握新的创业机会，即在创业信息搜集、整合的基础上，对创业方向、机会进行评估，创业者通过批判反思进一步增强自身对创业情境的认知（Gorgievski and Stephan，2016）。因此，本研究借鉴谢雅萍等（2020）对创业失败恐惧修复方式的分类，从情绪认知层面将失败修复策略分为情绪修复策略和认知修复策略两种类型。

而在修复策略的作用效果上，虽然创业失败与再创业的关系较为复杂，既有文献尚未形成系统明确的解答，但从再创业决策的影响因素来看，一方面，创业者失败悲痛感的降低能明显提升其连续创业的信心，从而更有利于做出再创业决策（徐雪娇等，2021）；另一方面，有效的失败学习也能够帮助创业者更快速地从先前失败事件中恢复并实施后续创业活动（李君等，2018）。可以预测，在失败情境下创业失败修复策略的实施能够提升创业者的再创业意愿，但由于修复重点的区别，不同类型策略的修复效果也存在一定差异。基于此，提出以下假设：

假设6-2：修复策略的使用能够对再创业意愿产生修复效果，且不同类型修复策略的效果存在显著差异。

正如前文所述，创业失败恐惧作为一种在失败情境中引发的负面情绪，失败修复策略也可能是应对创业失败恐惧的有效方式。本研究进一步推断，失败修复策略在创业失败恐惧和再创业意愿的关系中起着显著的调节效应。具体来讲，失败修复策略的实施能够减弱创业失败恐惧对再创业意愿的负向影响。根据情绪预测理论，个体对消极事件所引发的负面情绪预测往往比真实情景所形成的情绪感受更为加重（孙琳等，2020）。在失败情境下如何降低诸如创业失败恐惧这种负面情绪，成为影响再创业决策的关键因素。因此，失败修复策略的实施能够帮助创业者发泄和转移失败恐惧带来的负面情绪，通过失败学习也可以让创业者更加积极地看待先前失败，抑制创业失败恐惧的消极影响。并且，不同类型的失败修复策略对情绪认知修复效果程度的不同，也可能对创业失败恐惧的影响存在差异。据此，本研究进一步提出以下假设：

假设 6－3：修复策略会调节创业失败恐惧与再创业意愿之间的关系，修复策略的使用能够弱化创业失败恐惧对再创业意愿的负向影响，且不同类型修复策略的调节效应也存在差异。

6.2.3　创业韧性的调节效应

创业韧性是心理韧性在创业领域的进一步延伸，是指创业者在高度不确定性的创业过程中面对困难和挑战时，进行自我调节、积极应对的动态适应能力（Santoro et al.，2020）。并且，有关创业韧性的诠释也在一定程度上解释了为什么有些创业者能够更好地应对挫折和困境从而取得创业成功（张秀娥和李梦莹，2020）。不难看出，在失败情境下，创业韧性对创业者从失败中恢复，确立再创业信心尤为重要。一方面，根据积极心理学理论，当个体遭遇负面事件时，心理韧性的保护性因子能够有效降低个体所受的消极影响，缓和失败带来的负面冲击（Hogan et al.，2020）。另一方面，从失败学习观来看，创业韧性也是促进个体失败学习的重要因素，富有韧性的创业者在面对失败时并不会产生强烈的消极情绪，而是通过心态调整，汲取先前的失败经验，积极面对创业失败事件，努力克服困难，开展连续创业（赵富强等，2022）。因此，本研究预测创业韧性在修复策略和再创业意愿的关系中存在显著的调节效应。具体而言，在失败情境下，高创业韧性的创业者实施修复策略对再创业意愿的提升效果更为明显。面对创业失败，他们能够更加积极地应对而不是消极地抵制，修复策略实施的主观能动性更强，通过创业者自身状态的不断调整以适应再创业的能力要求。而对于低创业韧性的创业者，失败所带来的高压力和负面情绪则可能抑制修复策略的实施效果，对再创业意愿的提升相对有限。据此，提出以下假设：

假设 6－4：创业韧性会调节修复策略与再创业意愿之间的关系。当创业者创业韧性高时，会增强修复策略对再创业意愿的修复效果。当创业者创业韧性低时，会减弱修复策略对再创业意愿的修复效果。

进一步地，考虑到修复策略在创业失败恐惧和再创业意愿关系中可能存在的调节效应，本研究同时推断创业韧性对修复策略在创业恐惧和再创业意愿关系中的调节效应也可能起到一定的二次调节，即高创业韧性的创业者，其修复策略的运用能够弱化创业失败恐惧对再创业意愿的负向影响。积极心理学认为韧性是个体的一项心理资本，并且创业韧性对创业成功有着显著影响。因此，对创业失败者而言，创业韧性能够帮助个体在失败情境下获得更多的积极体验，缓解其面对失败的恐惧，提升其面对失败的恢复能力，增强其失败再创业的信心。基于上述分析，本研究提出以下假设：

假设 6－5：如果创业韧性在修复策略与再创业意愿之间的调节效应存在，那么创业韧性会二次调节修复策略在创业失败恐惧与再创业意愿关系之间的作用关系，即创业韧性增强了修复策略对创业失败恐惧与再创业意愿负向关系的弱化效应。

综上，本研究的框架结构如图 6－2 所示。

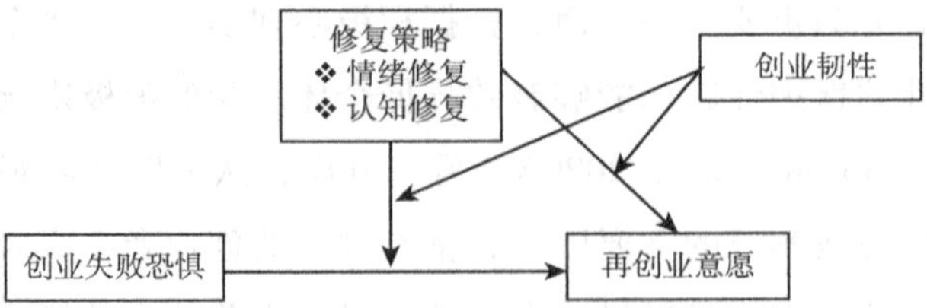

图 6－2　研究框架结构图

6.3　研究方法

6.3.1　被试样本

由于疫情防控对线下开展情境实验的制约，本研究在 2021 年 8 月采用了“见数”（Credamo）线上智能调研平台进行了随机实验的开展。为控制被试者对情境实验材料的阅读理解，将被试者的教育程度设定为本科以上。并且，线上被邀请的被试者作为社会化媒体用户，资讯信息获取的易得性和积极性较高，能够在自媒体获得相对较多的创业故事报道，因此一定程度上能够判断上述被试者对实验中所呈现的情境因素与意义有较高的感知，也能够更接近于现实情况做出判断。总共邀请了 300 位被试者参与了本次情境实验，剔除了过滤题项回答不正确的问卷，回收了有效问卷 289 份，有效率为 96.3%。在被试样本群体中，男性占 42.6%，女性占 57.4%。被试者的年龄段区间为 20～25 岁占 24.6%，26～30 岁占 39.1%，31～40 岁占 33.2%，40 岁以上占 3.1%。在教育程度方面，本科占 84.4%，硕士研究生占 15.6%。在婚姻情况方面，已婚占 37.4%，未婚占 62.6%。

6.3.2　实验设计与流程

本研究采用 2×2 双因素组间实验设计，两个进行操控的自变量分别为创业失败恐惧（高、低）和修复策略（认知修复、情绪修复），共形成了 4 个实验组的刺激情境。在具体的情境材料设计上，本研究主要参考了已有研究关于因变量的测度量表和研究初期所调研的创业失败案例资料进行编制，设计了一则假设被试者为主人公的创业失败故事。具体刺激情境材料分为以下几个部分：第一部分为被试者嵌入情境的基本情况介绍，具体如下：

你是一名科技型创业企业的负责人。三年前，你与朋友放弃原有工作一起创办了这家从事 VR（虚拟现实）硬件产品研发、生产和销售的公司。在创业初期，受益于核心产品的技术优势和良好市场预期，公司得到了多家风险投资机构的关注，获得天使轮投资、A轮融资，公司团队规模也进一步扩大。尤其是在一些世界著名硬件展会上的产品宣传，使你们公司的产品订单量快速增长。然而，由于供应链管理问题，公司产能难以满足订单需求，导致订单不能按时交付。虽然，你们公司在此期间对供应链相关事宜进行了频繁改革，但始终跟不上产能要求。最终，资金链断裂，你们公司宣布倒闭。

第二部分是对自变量创业失败恐惧的操作，借鉴了郝喜玲等（2020）、Conroy等（2002）对失败恐惧的相关描述，具体包括：

高创业失败恐惧：在创业失败之后，你常常陷于自责情绪中，自暴自弃，认为是自己的不足导致了创业失败。你害怕与他人的沟通交流，担心他们因为你的“失败者”标签影响对你能力、价值的正确认识。同时，你也时常感到你的创业失败经历使你周围人的生活没有了往日快乐。你对于未来的计划，也充满了不确定。

低创业失败恐惧：在创业失败之后，秉承“失败是成功之母”的理念，你坚定地认为先前的创业失败一定是通往成功之路的必然经历，也促使你在未来的发展过程中更加努力。你积极总结失败经验，谨慎识别未来的创业机会，竭力通过努力达成成就。同时，你也与周围人积极沟通，通过展示以往成绩、传递乐观思想，极力避免因先前创业失败带来的羞耻和负面评价。

第三部分是对自变量修复策略的操作，在谢雅萍等（2020）对创业失败修复范畴的主要描述基础上编制而成，其中认知修复策略和情绪修复策略分别为：

认知修复策略：创业失败给你带来了损失，也造成了一定的精神压力和消极情绪。但你并不认为创业失败是因你个人因素所致，公司核心产品仍具有市场竞争力，失败的原因更多源于缺少供应链管控的外部支持。因此，你通过对创业失败经验的总结，更加积极地搜索新的创业机会，对创业信息进行严谨的思考和评估，避免在新的创业过程中出现同样错误。

情绪修复策略：创业失败给你带来了损失，也造成了一定的精神压力和消极情绪。为了减少这种负面影响，你每天跑步运动，并时常与亲近的人倾诉创业的得与失，舒缓压抑情绪。慢慢地，你开始用更积极态度去看待先前的创业失败，发现失败并非一无是处，你也从失败中获得了经验，提升了自己。

在正式实验实施之前，邀请了 27 位从事创业研究的学者或具有失败经历的创业者，对 4 种刺激情境的实验材料进行了预测试，并结合预测被试者的反馈，完善了情境实验材料和问卷中欠妥当的表述。此外，预试结果显示，被试者对不同程度的创业失败恐惧感知分别为 $M_{高创业失败恐惧} = 4.10$，$M_{低创业失败恐惧} = 2.85$，对不同类型的修复策略感知分别为 $M_{情绪修复策略} = 3.73$，$M_{认知修复策略} = 4.17$，也一定程度上证实了被试者对所编制的不同情境刺激材料具有感知差异。在正式实验时，首先，明确告知被试者本实验采取完全匿名形式，其作答结果也仅作为科学研究使用。其次，引导被试者在阅读实验材料时假设自身就是故事中的主人公，并尽可能想象自己正面临故事中描述的情形，然后根据自己在情境中的真实感受对问卷题项认真作答。最后，在对被试者作答结果审核后，向其支付实验报酬。所有被试者按照完全随机的方式进入四种刺激情境中的一种，四种刺激情境最终有效的被试人数分别为“高创业失败恐惧 × 情绪修复策略” 73 人，“高创业失败恐惧 × 认知修复策略” 69 人，“低创业失败恐惧 × 情绪修复策略” 72 人，“低创业失败恐惧 × 认知修复策略” 75 人，每种刺激情境中的被试人数大致相同。

6.3.3　反应量表

在被试量表的内容上，本研究主要分为三个部分。

第一部分，考察了被试者在实验情境材料刺激下对实验中创业失败恐惧程度和修复策略类型差异的感知。其中，创业失败恐惧采用两个题项对其进行了测量，分别为“创业失败之后，你产生了对前途未卜的恐惧”“创业失败之后，你产生了对失败经历的羞耻和尴尬”，Cronbach's α 系数为 0.87。修复策略也采用了两个题项进行测量，分别为“你采取了修复措施来缓解创业失败带来的负面影响”“你采取的修复措施对缓解负面影响产生了效果”，Cronbach's α 系数为 0.76。除此之外，本部分还设计了两项过滤题项（filter items）用于检测被试是否认真进行答题，分别为“你曾经是一家科技型创业企业的负责人”

"你经历了创业失败"。

第二部分为对因变量再创业意愿的测量，借鉴了 Simmons 等（2016）对再创业意愿的测量方式，在创业意愿的基础上进一步延伸了再创业的表述。量表共包括了 6 个题项，例如："鉴于失败你将来会成立另外一家企业""鉴于失败你不会再寻找创业的机会"等，其中 2 个题项为反向计分。该量表在本研究中的 Cronbach's α 为 0.83。

第三部分是对被试者创业韧性的评价，采用了张秀娥和李梦莹[10]基于中国情境对 Fatoki（2018）研究的改编量表，共包括 10 个题项，例如："你能克服困难实现目标""你不容易因失败而气馁"等。该量表在本研究中的 Cronbach's α 为 0.89。

所有的反应量表均采用 Likert 量表的 5 级计分方式，1 ~ 5 具体表示为从"1 = 非常不同意"到"5 = 非常同意"。

6.4 结果分析

6.4.1 实验操作结果检验

为了控制实验质量，应对实验中自变量的操作和控制结果是否成功进行检验。因此，本研究对自变量创业失败恐惧和修复策略的操控进行了 t 检验。针对于创业失败恐惧的操控，t 检验的结果显示被试者对情境材料中创业失败恐惧的感知程度存在显著的高低差异 [$M_{高创业失败恐惧} = 4.11$，$M_{低创业失败恐惧} = 1.94$，$t(287) = 29.11$，$p < 0.001$]，在高创业失败恐惧的条件下，被试的创业失败恐惧感知显著高于低创业失败恐惧的情况，表明实验对创业失败恐惧的操控成功。针对修复策略的操控，t 检验的结果显示被试者对情境材料中关于不同类型创业失败修复策略的感知存在显著差异 [$M_{情绪修复策略} = 4.38$，$M_{认知修复策略} = 4.03$，$t(287) = 4.28$，$p < 0.001$]，被试者在情绪修复策略的条件下，对情绪修复策略使用的感知高于认知修复策略组，也说明实验对修复策略的操控是成功的。

6.4.2 描述性统计

实验中不同情境条件下因变量再创业意愿的描述性统计分析结果如表 6-1 所示。

表 6-1 不同实验情境条件下因变量的均值与标准差

不同实验情境条件		被试数量	再创业意愿	
创业失败恐惧[a]	修复策略[b]		*M*	*SD*
1	1	73	3.54	0.77
1	0	69	4.06	0.62
0	1	72	4.22	0.49
0	0	75	3.97	0.43

注：[a]0 代表低创业失败恐惧，1 代表高创业失败恐惧；[b]0 代表认知修复策略，1 代表情绪修复策略。

结果显示，"高创业失败恐惧×情绪修复策略"情境下被试者再创业意愿的均值为 3.54，"高创业失败恐惧×认知修复策略"情境下为 4.06，"低创业失败恐惧×情绪修复策略"情境下为 4.22，"低创业失败恐惧×认知修复策略"情境下为 3.97。

表 6-2 列示了实验中所涉及变量的均值、标准差以及各变量间的相关系数。

表 6-2 各变量的均值、标准差及相关系数

	M	SD	1	2	3	4
1. 创业失败恐惧	0.49	0.50	1			
2. 修复策略	0.50	0.50	0.02	1		
3. 创业韧性	4.29	0.55	-0.25**	-0.32**	1	
4. 再创业意愿	3.97	0.64	-0.27**	-0.27**	0.65**	1

注：** $p<0.01$。

从表 6-2 中可以看出创业失败恐惧与创业韧性、再创业意愿之间均呈现

显著的负相关（$r=-0.25$，$p<0.01$；$r=-0.27$，$p<0.01$），修复策略与创业韧性、再创业意愿之间也均呈现显著的负相关（$r=-0.32$，$p<0.01$；$r=-0.27$，$p<0.01$），创业韧性与再创业意愿之间呈现显著的正相关（$r=0.65$，$p<0.01$）。上述的相关分析结果与提出的研究假设基本一致，也对其进行了初步支持。

6.4.3 创业失败恐惧、修复策略对再创业意愿的影响效应

为检验创业失败恐惧、修复策略对再创业意愿的影响效应，对再创业意愿进行2（高创业失败恐惧 vs 低创业失败恐惧）×2（情绪修复策略 vs 认知修复策略）的双因素方差分析。Levene's 同性检验结果显示，针对于因变量的 $F(3, 285)=7.69$，$p>0.05$ 的置信区间水平，表明方差具有同质性，适合进行方差分析。表6－3列示了方差分析结果。

表6－3　　方差分析结果

方差来源	平方和	自由度	均方	F
创业失败恐惧	8.48	1	8.48	24.29***
修复策略	8.38	1	8.38	23.99***
创业失败恐惧×修复策略	2.30	1	2.30	6.60*
误差	99.48	285	0.35	

注：*** $p<0.001$，** $p<0.01$，* $p<0.05$。

从表6－3的分析结果可以看出，创业失败恐惧对再创业意愿的主效应显著，在高创业失败恐惧情境条件下的再创业意愿显著低于低创业失败恐惧的情况［$M_{高创业失败恐惧}=3.80$，$M_{低创业失败恐惧}=4.14$，$F(1, 285)=24.29$，$p<0.001$］，表明创业失败恐惧对再创业意愿具有显著的负向影响，假设1得到验证。修复策略对再创业意愿的主效应也显著，认知修复策略对再创业意愿的修复效果明显高于情绪修复策略［$M_{认知修复策略}=4.14$，$M_{情绪修复策略}=3.80$，$F(1, 285)=23.99$，$p<0.001$］，假设6－2得到验证。

此外，创业失败恐惧与修复策略的交互效应也显著（$F(1, 285)=6.60$，

$p<0.05$），交互效应如图6-3所示。在进一步的简单效应分析中可以发现（如图6-4所示），当处于高创业失败恐惧的情境条件下，不同类型的修复策略对再创业意愿呈现显著差异，认知修复策略对再创业意愿的影响显著高于情绪修复策略［$M_{认知修复策略}=4.06$，$M_{情绪修复策略}=3.54$，$F(1, 285)=27.40$，$p<0.001$］。当处于低创业失败恐惧的情境条件下，修复策略的差异对再创业意愿的影响并未达到显著性水平［$M_{认知修复策略}=4.22$，$M_{情绪修复策略}=4.06$，$F(1, 285)=4.06$，$p>0.05$］。上述的检验结果表明，在创业失败恐惧程度较高的情况下，相较于情绪修复策略，采用认知修复策略更能弱化创业失败恐惧对再创业意愿的负向影响。但在创业失败恐惧程度较低的情况下，修复策略对创业失败恐惧与再创业意愿之间关系的影响并不明显。假设6-3得到了验证。

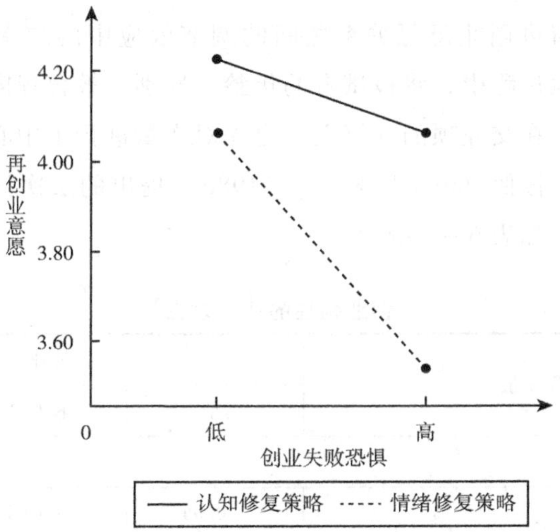

图6-3 创业失败恐惧与修复策略在再创业意愿上的交互效应

6.4.4 创业韧性的调节效应

在本研究的情境实验中，对创业韧性的测度采用了连续型变量，而非类别变量。因此，借鉴了李锐等（2015）的建议，采用层次回归分析方法对创业韧性在修复策略和再创业意愿关系之间的调节效应，以及创业韧性在修复策略

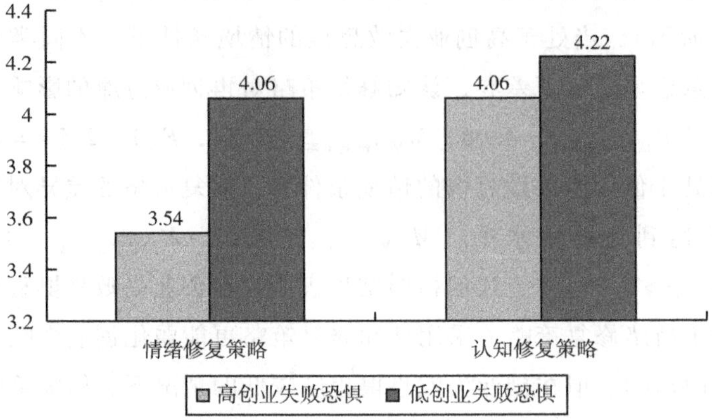

图 6-4 不同类型修复策略条件下创业失败恐惧对再创业意愿的影响

对创业失败恐惧与再创业意愿关系之间的调节效应中的二次调节作用进行检验。在具体的检验过程中，将被试者的年龄、性别、教育程度和婚姻情况作为控制变量。并且，在交互项的计算上，也先对变量进行了中心化处理，避免共线性问题的发生。按照 Baron 和 Kenny（1986）提出的层次回归分析程序，回归分析的检验结果如表 6-4 所示。

表 6-4 创业韧性的调节效应

解释变量	再创业意愿		
	模型 1	模型 2	模型 3
控制变量			
年龄	-0.06	-0.05	-0.04
性别	0.07	0.09	0.04
教育程度	-0.07	-0.08	-0.08
婚姻情况	0.20 *	0.16 *	0.09 *
自变量			
修复策略		-0.25 ***	-0.09 †
调节变量			
创业韧性			0.53 ***

续表

解释变量	再创业意愿		
	模型1	模型2	模型3
交互项			
修复策略×创业韧性			0.10†
ΔR^2	0.07	0.13	0.45
R^2	0.27	0.36	0.67
F	5.36***	8.26***	33.40***

注：*** $p<0.001$，** $p<0.01$，* $p<0.05$，† $p<0.1$。

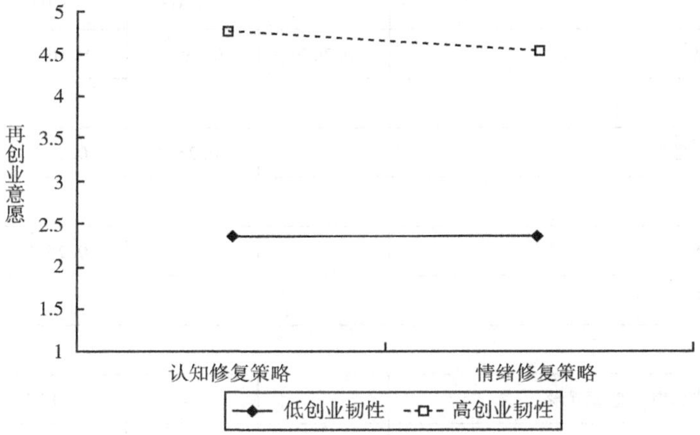

图6－5　创业韧性的调节效应

回归结果显示，控制变量婚姻情况在表6－4模型1～模型3中均对再创业意愿呈现显著的正向影响（$p<0.05$），表明未婚的创业者在失败情境下的再创业意愿更高。创业韧性对再创业意愿呈现显著的正向影响（$\beta=0.53$，$p<0.001$），表明当创业者的创业韧性越高，其在失败情境下的再创业意愿越强。在调节效应方面，修复策略和创业韧性的交互项呈现正向的边际显著（$\beta=0.10$，$p<0.1$），表明创业韧性在修复策略与再创业意愿的关系间具有调节效应。

从图6－5可以看出，在低创业韧性的条件下，修复策略对再创业意愿的修复效果会明显降低，且不同类型修复策略的效果并没有较为明显的差异。在高创业韧性的条件下，修复策略对再创业意愿的修复效果会明显提升，且不同类型策略的修复效果差异也在拉开，相较于情绪修复策略，认知修复策略对再创业意愿的修复效果更为突出，这也与预期一致，假设 6－4 得到验证。

表 6－5　　　　创业韧性的二次调节效应

解释变量	再创业意愿			
	模型 1	模型 2	模型 3	模型 4
控制变量				
年龄	－0.06	－0.05	－0.06	－0.04
性别	0.07	0.06	0.08	0.04
教育程度	－0.07	－0.06	－0.07	－0.07
婚姻情况	0.20*	0.19*	0.16†	0.10
自变量				
创业失败恐惧		－0.25***	－0.25***	－0.10†
调节变量				
修复策略			－0.25***	－0.09†
创业韧性				0.53***
交互项				
创业失败恐惧 × 修复策略			－0.14*	－0.06
创业失败恐惧 × 创业韧性				－0.07
修复策略 × 创业韧性				0.08
创业失败恐惧 × 修复策略 × 创业韧性				0.04
ΔR^2	0.06	0.12	0.19	0.45
R^2	0.07	0.13	0.21	0.47
F	5.364***	8.638***	10.640***	22.332***

注：*** $p<0.001$，** $p<0.01$，* $p<0.05$，† $p<0.1$。

表 6－5 进一步列示了创业韧性在修复策略调节创业失败恐惧与再创业意愿关系中的二次调节效应的检验结果。在表 6－5 模型 2 中，创业失败恐惧对再创业意愿呈现显著地负向影响（$\beta=-0.25$，$p<0.001$），表明创业者失败

恐惧程度越高，其再创业意愿越低，这也是对假设 6-1 的再次验证。在模型 3 中，交互项创业失败恐惧 × 修复策略表现出显著地负向影响（$\beta = -0.14$，$p < 0.05$），表明修复策略在创业失败恐惧与再创业意愿关系中存在调节效应，假设 6-2 再次得到验证。在表 6-5 模型 4 中，创业韧性对再创业意愿呈现显著的正向影响（$\beta = 0.53$，$p < 0.001$），表明创业者的创业韧性越高，其再创业意愿越高。但交互项创业失败恐惧 × 修复策略 × 创业韧性未达到显著性水平，表明创业韧性在修复策略调节创业失败恐惧与再创业意愿关系中的二次调节效应并不存在，假设 6-5 未得到支持。

6.5 结果讨论

首先，根据表 6-3 和表 6-5 的结果显示，创业失败恐惧显著负向影响创业者的再创业意愿，假设 6-1 得到了支持。创业失败恐惧对创业者再创业意愿的抑制作用，是对 Hessels 等（2011）、Morgan 和 Sisak（2016）以及丁桂凤等（2018）研究发现的进一步验证。在创业失败情境下，创业者很可能会因为先前失败经历放大再创业过程中感知到的障碍和威胁，从而对失败带来的厌恶性后果进行评估，进而产生避免再次失败的倾向（郝喜玲等，2021）。这种消极的创业情绪不利于创业者在失败后的再创业进入，会降低对创业机会的识别和评估，阻碍其再创业活动。

其次，从表 6-3 和表 6-4 的分析结果中可以看出，修复策略对再创业意愿的修复效果显著，且认知修复策略相较于情绪修复策略的修复效果更为明显，假设 6-2 得到了支持。这一研究发现也是对 Shepherd 等（2009）、Cope（2011）、Singh 等（2007）关于创业失败修复过程、策略相关观点的进一步延伸，表明因创业失败恐惧产生的消极情绪能够通过一定的情绪管理、失败学习等修复策略，使创业者不再受先前失败事件困扰，恢复到继续创业的状态（陈阳阳等，2019）。而认知修复策略与情绪修复策略在修复效果上的差异，也在一定程度上对应了 Shepherd（2003）的悲痛恢复两过程。情绪修复策略通过发泄情绪、安慰自我、积极乐观面对等方式处理创业失败情境下失败恐惧所带来的悲痛、懊恼、抑郁等消极情绪，呼应了悲痛恢复两过程中的反思导向，更加强调对创业者失败心理因素的情绪调节。而认知修复策略是为避免创业失败压力，通过对失败经验的学习，将注意力转移到新创业机会的搜索、信息的搜集和方向的评估等方面，以摆脱失败阴影，这则是悲痛恢复两过程中的恢复导向，更为强调创业者从失败学习中加速悲痛恢复。因此，在修复效果上，认知修复策略相较于情绪修复策略对再创业意愿的影响更为明显。

再次，表6-3、图6-3和图6-4的显示结果表明，修复策略弱化了创业失败恐惧对再创业意愿负向影响，并且在高创业失败恐惧的情况下，不同类型修复策略的作用效果差异明显，认知修复策略相较于情绪修复策略的弱化效应更为明显，这一研究发现进一步明确了修复策略在创业失败恐惧与再创业意愿关系中的重要权变机制。修复策略不仅会对创业者的再创业意愿产生直接的修复效果，而且也会在不同程度的创业失败恐惧情境下，对再创业意愿产生差异化影响。尤其是在高创业失败恐惧的情境线索下，明晰了修复策略类型的选择方向。当创业者的失败恐惧程度较高，所引发的回避失败、害怕失败的心理更为突出，逃避创业行为的倾向更为明显。仅仅依靠情绪修复策略来打破与先前失败事件的情感纽带已难以复原到继续创业的状态，需要更为深层次的认知调节，通过对失败注意力的转移，对失败经验的学习，重拾再创业的信心。而当创业失败恐惧程度不高时，所引发的消极情绪并不明显，对创业失败的修复程度相对较低，不同类型的修复策略在最终的修复效果上差异不大。因此，创业者在选择修复策略时，需要考察自身的创业失败恐惧程度，针对于不同的情境线索，使用适用性的修复策略。

最后，本研究的实验结果也证实了创业韧性在修复策略与再创业意愿关系中存在的调节效应，如表6-4和图6-5的结果所示。具体的调节效应表现为，如果创业者的创业韧性较高，在先前失败的情境条件下，修复策略对其再创业意愿有明显的修复效果，并且认知修复策略的修复效果更为突出。从积极心理学的视角来看，具有高创业韧性的创业者在面对创业失败的消极情境时，心理韧性内在的保护性因素能够削弱个体受到的失败挫折和压力的负面影响（Klyver et al.，2018），从而进一步增强修复策略对于创业者再创业意愿的修复效果。并且，由于创业韧性对消极情绪的缓冲（张秀娥和李梦莹，2020），强调失败学习并与先前失败割裂的认知修复策略，相较于情绪修复策略，对高创业韧性创业者的实施效果更为有效。此外，创业韧性在修复策略调节创业失败恐惧与再创业意愿关系中的二次调节效应在情境实验中未获得支持，即高创业韧性并未加强修复策略对创业失败恐惧与再创业意愿负向关系的弱化效应。可能的原因在于，具有高创业韧性的创业者对失败恐惧的感知敏感性不高（Santoro et al.，2020；郝喜玲等，2018），导致对失败恐惧程度的识别认知缺少明显差异的高低情境判断，此时修复策略的选择差异并不会带来修复效果的不同。虽然，高创业韧性能够提升修复策略对再创业意愿的修复效果，但此时高创业韧性并没有增强修复策略对创业失败恐惧与再创业意愿负向关系的弱化效应。

综上所述，本章节的研究工作：一是充实了创业失败修复的相关研究成果。失败修复作为创业研究领域的一个新兴话题，现有文献对如何恢复创业失败带来的消极影响的探讨并不充分。本章节聚焦于失败情境下的创业失败恐惧，将修复策略分为情绪修复和认知修复，探讨不同修复策略如何消退创业者的失败恐惧感，丰富了这一研究主题的理论内涵。二是解释了失败情境下修复策略对创业失败恐惧和再创业意愿的影响机制。基于情绪认知理论，本章节验证了不同修复策略对再创业意愿的差异化影响，以及在创业失败恐惧和再创业意愿关系中的调节效应，完善了情绪认知理论在创业失败修复领域的使用边界。三是考虑到创业韧性与失败恐惧的内在联系，将创业韧性设置为创业失败恐惧、修复策略和再创业意愿三者关系间的调节变量，不仅弥补了在创业失败修复现有研究中对创业者个人特质因素的关注不足，也进一步为上述影响关系确立了一个有效的边界条件。

研究发现对于创业者在失败情境下进行失败修复的创业管理实践具有重要的管理启示，主要包括以下几个方面：

第一，创业失败恐惧是抑制再创业意愿的重要因素，对于创业者而言，在失败情境中应关注个体对失败恐惧感受的认知形成。创业失败客观存在，失败恐惧在再创业决策过程中具有普遍性。因此，创业者应正确认识先前创业的失败结果，为抑制失败障碍威胁刺激引起的创业失败恐惧，创业者可主动培育和提升自身的积极心态，减少对再创业意愿的消极影响。

第二，在失败情境中，恰当的策略使用对创业失败恐惧消退和失败修复的成功尤为重要。因此，创业者根据自身对失败恐惧的感知差异，选择恰当的修复策略是创业失败修复成功的前提，尤其是在高创业失败恐惧情况下，创业者更需要失败学习，将注意力转移到别处，以摆脱失败阴影，进而重拾创业信心。

第三，创业失败修复的过程中要重视个体创业韧性的开发和培育。从创业者的视角来看，应积极主动地通过参加社交活动和创业能力培训来增强创业韧性；从政府的视角来看，应进一步完善创业失败的支持政策，通过诸如创业失败的资金补偿、风险基金和创业保险等形式为创业者“兜底”，解决创业者的后顾之忧；从社会支持的视角来看，则需要完善容错环境的建设，形成宽容失败的良好创业氛围，给予创业失败者更强的再创业信心。

小　结

本章节采用了情境实验的分析方法，探讨了在失败情境下修复策略对创业失败恐惧和再创业意愿的影响效应，特别是创业韧性在修复策略与再创业意愿关系中的调节效应，以及创业韧性在修复策略对创业失败恐惧与再创业意愿关系的影响过程中的二次调节效应。研究得到了以下发现：（1）创业失败恐惧对再创业意愿具有负向影响，失败恐惧感的提升会抑制再创业意愿。（2）失败情境下，修复策略能够提升再创业意愿，并且认知修复策略相较于情绪修复策略的修复效果更为明显。（3）修复策略调节了创业失败恐惧和再创业意愿的关系。当创业失败恐惧程度较高时，采用认知修复策略更能弱化创业失败恐惧对再创业意愿的负向影响；而创业失败恐惧程度较低时，修复策略的影响效果并不明显。（4）创业韧性正向调节了修复策略与再创业意愿之间的关系。低创业韧性条件下，修复策略对再创业意愿的修复效果会明显降低；而高创业韧性条件下，认知修复策略对再创业意愿的修复效果会更为增强。

第7章

如何应对创业失败污名？印象管理策略对科技型企业创业失败的修复机制

创业失败引起的污名现象对企业合法性产生负面影响，如何应对创业失败污名是企业修复创业失败、重启创业活动的关键。同时，印象管理在污名应对中的重要性受到关注，但现有研究尚未对印象管理策略影响创业失败污名的作用机制形成系统的理论解释。本章节将采用实验分析方法，通过3个实验探讨创业失败企业在遭受污名的情境下实施印象管理策略对后续创业合法性的影响机制及其边界条件。实验1考察在遭受创业失败污名时，实施印象管理相较于无策略回应对创业失败企业后续创业合法性的影响。实验2分析印象管理中防御性策略和获得性策略的交互作用，以及企业声誉的中介效应。实验3则探讨创业失败污名水平对印象管理策略实施效果的调节效应。

7.1 问题的提出

近年来，数字技术的广泛应用和扶持政策的激励影响促使我国创业群体规模不断扩大，形成了新一轮的创业热潮。然而，创业过程中的不确定性和高风险性决定了创业活动并非一帆风顺，尤其是受到疫情冲击和全球经济下行的影响，创业企业的生存环境更为严峻。根据时代数据披露的数据显示，2020～2021年共有1707家创业企业倒闭，创业失败现象客观存在。创业失败在给创业企业带来巨大物质损失和情感损失的同时，也会给创业失败企业带来显著的符号效应（Yannopoulou et al.，2011），“成王败寇”的传统文化思想也逐步引发了社会公众对创业失败企业的污名化（张斌等，2013），创业失败企业被社会公共赋予失败、无能、有缺陷的消极标签（厉杰等，2019）。吴炳新三株药业的失败、史玉柱巨人集团的失败、贾跃亭乐视网的失败，无不使其在创业失败后“声名狼藉”。固然，失败结果反映了创业企业在机会、资源、团队等创业要素方面存在的不足，但盲目地对创业失败企业污名化，会导致其合法性丧失（郑馨等，2019），阻止了创业失败企业的后续创业行为，因失败污名而减少创业活动对整个社会而言是一种巨大的损失。因此，研究创业过程中创业失败企业的污名管理，促进失败的创业企业“东山再起”“涅槃重生”具有重要的理论价值和实践意义。

创业失败污名是创业领域的一个新兴话题，相关研究尚处于发展阶段。创业失败污名是指创业者由于创业失败导致社会公众对其形成不良刻板印象，赋予其贬低性标签（厉杰等，2019）。现有研究探讨了与失败有关的污名概念类型、形成机制、影响后果（Wiesenfeld et al.，2008），发现失败污名会对污名承受者产生严重的负面影响（Simmons et al.，2019）。因此，在遭受失败污名时，创业失败企业会采取相应策略来应对污名，修复自身的企业声誉和形象（杨柳等，2010）。而作为维持或修复企业声誉和形象的一种策略手段，印象管理在污名应对中的重要性已被理论界和实务界广泛关注（Kibler et al.，2021）。创业失败企业实施印象管理策略来应对失败污名，其根本目的在于维护创业失败企业的后续创业合法性，进而获得外部的资源性支持（Singh et al.，2015）。那么，印象管理策略是如何影响科技型企业创业失败后的后续创业合法性？已有研究将印象管理策略划分为防御性策略和获得性策略（于晓宇和陈依，2019；Xiong et al.，2021），那么不同类型策略的实施效果是否会存在差异化影响？其作用机制又是如何表现？现有文献均未给出系统、清晰的理论解答。

为了回答上述问题，本研究将探讨科技型创业失败企业在遭受创业失败污名的情境下，印象管理策略对科技型创业失败企业后续创业合法性的影响，以及防御性策略和获得性策略在影响过程中可能存在的交互作用。同时，也分析了印象管理策略影响过程的作用机制和边界条件。

7.2 文献回顾与研究假设

7.2.1 创业失败污名

随着创业失败研究的不断深化，创业管理领域也开始关注创业失败引起的污名现象（厉杰等，2019）。标签理论认为失败污名的形成是污名承受者经历了由公众污名到自我内心认同的一个“污名化”过程（管健，2007），创业失败企业一旦被贴上负面标签，会逐步被利益相关者隔离，其对创业企业的影响多是负面消极的。从个体层面来看，创业失败污名不仅给创业者带来经济损失，也会使创业者的身心健康受损（Singh et al.，2015），更可能影响创业者的选择，即制度环境对污名标志可见性的监管程度，会影响创业失败者的未来决策（Simmons et al.，2014）。在组织层面，创业失败污名一旦形成，组织会被利益相关者贴上不被信任和有缺陷的标签（厉杰等，2019），进而影响利益相关者对组织的认同程度，也难以获得受众的资源性支持。而从社会层面来看，创业失败污名现象的广泛出现从侧面反映出社会容错机制的缺失（赵德雷，2013），进而影响到社会公众的创业意愿。

科技型创业失败企业在遭受失败污名后，会采取一定的污名应对策略来降低失败污名带来的负面影响（于晓宇和陈依，2019），尤其是作为一种负面事件发生后维持或修复组织声誉的手段，相关研究强调了印象管理在失败污名应对过程中的重要性（Bolino et al.，2008；Shepherd and Haynie，2011）。创业失败企业可以通过设计、创造和实施一定的印象管理策略来塑造一种讨人喜欢的自我印象，从而抑制污名对其声誉或形象的负面影响。因此，印象管理策略是应对创业失败污名的一种有效策略手段。

7.2.2 印象管理策略与后续创业合法性

已有研究指出，印象管理策略是企业通过言语、非言语等形式，有意识或无意识地控制利益相关者对企业自身印象的方法（冯锐和张爱卿，2015）。遵循已有研究对印象管理策略类型的分类方法（于晓宇和陈依，2019），本研究将印象管理策略分为防御性策略和获得性策略。防御性策略更多地反映了企业消极的、被动的印象管理策略，如沉默寡言、推卸责任、辩解、寻找替罪羊等。这类印象管理策略的实施多是基于负面事件的情境，即在负面事件发生之后，企业或企业高管为避免自身形象受损而采取的应对策略（Cusin and Passebois - Ducros，2020）。比如，Siomkos 和 Kurzbard（1994）指出，企业为应对负面事件会采用否认策略来强调自身与负面事件无关。Benson 等（2015）以及 Hampel 和 Tracey（2017）提出的信息掩盖、说谎、减少与负面事件有关工作等策略，其本质都是掩盖负面事件与企业之间的关系，强调让受众远离负面事件的真相。不难看出，企业应对负面事件的印象管理防御性策略，多是以否认负面事件的发生，表示企业与该负面事件没有任何关系的否认策略，以及改变负面事件的责任归属试图降低对利益相关者负面影响的推诿策略（Coombs，2007）。

而获得性策略是指企业主动地影响他人对自身的形象感知，例如讨好、展示企业成就、示弱、与权威组织联结等。在策略实施的层次效果也会存在差异，如企业高管为给受众留下“好印象”受到认可，往往会采用表达意见一致来讨好受众（Ucbasaran et al.，2013），或者通过自我提升、亲身示范（Nagy et al.，2012）、开展象征性行动来展示自身特点和才能（Zott and Huy，2007）。而为了影响他人对企业整体形象的感知，企业会通过主动展示自身所取得的成就，向利益相关者传达出企业取得的成绩、擅长的领域，并暗示未来的潜力，从而强化企业在利益相关者群体中的正面形象感知。此外，Petkova 等（2013）也研究发现，企业积极与利益相关者、行业协会等权威个体或组织进行联结，也是提升企业形象较为常用的获得性策略。

印象管理策略的影响结果往往作用于创业企业的合法性获取和维护。合法性理论认为创业企业通过向社会公众或利益相关者群体展示企业的“技术专家”“社会性”企业、“创业者”等身份，满足他人对创业企业的预期（Kibler et al.，2017）；或者通过自身的社会网络与权威组织形成联结机制（Zott and Huy，2007）；再或者通过新闻发布里程碑事件等得到行业媒体和投资者认可

(Petkova et al.，2013)，从而更容易得到利益相关者的认可，由此获得创业合法性。而信号理论则强调通过印象管理来帮助创业企业获取资源。Zott 和 Huy (2007) 研究发现，创业企业通过展示个人信用和企业过往成就，能够向社会公众传递“专业性”“可靠性”的信号，更容易获得企业外部的资源支持。并且，这样的信号传递在中国“面子”文化的情境下，其效果更为明显，不仅能取得更多资源性支持，也更容易在社会网络中形成战略联盟（Stern et al.，2014；于晓宇和陈依，2019）。

具体在创业失败污名情境下，印象管理策略的实施也能有效缓解失败污名对后续创业合法性的负面影响。其中，后续创业合法性是指在先前创业失败情况下，创业主体的后续创业行为符合利益相关者的规范、价值观和期望。创业失败企业利用对创业失败信息的调整，以期在利益相关者心目中创造良好的印象（Überbacher，2014）。这种作用影响可以表现在三个方面：第一，从积极的角度来定义创业失败，创业企业在承认创业活动已经停止的同时，强调创业失败结果所蕴含的积极价值。例如对失败经验的学习能够进一步提高自身创业能力和风险评估能力，失败归因的重点在于稳定，并向利益相关者表明创业失败经验能够确保在后续创业过程中失败不太可能再次发生。第二，否认创业失败的责任，即创业者通过淡化自身在失败中的作用并将其归因于外部原因来保护企业信誉。这种创业失败归因强调的是因果关系和不可控性的外部轨迹。第三，是创业企业提倡消极的自我观，强调企业家对创业企业的承诺，以及失败所造成的损失，而不将失败作为一种积极的经历，从而引起社会公众的同情 (Sutton and Callahan，1987)，这种创业失败归因强调的是因果关系和可控性的内在轨迹。

总之，创业失败污名印象管理的目的更多地体现在创业失败企业的合法性维护（Singh et al.，2015)。创业企业通过强调某些属性来规范创业失败信息的提供，同时淡化甚至隐藏其他属性（Überbacher and Jacobs，2015)，将创业失败在社会公众和利益相关者中形成的污名尽量减少，并恢复到先前利益相关者眼中的良好印象。综上所述，本研究提出以下假设：

假设 7-1：印象管理策略实施能够缓解创业失败污名对后续创业合法性的负面影响。

7.2.3 企业声誉的中介作用

声誉理论指出，企业声誉作为一种在市场中的明确信号能够影响利益相关者对企业的态度和行为（李延喜等，2010）。同时，声誉也是企业的重要资源基础，反映了利益相关者对企业比其他竞争对手更强的能力感知（Rindova et al.，2005）。尤其对于新创企业而言，为了克服“新进入缺陷”，良好的企业声誉能够帮助新创企业更好地获取合法性资源（杜运周等，2015）。在信息不对称的情境下，企业声誉往往会被看作为一种象征性符号，有助于向外界传递积极、正面的企业信息，减少自于认知规范的压力，从而影响企业被感知的合法性水平（Guo et al.，2018）。不难看出，企业声誉会直接影响到新创企业的合法性获取，是促进企业合法性的重要前因。

在科技型企业遭受创业失败污名的情境下，创业失败企业印象管理策略的实施会影响其自身声誉。由于失败污名的负面影响，创业企业在利益相关者中的形象受到损害。为了扭转这种消极的印象感知，可以通过印象管理策略被动或主动地改善创业失败企业在利益相关者心目中的创业声誉。具体而言，防御性策略通过减弱创业失败与企业自身的关系，缓解利益相关者对企业创业能力的负面认知，阻止了企业声誉恶化。获得性策略则是主动地在利益相关者中强化企业形象的正面感知，通过提升企业形象达到形成高声誉的目的。不难看出，上述两种类型的印象管理策略均能对企业声誉产生正面影响。因此，可以进一步推断，印象管理策略会通过改善创业失败企业在利益相关者中的企业声誉，进而提升后续创业合法性，缓解了创业失败污名的负面影响。据此，本研究提出以下假设：

假设 7－2：企业声誉中介了印象管理策略对后续创业合法性的影响。

7.2.4 污名水平的调节作用

根据的印象管理“双组件”理论模型，组织实施印象管理策略会受到自身形象公开性的影响（Leary and Kowalski，1990）。当创业失败企业感知到污名事件对自身声誉形象刺激时，会产生控制失败污名消极影响的意识，从而形成印象管理动机。同时，失败污名所引起的媒体关注数量和污名传播范围等与组织形象公开性的因素（McDonnell and King，2013），会对创业失败企业的印象管理动机强弱产生影响，进而影响失败污名应对策略的差异。

污名事件的传播和扩散离不开媒体的关注，污名水平反映了污名扩散过程中媒体对污名事件的报道数量和新闻覆盖范围（杨洁和郭立宏，2017）。创业失败企业引起关注的媒体报道数量越多、范围越广，表明所承受的污名水平越高，企业越会认为失败污名对其声誉形象的威胁程度越大。可以说，创业失败污名水平在一定程度反映了企业形象损害程度。如果媒体关注到创业失败事件后，为追求轰动效应，媒体会在信息传播的过程中隐性地合法化创业失败污名，或通过博人眼球的醒目标题来吸引社会公众的关注（熊艳等，2011）。因此，科技型创业失败企业对污名应对的印象管理策略选择，很可能取决于失败污名可以调动的媒体报道范围和数量，即失败污名水平。

本研究进一步推断，针对于不同水平的创业失败污名，印象管理策略对后续创业合法性影响也具有显著差异。当创业失败企业处于低污名水平时，媒体对创业失败污名的关注不高，媒体报道范围相对较小，报道数量相对较少，失败污名对后续创业合法性的负面影响相对有限，仅需在有限范围的利益相关者群体中改善其对企业形象的消极感知。因此，无论防御性策略还是获得性策略，单一类型的印象管理策略均能有效改善创业失败企业的刻板印象，达到维护后续创业合法性的效果。而当创业失败企业处于高污名水平时，创业失败所引起的媒体关注度高，失败污名会对后续创业合法性产生较大的负面影响，单一类型的印象管理策略对合法性的维护效果有限，难以达到缓解失败污名消极影响的目的。同时，单一策略的使用不当也可能加剧社会公众对创业失败的污名感知（Block et al.，2017），甚至造成社会公众质疑，进一步加剧了创业合法性的丧失（骆紫薇等，2017）。因此，在高污名水平情境下，需要同时实施两种不同类型的印象管理策略，通过防御性策略和获得性策略对感知企业形象的不同影响方式（Sutton and Callahan，1987），强化印象管理策略缓解失败污名负面影响的效果。基于上述分析，提出以下假设：

假设7-3：污名水平调节了印象管理策略对后续创业合法性的影响。在高污名水平时，同时实施防御性策略和获得性策略对提升后续创业合法性的效果更为明显。

7.3 实验1

7.3.1 实验设计与流程

实验1的目的是检验印象管理策略的实施能否缓解创业失败污名对后续创业合法性的负面影响。通过对比在创业失败污名产生后，有无印象管理策略实施时被试对创业失败企业后续创业合法性的感知差异，对假设7-1进行验证。实验选择“见数”（Credamo）线上智能调研平台进行随机实验，考虑到被试对实验材料的阅读理解能力，将被试的职业限定为企业管理者（基层及中高层管理者），从而在一定程度上让被试对实验中所呈现的创业失败情境因素与意义有较高感知，更接近于现实情况做出判断。共有100名被试被随机分为2组：策略组（$n=50$）和控制组（$n=50$）。实验选择了一个虚拟的智能汽车制造企业“创世汽车”作为实验刺激物，将不存在的虚拟新创企业作为刺激材料的目的在于，被试在看到该科技型企业的信息不会产生明显的正负向主观评价，进而减少对实验结果的干扰（徐岚等，2018）。

首先，所有被试阅读了关于创世汽车的产品服务特点和创业发展过程的背景材料，尤其在材料中着重强调了创世汽车是如何从新创企业走向创业失败。其次，实验向所有被试提供了对创世汽车创业失败的负面报道，报道描述了公众对其失败原因的非议，例如对融资资金的肆意挥霍，以及面对市场机遇高管团队决策的优柔寡断，由此所形成的对创世汽车的负面看法。在阅读完上述刺激材料后，向策略组被试进一步提供了创世汽车的印象管理策略回应：“创世汽车迟迟没有实现量产，确实是由于资金链断裂所致。而资金链断裂则是因为近年来新能源、智能汽车行业的竞争愈发激烈，为了保持企业的竞争力，创世汽车在运营、研发和生产等多个环节加大了投入，但新的融资资金迟迟未能落实，导致出现巨大的资金缺口，使企业陷入了困境。同时，创世汽车的量产车型相较于市场中的同类型产品仍然具有显著的技术优势，产品竞争力明显。现阶段的破产并不是世界末日，创业团队也在联系新的投资方，并且已与一些有实力的投资方开展了积极、富有成效的沟通，期望通过重组尽早将其产品并交付消费者。”控制组被试则没有得到策略回应。最后，所有被试回答了关于创世汽车后续创业合法性的感知评价。

后续创业合法性的测量借鉴了 Certo 和 Hodge（2007）所开发的量表，共包括 4 个测度题项，并结合情境材料进行了语义调整，如：“如果创世汽车能够实现破产重组，我预见在未来消费者会高度评价创世汽车的产品”。反应量表均采用 Likert 量表的 5 级计分方式，1 ~ 5 具体表示为从“1 = 非常不同意”到“5 = 非常同意”。

7.3.2　结果分析与讨论

实验采用独立样本 t 检验对策略组和控制组的后续创业合法性感知是否具有显著差异进行了检验。检验结果显示，策略组的后续创业合法性显著高于控制组的后续创业合法性 [$M_{策略组} = 3.90$，$M_{控制组} = 2.84$，$t(98) = 5.78$，$p < 0.001$]，表明印象管理策略实施有效缓解了创业失败污名对后续创业合法性的负面影响，假设 7 - 1 得到验证。

从实验 1 的结果可以看出，相较于没有提供印象管理策略回应的控制组，策略组产生了更为正面的后续创业合法性感知。印象管理策略的实施能够有效缓解创业失败污名对后续创业合法性的负面影响。但实验 1 仅是初步验证了当企业遭受创业失败污名时，印象管理策略实施对创业失败企业后续创业合法性的影响，其结果仍然存在一定的局限性。根据 Bolino 等（2008）、于晓宇和陈依（2019）的研究，印象管理策略包括了防御性策略和获得性策略两种主要类型，存在被动和主动影响他人感知的差异。在实验 1 中印象管理策略实施融合了防御性策略（如辩解、寻找替罪羊）和获得性策略（如展示已有成就、自我提升），并未对策略类型进行分解，仅是验证了防御性策略和获得性策略组合的整体效应，未能对两种类型策略可能存在的交互作用进行验证。

为弥补实验 1 的不足，本研究开展实验 2 进一步验证防御性策略和获得性策略在缓解创业失败污名对后续创业合法性负面影响过程中的交互作用，通过对企业创业失败后所采取印象管理策略类型的操纵，即包括仅有防御性策略实施、仅有获得性策略实施、防御性策略和获得性策略同时实施、无防御性策略和获得性策略实施四种情境，验证不同类型印象管理策略作用差异，并进一步检验企业声誉在印象管理策略与后续创业合法性关系中的作用。

7.4 实验 2

7.4.1 实验设计与流程

采用 2×2 双因素组间实验设计，即防御性策略（有 vs 无）×获得性策略（有 vs 无），形成 4 个实验组的刺激情境，分别检验在实施四种不同印象管理策略后，被试对创业失败企业的后续创业合法性感知。在具体的情境材料设计上，参考了 Pinel 等（2005）对于创业失败企业不良刻板印象的研究内容，并且实验选择了一个从事智能移动营销服务的虚拟科技型企业 Type Computing 为实验刺激物，被试在阅读完有关 Type Computing 的情境材料后做出评价。

通过"见数"（Credamo）线上智能调研平台进行随机实验，共有 360 名企业管理者被随机分配到了 4 个实验组。首先，所有被试阅读关于 Type Computing 的基本信息，包括其核心产品服务的介绍，以及从创业初始到创业失败的发展历程。其次，在情境刺激材料中进一步向被试提供关于 Type Computing 创业失败的负面报道，涉及利益相关者对其创业团队能力质疑以及创业失败原因的非议。最后，实验向 4 个实验组提供了四种不同类型的印象管理策略，分别为仅有防御性策略、仅有获得性策略、防御性策略和获得性策略、无防御性策略和获得性策略。

对于防御性策略的操控主要借鉴了 Özen 和 Akkemik（2012）、Shepherd 和 Haynie（2011）以及于晓宇和陈依（2019）的研究发现，以辩解、寻找替罪羊的印象管理策略来衡量，对创业失败污名的回应如下："之所以公司走向了失败，并不是因为创业团队经营不善，也并非所传言的与投资人交恶，主要还是因为在智能营销领域的市场竞争维度不断提升，公司在研发、人力、销售等环节上成本剧增。并且经济态势的疲软也加剧了公司在营收、外部融资方面的困难，最终造成了 Type Computing 的破产”。而对于获得性策略的操控则借鉴了 Petkova 等（2013）、Pache 和 Santos（2013）、Baron 和 Tang（2009）的研究发现，以展示企业已有成就、自我提升的印象管理策略来衡量，对创业失败污名的回应如下：“Type Computing 的产品服务在智能营销领域仍然具有很强竞争力，它改变了传统营销的行为方式，尤其是在数字时代 Type Computing 让零售商家和品牌与消费者之间建立更为紧密的关系。虽然公司在创业过程中遇到了失败，但破产并不是 Type Computing 的最后结果。随着经济势态的不断向好，智能营销领域的中国市场机会依然很大，我们创业团队已经与一些有实力的投资方开展了富有成效的沟通，这些投资方依然对我们的产品服务表现出积极的投资意愿，Type Computing 的重组并不遥远。”最后，在被试阅读完所有实验材料后，回答关于获得性策略、防御性策略、企业声誉和后续创业合法性的相关问题。

在被试反应量表的设计上，防御性策略和获得性策略的感知测量是在 Bolino 等（2013）开发的量表基础上，并结合 Pache 和 Santos（2013）的研究发现以及情境材料进行了语义和内容的调整。其中，防御性策略包括 3 个测度题项，如：“Type Computing 认为，其失败是因为运营成本的增加”。本实验中防御性策略的 Cronbach's α 系数为 0.70。获得性策略也由 3 个测度题项组成，如：“Type Computing 认为，尽管他们失败了，但他们的产品依然是行业领先的”。本实验中获得性策略的 Cronbach's α 系数为 0.80。后续创业合法性的测量依旧采用了实验 1 的量表，并结合情境材料对量表题项内容进行了语义调整，如：“如果 Type Computing 能够实现破产重组，我预见在未来消费者会高度评价 Type Computing 的产品”。本实验中后续创业合法性的 Cronbach's α 系数为 0.86。企业声誉的测量借鉴了 Ponzi 等（2011）、唐贵瑶等（2019）所开发的量表，共包括 4 个题项，并根据情境设定对题项表述进行了修改，如：“Type Computing 是一家让人感觉很好的公司”。本实验中企业声誉的 Cronbach's α 系数为 0.86。所有的反应量表均采用 Likert 量表的 5 级计分方式，1～5 具体表示为从“1 = 非常不同意”到“5 = 非常同意”。

7.4.2 结果分析与讨论

首先，对实验中自变量防御性策略和获得性策略的操作和控制是否成功进行了 t 检验。针对防御性策略实施的操控，方差分析的结果显示被试对防御性策略实施有无的感知存在显著差异［$M_{有防御性策略}=4.13$，$M_{无防御性策略}=2.57$，$t(358)=22.82$，$p<0.001$］，表明在创业失败污名产生后，企业实施防御性印象管理策略的情况下，被试对有防御性策略实施的感知显著高于无防御性策略，实验对防御性策略实施的操控是成功的。针对获得性策略实施的操控，方差分析的结果显示被试对获得性策略实施有无的感知存在显著差异［$M_{有获得性策略}=4.40$，$M_{无获得性策略}=3.33$，$t(358)=14.18$，$p<0.001$］，表明在创业失败污名产生后，企业实施获得性印象管理策略的情况下，被试对有获得性策略实施的感知显著高于无获得性策略，实验对获得性策略实施的操控也是成功的。

其次，为检验防御性策略和获得性策略对后续创业合法性的影响，进行了2（防御性策略：有 vs 无）×2（获得性策略：有 vs 无）的双因素方差分析。方差分析结果如表 7－1 所示。

表 7－1　方差分析结果

方差来源	平方和	自由度	均方	F
防御性策略	6.14	1	6.14	11.88**
获得性策略	20.07	1	20.07	38.87***
防御性策略 * 获得性策略	4.33	1	4.33	8.39**
误差	183.83	356	0.52	

注：*** $p<0.001$，** $p<0.01$，* $p<0.05$。

表 7－1 的结果显示，印象管理的防御性策略对创业失败企业的后续创业合法性的主效应显著，有防御性策略实施情况下，被试对后续创业合法性的感知显著高于无防御性策略实施［$M_{有防御性策略}=4.17$，$M_{无防御性策略}=3.91$，$F(1,356)=11.88$，$p<0.01$］，印象管理的防御性策略对后续创业合法性具有显著的正向影响，表明印象管理的防御性策略实施能够缓解创业失败污名对后续创

业合法性的负面影响。印象管理的获得性策略对创业失败企业的后续创业合法性的主效应显著，有获得性策略实施情况下，被试对后续创业合法性的感知显著高于无防御性策略实施 [$M_{有获得性策略}=4.27$，$M_{无获得性策略}=3.80$，$F(1, 356)=38.87$，$p<0.001$]，印象管理的获得性策略对后续创业合法性具有显著的正向影响，表明印象管理的获得性策略能够缓解创业失败污名对后续创业合法性的负面影响。实验结果进一步支持了假设7-1。

同时，防御性策略与获得性策略还存在显著的交互效应 [$F(1, 356)=8.39$，$p<0.01$]。简单效应分析结果显示，当无防御性策略实施情况下，有无获得性策略实施对后续创业合法性的影响具有显著差异，有获得性策略显著高于无获得性策略 [$M_{有获得性策略}=4.25$，$M_{无获得性策略}=3.56$，$F(1, 356)=41.69$，$p<0.001$]；当有防御性策略实施情况下，有无获得性策略实施对后续创业合法性的影响同样具有显著差异，有获得性策略显著高于无获得性策略 [$M_{有获得性策略}=4.29$，$M_{无获得性策略}=4.04$，$F(1, 356)=5.59$，$p<0.05$]。当无获得性策略实施情况下，有防御性策略实施显著高于无防御性策略 [$M_{有防御性策略}=4.04$，$M_{无防御性策略}=3.56$，$F(1, 356)=20.13$，$p<0.001$]；而当有获得性策略实施情况下，有无防御性策略实施对后续创业合法性的影响并无显著差异 [$M_{有防御性策略}=4.29$，$M_{无防御性策略}=4.25$，$F(1, 356)=0.15$，$p=0.698$]，如图7-1所示。

最后，实验对企业声誉也进行了2（防御性策略：有 vs 无）×2（获得性策略：有 vs 无）的双因素方差分析。方差分析结果显示，印象管理的防御性策略对企业声誉的影响显著 [$F(1, 356)=21.89$，$p<0.001$]，有防御性策略实施情况下，被试对企业声誉的感知显著高于无防御性策略实施 [$M_{有防御性策略}=4.08$，$M_{无防御性策略}=3.71$]。印象管理的获得性策略对企业声誉的影响显著 [$F(1, 356)=36.24$，$p<0.001$]，有获得性策略实施情况下，被试对企业声誉的感知显著高于无获得性策略实施 [$M_{有获得性策略}=4.13$，$M_{无获得性策略}=3.66$]。防御性策略和获得性策略同样存在显著的交互效应 [$F(1, 356)=3.44$，$p=0.65<0.1$]。简单效应分析结果如图7-2所示，当无防御性策略实施时，有获得性策略实施的企业声誉显著高于无获得性策略 [$F(1, 356)=31.00$，$M_{有获得性策略}=4.02$，$M_{无获得性策略}=3.40$，$p<0.001$]；当有防御性策略实施时，

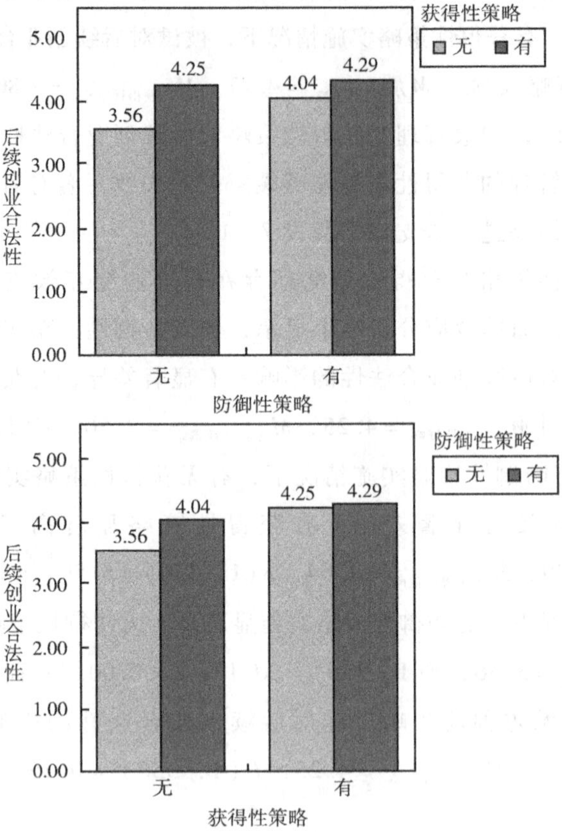

图 7－1　防御性策略和获得性策略对后续创业合法性的影响

有获得性策略实施的企业声誉也显著高于无获得性策略 [$F(1,\ 356) = 8.68$, $M_{有获得性策略} = 4.24$, $M_{无获得性策略} = 3.92$, $p < 0.01$]。当无获得性策略实施时，有防御性策略实施的企业声誉显著高于无防御性策略 [$F(1,\ 356) = 31.36$, $M_{有防御性策略} = 3.92$, $M_{无防御性策略} = 3.40$, $p < 0.001$]；当有获得性策略实施时，有防御性策略实施的企业声誉显著高于无防御性策略 [$F(1,\ 356) = 3.99$, $M_{有防御性策略} = 4.24$, $M_{无防御性策略} = 4.02$, $p < 0.05$]。

进一步参照 Zhao 等（2010）提出的中介效应检验程序，实验采用 Bootstrapping 方法对企业声誉的中介作用进行了检验。在置信区间 95% 水平下，以防御性策略为自变量，选择 Model 4，样本量设定为 5000，结果显示，防御性策略通过企业声誉进而影响后续创业合法性的间接效应显著（LLCI = 0.1079,

ULCI＝0. 2511，不包括0），在控制了中介变量后，防御性策略对后续创业合法性的直接效应区间包括0（LLCI＝－0. 0572，ULCI＝0. 045），说明企业声誉在防御性策略与后续创业合法性之间起到了完全中介效应。同时，以获得性策略为自变量的检验结果显示，企业声誉同样在获得性策略与后续创业合法性之间起到了完全中介效应（间接效应：LLCI＝0. 2845，ULCI＝0. 4813，不包括0；直接效应：LLCI＝－0. 0330，ULCI＝0. 1013，包括0）。表明在创业失败污名产生后，印象管理策略实施会通过改善创业失败企业声誉进而缓解失败污名对后续创业合法性的负面影响。假设7－2得到了验证。

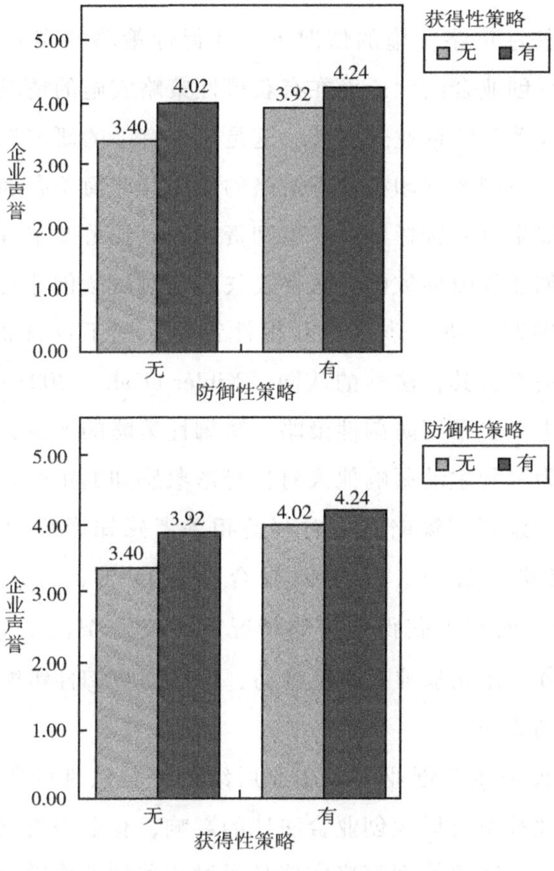

图7－2　防御性策略和获得性策略对企业声誉的交互影响

实验2的检验结果证实了印象管理中的防御性策略和获得性策略对后续创

业合法性影响的交互作用，以及企业声誉在印象管理策略和后续创业合法性关系中的中介作用。具体而言：

（1）相对于无印象管理策略实施，无论是防御性策略还是获得性策略均能够有效缓解创业失败污名对后续创业合法性的负面影响，后续创业合法性得到提升，帮助创业失败企业在后续创业过程中获取来自利益相关者的合法性认同。这也是对假设 7 - 1 的进一步验证，同时也呼应了 Pollack 和 Bosse（2014）、Özen 和 Akkemik，（2012）的研究，即当企业遭受创业失败后，尽管不同类型印象管理策略对合法性维护效果存在差异，但都会好于不对创业失败做出回应。

（2）当有防御性策略实施的情况下，获得性策略的实施会进一步提升创业失败企业的后续创业合法性；而在有获得性策略实施的情况，防御性策略的实施并不会显著改善后续创业合法性。这是一个有趣的研究发现，表明对创业失败污名的应对，不同类型印象管理策略的使用并非简单叠加。当创业企业遭受失败污名后，如果首先选择辩解、推卸责任、寻找替罪羊等防御性策略，策略实施会抑制因创业失败导致的合法性丧失，是对后续创业合法性进行了维护（Kibler et al.，2017）。进一步采用获得性策略，则不仅维护了创业合法性，也会增强利益相关者对其合法性的认同（Kibler et al.，2021）。而如果先实施获得性策略，再进一步采用防御性策略，防御性策略的效果并不会体现。可能的原因在于，作为一种主动影响他人对自身形象感知的策略，展示企业已有成就、自我提升等印象管理策略实施对利益相关者感知影响的差异更大（实验中在无防御性策略情况下，后续创业合法性由 $M_{无获得性策略}=3.56$ 提升到 $M_{有获得性策略}=4.25$，而在无获得性策略情况下，仅由 $M_{无获得性策略}=3.56$ 提升到 $M_{有防御性策略}=4.04$）。在此基础上实施被动、消极的防御性策略，其策略效果会在一定程度上受到遮掩。

（3）企业声誉是转变创业失败企业后续创业合法性的关键，无论是防御性策略还是获得性策略对后续创业合法性的影响，企业声誉均在其作用关系中起到完全中介效应，印象管理策略实施是通过改善创业失败企业在利益相关者心目中的创业声誉，进而缓解创业失败污名对后续创业合法性的负面影响。这也侧面印证了声誉与合法性获取的强关联关系（谢军等，2018），后续创业合法性的获取应关注印象管理策略对创业失败企业声誉的改善。

7.5 实验3

7.5.1 实验设计与流程

实验3的目的是检验污名水平是否会调节印象管理策略对创业失败企业后续创业合法性的影响，即对假设7-3进行验证。实验3采用了2×2×2的三因素组间实验设计，即污名水平（高污名vs低污名）×防御性策略（有vs无）×获得性策略（有vs无），共形成了8个实验组的刺激情境。在具体的情境材料设计上延续了实验2提供的情境材料框架，其中防御性策略和获得性策略的操控方式与实验2相同，对于污名水平的操控，借鉴了“智博盛世”负面报道分级方式进行设计（杨洁和郭立宏，2017），以创业失败污名传播的范围和数量作为区分污名水平的依据。在高污名水平情境下，实验材料强调：“有关Type Computing创业失败的评论和报道在不同媒体平台进行了大量转载，引发了业界和公众的广泛关注”。在低污名水平情境下，实验材料强调：“业界对Type Computing的创业失败进行了行业内部的评论报道”。依旧通过“见数”（Credamo）平台进行随机实验，共有240名企业管理者被随机分配到了8个实验组。

首先，实验向所有被试提供有关Type Computing的基本信息以及从创业初始到创业失败的发展历程。其次，有关于创业失败污名信息的提供分为了高污名组和低污名组，并向不同实验组提供了不同类型印象管理策略，分别为仅有防御性策略、仅有获得性策略、防御性策略和获得性策略、无防御性策略和获得性策略。最后，所有被试回答有关防御性策略、获得性策略、后续创业合法性、企业声誉和污名水平的问题。在反应量表方面，污名水平采用3个题项进行测度，分别为：“Type Computing创业失败报道在诸多媒体平台进行转载”“Type Computing创业失败被公众广泛关注”“Type Computing创业失败被媒体大量报道”，本实验中污名水平的Cronbach's α系数为0.97，其余量表均与实验2相同。所有的反应量表均采用Likert量表的5级计分方式，1～5具体表示为从“1=非常不同意”到“5=非常同意”。

7.5.2 结果分析与讨论

首先，依旧对实验操作的有效性进行了检验。针对防御性策略实施的操控，方差分析的结果显示被试对防御性策略实施有无的感知存在显著差异 [$M_{有防御性策略}=4.30$，$M_{无防御性策略}=2.50$，$t(238)=23.60$，$p<0.001$]。针对获得性策略实施的操控，方差分析的结果显示被试对获得性策略实施有无的感知存在显著差异 [$M_{有获得性策略}=4.42$，$M_{无获得性策略}=3.06$，$t(238)=14.59$，$p<0.001$]。针对污名水平的操控，方差分析的结果显示被试对污名水平的感知存在显著差异 [$M_{高污名}=4.43$，$M_{低污名}=1.48$，$t(238)=57.39$，$p<0.001$]。上述结果表明，实验对防御性策略、获得性策略和污名水平的操控均是成功的。

其次，对防御性策略、获得性策略和污名水平进行了三因素分析。方差分析结果显示，防御性策略对后续创业合法性影响的主效应显著，有防御性策略实施显著高于无防御性策略 [$M_{有防御性策略}=4.17$，$M_{无防御性策略}=3.82$，$F(1, 232)=13.08$，$p<0.001$]。获得性策略对后续创业合法性影响的主效应显著 [$M_{有获得性策略}=4.32$，$M_{无防御性策略}=3.67$，$F(1, 232)=46.21$，$p<0.001$]，有获得性策略实施显著高于无获得性策略。污名水平对后续创业合法性影响的主效应不显著 [$M_{高污名}=4.00$，$M_{低污名}=3.98$，$F(1, 232)=0.03$，$p=0.862$]。防御性策略、获得性策略和污名水平的交互效应达到了边际显著 [$F(1, 232)=2.89$，$p<0.1$]，表明当创业失败企业处于不同污名水平，不同类型的印象管理策略对企业后续创业合法性的影响存在差异。

为进一步揭示这种差异，本研究对低污名组和高污名组分别进行了2（防御性策略：有 vs 无）×2（获得性策略：有 vs 无）的双因素方差分析。在低污名组中，防御性策略对后续创业合法性影响的主效应显著，有防御性策略实施显著高于无防御性策略 [$M_{有防御性策略}=4.20$，$M_{无防御性策略}=3.76$，$F(1, 116)=12.51$，$p<0.001$]。获得性策略对后续创业合法性影响的主效应显著 [$F(1,$

116) = 31.41, $p<0.001$]，有获得性策略实施显著高于无获得性策略（$M_{有获得性策略}=4.33$，$M_{无防御性策略}=3.63$）。防御性策略和获得性策略的交互效应显著［$F(1, 116)=10.69$，$p<0.01$］，简单效应分析结果显示，当无防御性策略时，有获得性策略显著高于无获得性策略［$M_{有获得性策略}=4.32$，$M_{无获得性策略}=3.21$，$F(1, 116)=39.37$，$p<0.001$］；当有防御性策略时，有无获得性策略无显著差异［$M_{有获得性策略}=4.35$，$M_{无获得性策略}=4.06$，$F(1, 116)=2.73$，$p=0.102$］。当无获得性策略时，有防御性策略显著高于无防御性策略［$M_{有防御性策略}=4.06$，$M_{无防御性策略}=3.21$，$F(1, 116)=23.16$，$p<0.001$］；当有获得性策略时，有无防御性策略无显著差异［$M_{有防御性策略}=4.35$，$M_{无防御性策略}=4.32$，$F(1, 116)=0.04$，$p=0.851$］。可以看出，当创业失败企业处于低污名水平时，同时采用防御性策略和获得性策略对后续创业合法性的影响效果并没有比单一策略有显著提高，此时采用单一印象管理策略的效率更优。同时，企业声誉中介效应的 Bootstrapping 检验结果显示，企业声誉在防御性策略与后续创业合法性关系中起完全中介作用（间接效应：LLCI = 0.1256，ULCI = 0.3865，不包括 0；直接效应：LLCI = −0.0719，ULCI = 0.1263，包括 0），企业声誉在获得性策略与后续创业合法性关系中起完全中介作用（间接效应：LLCI = 0.2271，ULCI = 0.5408，不包括 0；直接效应：LLCI = −0.0785，ULCI = 0.1598，包括 0），进而表明企业声誉在印象管理策略和后续创业合法性关注中的中介效应，结果不仅与实验 2 相同，也又一次证实了假设 7-2。

在高污名组中，防御性策略的主效应达到边际显著，有防御性策略实施高于无防御性策略［$M_{有防御性策略}=4.13$，$M_{无防御性策略}=3.86$，$F(1, 116)=12.51$，$p<0.1$］。获得性策略对后续创业合法性影响的主效应显著，有获得性策略实施显著高于无获得性策略［$M_{有获得性策略}=4.30$，$M_{无防御性策略}=3.70$，$F(1, 116)=17.16$，$p<0.001$］。但防御性策略和获得性策略的交互效应并不显著［$F(1, 116)=0.33$，$p=0.566$］，说明在高污名水平情况下，防御性策略和获得性策略对后续创业合法性的影响是相互独立的。进一步地对比分析中发现，无论有无获得性策略实施，防御性策略均不会显著提升后续创业合法性［$F(1, 116)=2.65$，$p=0.11$；$F(1, 116)=0.66$，$p=0.42$］，但在防御性策略实施

的同时采用获得性策略，创业失败企业的后续创业合法性会显著得到提升[$F(1, 116)=6.34$，$p<0.05$]。也就是说，创业失败企业面对高污名水平时，同时实施获得性策略和防御性策略对缓解失败污名对后续创业合法性负面影响的效果更为明显；而在面对低污名水平时，采用单一类型的印象管理策略对提升后续创业合法性的效果更优，假设 7－3 得到验证。同时，企业声誉中介效应的 Bootstrapping 检验结果显示，企业声誉在防御性策略与后续创业合法性关系中起完全中介作用（间接效应：LLCI＝0.0893，ULCI＝0.3536，不包括 0；直接效应：LLCI＝－0.1261，ULCI＝0.0310，包括 0），企业声誉在获得性策略与后续创业合法性关系中起完全中介作用（间接效应：LLCI＝0.2910，ULCI＝0.6292，不包括 0；直接效应：LLCI＝－0.0811，ULCI＝0.1431，包括 0），进而表明企业声誉在印象管理策略和后续创业合法性关注中的中介效应，结果与实验 2 相同，也验证了假设 7－2。

实验 3 验证了假设 7－3，即污名水平调节了印象管理策略对创业失败企业后续创业合法性的影响。在低污名水平时，创业失败企业采用单一类型的印象管理策略就能显著转变利益相关者对其创业失败的刻板印象，无论防御性策略还是获得性策略都会通过提升企业声誉，进而缓解失败污名对后续创业合法性的负面影响，而两种类型策略同时实施，缓解作用并不会显著提升。可能的原因在于，低污名水平的扩散范围小、传播强度低，仅是在与创业失败企业关系密切的利益相关者群体中影响，而这类群体往往对创业失败的归因有客观认识，且相较于公众与创业失败企业的关联程度更高，存在较大的辩解空间（Zhang and Luo，2013），单一策略的印象管理就能达到缓解利益相关者对创业失败消极认知的目的，而无需两种策略的同时采用。在高污名水平时，虽然单一策略的印象管理效果有效，但创业失败企业同时实施防御性策略和获得性策略，对提升后续创业合法性的作用更为明显。由于污名扩散范围和传播强度更大，单一印象管理策略影响利益相关者对企业形象感知的作用有限，通过主动和被动的印象构建对转变利益相关者的形象感知效果更为明显（Kibler et al.，2017），从而提升企业声誉，达到缓解失败污名对后续创业合法性负面影响的更好效果。

7.6 讨 论

第一，研究发现丰富了印象管理在创业失败修复领域的研究内容。创业失败会给企业造成一定的声誉损失，如何消减和修复失败污名所带来的负面影响，对促进创业失败企业的后续创业行为尤为关键。现有研究强调了印象管理在失败污名应对过程中的重要性，但印象管理策略是如何修复失败污名仍需进一步明确的理论解答。本章在剖析印象管理策略影响创业失败企业后续创业合法性的同时，也验证了不同策略类型所产生的差异化影响，一定程度上推动了创业失败修复研究领域的发展。

第二，研究发现明晰了印象管理策略在应对创业失败污名中的作用效果。在创业失败污名的印象管理过程中，印象管理策略实施的根本目的在于维护创业企业合法性，进而获得外部的资源性支持（Singh et al.，2015）。现有研究往往关注单一策略类型的作用影响，对于不同类型的策略组合缺少关注（Kibler et al.，2020）。针对这一问题，本章将印象管理策略划分为防御性策略和获得性策略，明确了在遭受创业失败污名的情境下两种印象管理策略对后续创业合法性影响的交互作用。

第三，研究发现阐述了印象管理策略在应对创业失败污名中的适用边界。印象动机是印象管理策略选择的先决条件，而污名水平则是影响印象动机产生的重要因素（Leary and Kowalski，1990）。在不同污名水平条件下，创业失败企业如何选择印象管理策略来应对污名值得关注。本章验证了污名水平在印象管理策略与后续创业合法性关系中的调节效应，同时也探讨了企业声誉在上述影响过程中的中介效应，为创业失败企业实施印象管理策略提供了有效指引。

本章节所取得的研究发现，其管理启示在于：

第一，科技型创业失败企业在遭遇失败污名后要积极通过印象管理策略来回应创业失败非议，改善利益相关者心目中的创业形象。研究发现，相较于无策略实施，实施印象管理策略能够显著缓解创业失败污名对后续创业合法性的负面影响。科技型创业失败企业可以结合所遭受失败污名的具体情境，通过印象管理的防御性策略或获得性策略首先对失败污名做出回应，其后根据先前实施策略的类型，可进一步实施差异化策略来强化对后续创业合法性的提升效果。例如，当科技型创业失败企业首先实施防御性策略，可在此基础上进一步采用展示企业已有成就等获得性策略来获取利益相关者的合法性认同；而当科技型创业失败企业首先采用获得性策略时，继续实施防御性策略的效果并不明显。

第二，企业声誉在科技型企业创业失败污名应对过程中的作用不容忽视。研究发现企业声誉在印象管理策略对后续创业合法性的影响过程中起完全中介效应。企业声誉与后续创业合法性的强关联进一步告诉科技型创业失败企业，污名应对的印象管理策略实施应重点关注自身创业声誉的改善，具体策略的选择要聚焦于适合自身且能显著提升声誉的策略上，从而更容易获取来自投资者、供应商和消费者等利益相关者的合法性认可，通过对外部创业资源的高效整合，进一步推动后续创业活动的开展。

第三，科技型创业失败企业应对所遭受的失败污名水平有准确的评判。从本章的研究结果可知，当处于不同创业失败污名水平时，为了有效缓解失败污名对后续创业合法性的负面影响，科技型企业实施印象管理的策略方式存在差异，高污名水平更需要防御性策略和获得性策略的同时实施。因此，这就需要科技型创业失败企业对污名威胁水平进行较为准确的评判，从而区分不同污名水平条件下的印象管理策略。在数字化媒体时代，科技型企业可借助网络爬虫等大数据技术对污名的报道数量和传播范围做出评估，从而选择更有针对性的印象管理策略来应对污名。

小　结

本章节探讨了在遭受创业失败污名情境下，印象管理策略对创业失败企业后续创业合法性的影响。通过 3 个实验设计验证了所提假设。实验 1 验证了印象管理策略能够有效缓解创业失败污名对后续创业合法性的负面影响，证实了印象管理策略在创业失败修复过程中的积极效应。实验 2 揭示了印象管理中防御性策略和获得性策略存在交互作用，在防御性策略实施的基础上采用获得性策略，对后续创业合法性的提升作用更加显著，但在获得性策略实施的基础上采用防御性策略，其作用并不显著。同时，企业声誉在印象管理策略和后续创业合法性的关系中起中介作用。实验 3 发现创业失败污名水平调节了印象管理策略对后续创业合法性的影响，当遭受低污名水平时，单一类型的印象管理策略就能起到缓解创业失败污名负面影响的效果；在遭受高污名水平时，则需要同时实施防御性策略和获得性策略才能显著提升后续创业合法性。

第8章

科技型企业创业失败修复与再创业意向扶持的政策体系构建

科技型企业创业实践过程中失败事件客观存在，创业失败修复是激励企业后续创业的有效手段。为引导激励科技型企业创业失败修复，促进创业失败企业再创业行为，营造“鼓励创新、宽容失败”的创新创业氛围，从评估、运行、监控和保障4个方面，分析科技型企业创业失败修复的评估体系、运行体系、监控体系和保障体系，构建科技型企业创业失败修复与再创业意向扶持的政策体系。

8.1 问题的提出

科技创新是国家进步和发展的动力源，创新驱动创业的重要载体是科技型新创企业。不同于一般企业，科技型企业作为创新型创业活动的典型代表，具有高技术开发、高风险、高投资、高收益等特点，同时其创业过程中的复杂性、动态性和环境的高度不确定性导致科技型企业创业失败客观存在（彭伟等，2019）。大量的创业实践表明，失败是企业创业过程中的高频率事件，尤其是对于科技型新创企业而言，创业失败导致的负向影响往往更为明显，造成科技型企业丧失后续创业的信心，不敢轻言再创业（陈寒松等，2020）。正如常言道“失败是成功之母”，创业的失败经历往往是下一次创业成功的基石（谢雅萍等，2020）。科技型创业失败企业通过对失败经验的学习，能够进一步提升自身的创新能力，一定程度上恢复重启创业的动机（赵文红等，2014）。因此，创业失败修复是激励科技型企业后续创业的关键。事实上创业失败修复是一个复杂的过程，不仅仅是创业企业对先前失败经历的反思，而且更为重要的是企业摆脱失败事件的困扰，合理配置失败资源，促进后续创业行为的开展。

但在具体的创业实践中，科技型企业单纯依靠自身能力完成失败反思和创业恢复存在一定困难。一方面，先前的失败经历导致企业大量创新投入变为创业失败成本，尤其对于中小型科技企业而言，巨大的失败损失是制约其后续创业的关键因素（于晓宇等，2019）；另一方面，“反失败”偏见的存在，以及社会对创业成功的推崇，不仅使企业陷入自我否定的恶性循环，也使社会公众对其创新能力产生怀疑，导致后续创业成本的不断提高（郑馨等，2019），抑制了其再次创业的意愿。这就需要在营造“鼓励创业、宽容失败”的社会氛围过程中，利用好“有形的手”，通过政策引导和激励，推动和提升科技型企业的创业失败修复，使创业失败企业有信心、有意向重启创业（刘立枫，2016），进一步强化创新驱动发展战略实施，推进“大众创业、万众创新”深入发展。

基于此，本章节在政策引导激励科技型企业创业失败修复的实施过程中，提出“助企自助”的失败修复理念，即围绕创业失败修复的评估体系、运行体系、监控体系和保障体系，构建科技型企业创业失败修复与再创业意向扶持的政策体系，以期通过对创业失败的科技型企业进行失败修复，使其逐渐增强并建立自主性、独立性，降低对外界依赖性，实现科技型企业创业活动的可持续、健康发展。

8.2 科技型企业创业失败修复的评估体系

科技型企业创业失败修复的评估体系是科技型企业创业失败修复与再创业意向扶持的政策体系的第一个环节，也是科技型企业创业失败修复申请能否得到修复认可进入修复运行阶段的分水岭，更是对科技型企业创业失败修复对象进行精准修复的前提和依据。

8.2.1 评估主体

首先，要确定科技型企业创业失败修复政策评估体系的评估主体，即由谁来对被评估对象的修复损失、修复原因、修复必要性、修复能力、修复目标及修复运行方案等进行初步评估和判断。修复政策中评估体系主体主要分为科技型企业的外部评估主体和内部评估主体两类方式。

外部评估主体是指除创业失败的科技型企业之外的，由中央政府或地方各级政府相关部门（如科技部门、监管部门）作为其评估主体。外部评估主体的选择主要有三种渠道：第一种是中央政府或地方各级政府相关部门形成的政府主导型评估主体；第二种是科技型企业行业（如科技型企业行业协会）或社会组织或社会团体中具有相关认证和评估资质的机构形成的组织主导型评估主体；第三种是由第三方评估机构为主体进行评估。内部评估主体即科技型企业创业者以及创业管理团队或在其内部专门成立评估小组作为评估主体进行评估。内部评估主体是由评估对象全权负责创业失败修复评估。因此，对科技型企业失败修复评估主体的选择，要明确不同评估主体在角色地位、利害关系中的不同以及综合考虑不同评估主体的优劣势，并能在其综合平衡的基础上进行客观选择。

8.2.2 评估内容

（1）创业失败损失

科技型企业创业失败损失的评估主要包括科技创新过程中的经济效益损失评估和社会效益损失评估等。对于科技型企业而言，经济损失应该是最直观的损失，科技型企业的科技项目资金启动资金一般要远远大于一般企业项目投入，一旦创业失败，投入的资金即成为沉没成本。

科技型企业创业失败的经济效益损失评估主要是指有形资产的价值损失，包括前期人力投入成本损失、前期物力投入成本损失和中后期生产经营财力投入损失等（王朋举，2016）。科技型企业创业失败的社会效益损失是指从社会总体利益出发衡量的某种效果损失，即科技型企业未实现科技创新成果不能满足社会人们日益增长的物质文化需求，未对社会的科技、文化等方面做出应有贡献和价值。与经济效益损失相比较主要指无形资产的价值损失。科技型企业创业失败的社会效益损失主要包括科技型企业商誉的损失和科技型企业形象损失。科技型企业商誉损失如科技创新过程中人、财、物等因素在科技创新活动中的相互作用下形成的潜在经济效益损失；科技型企业形象损失如由于科技项目的失败导致使用用户对于企业的技术和专业实力不信任、对企业形象发展产生的消极影响等损失。

（2）创业失败源

对科技型企业创业失败源评估，是确定创业失败的科技型企业有无修复必要性以及确定精准修复方案的关键因素。按照创业学之父杰弗里·蒂蒙斯的观点，在创业过程中机会、团队和资源三个关键要素会遵循从不稳定到稳定、从稳定又到不稳定的变化状态。因此从机会、团队、资源 3 个视角对科技型企业创业失败进行归因（于晓宇等，2018；于晓宇和蒲馨莲，2018）。

首先，对科技型企业创业机会进行失败归因。对科技型企业创业而言创业绝非易事，识别机遇、时机、环境很重要，对科技创业机会的识别是科技领域创业的背景和前提。对科技产品或领域市场的判断失误通常也是科技型企业创业失败的常见原因。其次，对科技型企业创新团队和管理经营团队进行失败归因。对科技型产品产业化进程来讲，在一定阶段之后科技创新团队未必是优秀的自主经营团队或是产业化生产管理团队，因此人力资源的非优化配置也是引发科技型企业失败的重要原因。最后，从科技型企业创业资源进行失败归因，资源是维持科技型企业创业和运营的必要条件，资源短缺通常也被视为是科技型企业创业失败的重要原因之一，如人力资源、市场资源、技术资源、生产资源尤其创业资金资源和资金链是否完备和充足等。

（3）创业失败修复必要性

对科技型企业创业失败修复必要性的评估，要在遵循科技产品的创新发展规律、市场经济规律和社会发展规律多维度视角去审视创业失败的科技型企业是否存有可修复的必要性。

对科技型企业创业失败修复是否遵循科技产品的创新发展规律评估主要是指其创业本身是基于满足创新发展规律的科技创新且不与当下社会发展理念相违背，在一定程度上可以满足人民日益增长的美好生活需要以及物质文化需要。对于科技型企业创业失败修复是否遵循科技产品创新发展规律主要包括修复后是否符合科技产品发展规律、是否具有科技产品社会性与实践性、是否能保持科技产品的技术领先性、能否有利于科技型企业营造科技创新文化或增强科技型企业的产品和科技形象定位、是否利于发挥科技型企业的创新容错激励机制等；科技型企业创业失败修复是否遵循市场经济规律的评估主要包括如创业失败沉没成本与创业失败修复成本再投入的产出价值、修复后能否带动社会经济增长、满足用户对于科技产品的市场需求、增加市场份额占有量和附加值以及品牌知名度、满足市场用户需求且未有众多的替代产品的出现等；科技型企业创业失败修复是否遵循社会发展规律的评估主要是指修复后是否可以提升人们的物质和精神文化水平或有效促进社会进步与发展、科技产品的使用是否遵循社会价值或是可以解决社会发展中的某种问题等。

（4）创业失败修复目标

科技型企业创业失败的修复目标是引导科技型企业修复过程与行为的旗帜和指挥棒。对科技型企业创业失败修复目标的科学、正确评估，将决定该企业后续修复的运行方向与修复内容，在不偏离修复目标的前提下保证企业创业失败修复成功率。对科技型企业创业失败修复的目标主要可分为科技产品的市场化，如以实现客户需求为中心的技术成果研发与转化落地，或是为科技产品的产业化，如完成科技产品从高技术到高科技产品的产业化过渡等。

（5）创业失败修复能力

评估科技型企业失败修复能力是完成创业失败修复目标的基础和必要条件，是最终能否实现科技型企业创业失败修复目标和判断企业创业修复成功率的重要保障。对科技型企业创业失败修复能力的评估包括其科技型企业研发的科技产品可修复能力、产品科技创新核心竞争力的可修复能力、财务资金的后续供给能力、创业团队及科技骨干人员对修复目标的认可程度及其修复能力、在修复过程中人力、物质生产等各种资源的协同修复能力等。

总之，确定科技型企业创业失败修复政策的评估体系内容是企业能否进入修复的前提，才能进而提出科学、合理、精准的修复运行方案，从而确保创业失败企业的“东山再起”以及科技型企业的“助企自助”。

8.3　科技型企业创业失败修复的运行体系

当对创业失败的科技型企业进行科学评估且判断其存在修复必要性和修复条件的基础上，就需要对其提出科学、合理、精准的修复运行方案，从而确保创业失败企业的“起死回生”以实现科技型企业的“助企自助”。

8.3.1　运行主体

在对科技型企业创业失败进行正式修复之前需确定决定由谁来引导和实施对科技型企业创业失败修复运行过程，修复政策中运行体系主体主要包括各级相关行政部门和企业自身。

(1) 中央与地方各级政府相关部门为主

中央与地方各级政府相关部门是科技型企业创业失败修复政策运行体系的引导主体。科技型企业创业失败修复政策的运行体系需要以国家中央政府为科技型企业创业失败修复政策运行体系的主体，形成从中央到地方各级政府相关部门的分层管理、责权分明、健康有序、覆盖全面的修复政策的运行内容，确定对科技型企业创业失败修复政策运行指导思想与方针政策。

首先，需要中央政府制定、建立健全基于修复对象的科技创新容错激励的相关修复政策体系，明确规定中央政府及地方各级政府相关部门在修复政策中的主导地位，界定创业失败被修复的科技型企业在修复环节中的责、权、利以及相关注意事项，保障修复对象在修复过程中有法可依，有法必依。其次，在修复政策运行权力的行使过程中实现中央政府与地方各级政府相关部门对其运行环节不同范围、不同效力的分级分层职权，激发和鼓励地方各级政府相关部门贯彻落实修复政策的基础上在其管辖区域范围发挥地方的主体积极性，结合科技创新项目特点，因地制宜、灵活有效的引领和监管当地创业失败科技型企

业自主修复、创新与可持续发展，

（2）鼓励科技型企业"助企自助"运行

科技型企业具有作为被修复对象和修复运行的重要参与主体与责任主体的双重身份。因此，鼓励创业失败科技型企业从过多依赖外界环境干预的"被动性"到发挥创业失败科技型企业自身"自我修复再创业行为"的主动性与积极性角色的转变，从而实现其在整个修复政策体系中围绕相关政策体系下实现"助企自助"的良性循环，助力我们国家从生产型国家向创新型国家的跨越。

8.3.2 运行机制

对科技型企业创业失败修复政策运行机制的确定，既是保障修复对象在修复政策运行主体指导下对创业失败修复过程的具体开展与落实，又是确保运行主体与修复主体在修复过程中责、权、利及其他修复行为的划分与界定的基本准则与制度保障。因此，科技型企业创业失败修复政策的运行体系机制是修复政策中的关键保障机制，其运行体系机制是创业失败的科技型企业进行精准修复的关键。

（1）运行程序

科技型企业创业失败修复运行程序是指当科技型企业创业失败后主动向相关负责部门提出创业失败修复申请，再由评估体系中的评估主体对其进行系统评估，根据评估结论对符合且具备修复条件的科技型企业采用一定措施进行修复，科技型企业创业失败的修复活动与行为都由中央政府或地方各级政府相关部门的行政指令为指导，遵守相关政策保障并接受相关机构和部门的监督与监控以实现创业失败修复目标与创业成功。

（2）运行内容

科技型企业创业失败修复政策运行体系中的主要内容应围绕科技型企业创业的最根本目标作为前提来展开，主要从团队、机会、资源、产品 4 个维度对创业失败的科技型企业进行修复运行重构整合与优化。

首先，是团队要素的整合与运行，即在科技型企业创业失败修复过程中，对那些能够对修复过程、修复行为有重要影响力或有特殊贡献的企业经营人才、科技骨干、劳动力及其他重要稀缺人力资源要素进行整合，变革原有组织形式或建立新的科技型企业经营组织共同致力于企业修复过程与行为的具体实施，实现创业团队与组织管理团队的良好和谐互动发展最终形成针对创业失败科技型企业最优的修复团队，为科技型企业创业失败修复成功做人力后盾；其次，是机会要素的整合与运行，即在科技型企业创业失败修复过程中整合与优化管理或信息要素，并使这些要素成为科技型企业创业失败修复性过程中联系内外环境关系的关键力量，充分厘清创业失败的科技型企业在自主经营环境下修复完成之后可占据的市场份额、顾客对于产品的认知与美誉度等信息系统的有效利用甚至是与市场同类科技型企业竞争者等强强联合；再次，是资源要素的整合与积聚，尤其在进入正式运行修复之前，应该识别与厘清内部已有资源供给和外部可用资源获得情况，助力企业创业修复能力增强科技型企业的核心技术竞争力和修复后的社会可持续发展能力，主要包括资金要素、技术支持要素、人力资源要素、市场要素、科技产品的生产要素的积聚与整合等。最后，是科技产品的整合与实现，通过改造原有创业失败科技产品或是新科技产品的研发形成含有具有高科技、不可替代性、强市场竞争力、独特性的产品，是科技型企业创业失败修复成功与科技型企业物质成果的集中体现。

（3）运行措施与保障

科技型企业创业失败修复运行措施是激发科技型企业再创业和达成修复目标的实现方式。结合科技型企业创业失败损失程度、失败原因、科技产品特点、修复能力与目标等因素制定精准化的修复运行措施，如对不同原因造成创业失败的科技型企业实行相应的税收优惠政策、资金补给、创业环境改善、资产重置与整合，甚至是变卖资产或核心技术转让进行科技产品重塑等。除此之外，对科技型企业创业失败修复运行的政策保障可以从决策、激励、约束和发展 4 个维度进行修复，以保障整个修复运行机制有序、高效运行，增强科技型企业修复行为的内在活力。

8.4　科技型企业创业失败修复的监控体系

在整个科技型企业创业失败修复政策实施过程中，为保证修复目标的有序开展和实现，降低与规避修复再次失败的风险，需构建修复与再创业意向扶持政策的监控体系，以保证其在修复运行过程中修复行为、修复活动与修复目标的不偏离，杜绝修复资源的无效占有和浪费。因此，在监控体系中应明确监控目标、监控原则以及监控内容等。

8.4.1 监控主体与目标

科技型企业创业失败修复政策的监控体系主体同修复政策运行体系的监控主体，既可以是外部监控主体也可以是内部监控主体，或是采用内外部监控主体相结合。

科技型企业修复政策监控体系的监控目标是监控主体为防止和杜绝个别科技型企业创业失败修复中的“欺骗性修复行为”，防止占用和影响企业科技型企业创业修复的资源和成长，同时监控科技型企业创业失败修复过程不偏离修复目标与效果，及时遏制、调整与惩罚科技型企业创业失败修复的不当行为与活动，避免资产的不合理配置与使用，实现科技型企业创业失败修复政策体系的高效与有效性，保障国家与科技型企业利益。因此，只有围绕科技型企业创业失败修复政策监控体系目标才能有效实施对科技型企业创业失败修复政策的开展以及修复过程的动态管理。

8.4.2 监控原则

基于科技型企业创业活动特点及失败修复的相关问题，需遵循一定的科技型企业创业失败修复的监控原则，主要包括整体系统性原则、多元分层监控主体原则、公正透明监控原则等。整体系统性原则是指科技型企业创业失败修复政策的监控体系不仅只是对修复的某一环节的监控，而是贯彻从科技型企业创业失败修复从申请、评估、运行等全过程的实时动态监控。多元监控主体原则是指在科技型企业创业失败修复过程中，对其修复行为的监控主体既可以是外部监控主体也可以是内部监控主体。在实际监控过程中也可以是内外相结合的监控方式。依据科技型企业修复项目的投资额大小、社会影响力、科技创新程度等影响因素，在多元监控主体原则下辅以分层垂直体系监控，即分层实施对科技型企业创新失败修复政策的落实，分别实施自下而上与自上而下的监控方式。公正透明监控原则即在修复过程中，建立符合科技型企业创业失败修复目标和实际需求的监控指标体系，使该修复企业的创新修复行为与效果在监控中有迹可循，包括出现在修复过程中恰当与不恰当的行为，且得到透明化处理以及给予对不当行为的惩罚与惩治措施。

8.4.3 监控内容

围绕监控目标确定监控内容，监控内容依据修复时间节点分为修复前预防监控、修复过程监控以及事后监控惩罚。

（1）修复前的预防监控

在科技型企业创业失败修复政策的监控体系内容中，应发挥“预防为主、综合监控”的监控方针，鼓励创业失败的科技型企业在修复前期建立健全修复风险监控的预测、预防与预警机制，维护与坚持科技创业发展方向，增强修复风险预防与预警意识，从源头上彻底排查隐患、杜绝与消灭不良修复势头与行为产生，变修复后监管为修复前预防，为实现其修复目标做好闭环管理。同时，监控体系可以向创业失败修复的科技型企业提供优质运行与监控咨询服务，避免创业失败修复科技型企业因不清楚、不了解相关规章制度的情况下造成对监控底线的触碰。

（2）修复中的质量与效果管理监控

在创业失败科技型企业进入修复程序之后，由相应监控主体对创业失败的科技型企业进行修复过程质量、运行效果管理动态等一系列的实时监控结果作为判断修复状态正常与否以及是否存在不良修复行为惩治的评价依据，尤其是当修复运行过程中一旦发现运行问题与运行障碍，能够及时制止、处理和解决故障以保障修复过程后续的展开，监管与指导相融合保障修复运行效果和修复进程能够围绕修复目标坚定不移地实现持续稳定运转。对于修复中修复质量与效果管理的监控通过建立定性与定量的目标监控指标，完善修复过程中修复目标运行执行力、阶段性目标成效实现程度与业绩评价、修复行为、修复运行风险、修复可用财务及资产的分配与使用、修复运行质量与效果、信用、修复负面信息等指标内容。尤其在修复监管中应侧重建立健全其修复资产的监管管理制度，推动修复可用资本的合理配置与使用。

（3）事后的监控惩罚

监控体系的建立目的并不是为了惩罚惩治，但当科技型企业在修复过程中出现“欺骗性创业失败修复行为”或其他不当修复行为及活动时，应该及时制止不当修复行为避免修复资源的浪费，并给予其相应惩罚措施，轻则给予批评教育为主的惩罚措施，重则将给予终止、收回科技项目的或建立“科技型企业失信黑名单”限制性发展等惩罚措施。不仅要对创业失败的科技型企业进行监控，同时也应对监管人员进行监控，防止与杜绝个人利益化的腐败风险，防止因监控力度不足以及徇私舞弊等行为引起的修复资产浪费与流失。

8.5 科技型企业创业失败修复的保障体系

科技型企业创业失败修复与再创业意向扶持政策的保障体系并非单指修复某一环节的保障，而是针对科技型企业创业失败修复的全过程保障，为保障与提升创业失败科技型企业科技成功转化率以及修复成功之后企业发展的稳定性。在这个体系中主要包含科技型企业在创业失败修复全程的政策制度保障、有法可循可用的法律制度保障、宽容的资金保障等内容。

8.5.1 保障目标

科技型企业创业失败修复的保障体系目标应遵循以科技创新为主旨、以市场和社会需求为纽带、以科技创新为宗旨的前提下发挥国家政策保障的主体力量，推进科技型企业创业失败科技产品的再次研发、科技产品市场化与产业化重塑、科技创新扩散与成果的转化，推动科技型企业“助企自助”以及创新战略的可持续性健康成长，推进我国从生产型向创新型的科技创新体制的跨越性的转变。

8.5.2 保障内容

（1）政策制度保障

中央或地方各级政府出台对于创业失败的科技型企业修复过程中的相关保障扶持政策，能够鼓励创业失败的科技型企业后续创业、加速科技成果转化成功率的基本保障。即通过建立健全关于科技型企业创业失败修复政策的体系化、连续性与稳定性，为创业失败的科技型企业提供容错激励政策指导与支撑，通过政策对可修复的科技创业失败企业行为进行明确界定和指引保障其修复运行有章可循；同时，有利于增强科技型企业在遭遇科技创新失败时再次进行科技创新行为的修复意愿与动力，通过政策与资源整合挽回其部分损失，不至于将科技型企业的全部投入变为沉没成本造成资源的深度浪费；且有利于科技型企业在今后的可持续发展中实现“助企自助”，实现我国从“生产型国家”向“科技型国家”的跨越与转变。

（2）法律制度保障

以中央政府或地方各级政府为主导制定和出台对科技型企业创业修复过程中的强制性法律法规制度，并经由国家强制力保证实施，是确保其在修复过程中“依法治企、依法修复”并促使修复过程最终形成规范化体系乃至整个失败修复政策体系的根本性保证。建立健全科技型企业创业失败修复的相关法律制度保障，准确把握法律政策界限，规范创业失败科技型企业修复行为、准则与活动范围，要正确把握法律政策界限，探索科技创新中的容错机制，营造鼓励科技创新容错的良好环境。通过法律制度规范依法惩治违反科技型企业创业失败修复主体的不当行为，依法惩治国家工作人员利用审批、监管、执法司法等职权妨害科技创新发展与阻碍创业失败修复进程的职务犯罪、查办危害科技创新发展公平竞争环境的行贿犯罪等情况，给予相应法律制裁以儆效尤。通过法律制度拓展法律服务渠道，加强对科技创新主体在修复过程与修复成效合法权益的司法援助与救济。

（3）资金制度保障

科技型企业创业失败修复过程中资金是实现其修复成功，实现科技产品市场化和产业化非常重要的保障。在一定程度上国家经济发展与投入水平决定了科技型企业能否获得足够资金及相关配套支持。因此，由中央政府或地方各级政府建立与完善资金保障制度，能够为因资金匮乏导致创业失败的科技型企业提供优良资金供给环境、与高效修复运行的制度体系保障。由中央政府或地方各级政府加大对经评估确定修复的创业失败科技型企业增加国家财政对于科技项目修复资金的投入力度。中央政府或地方各级政府为经评估确定修复的创业失败科技型企业建立诚信系统，构建畅通的融资渠道、融资环境和融资制度保障。

（4）人才资源制度保障

在科技型企业的创业初期或创业失败修复阶段，人才资源保障是科技型企业发展的中坚力量。尤其是在科技型企业创业失败修复过程中，在科技型企业中占据最高或较高的管理层级且能够对科技型企业组织业绩有关键甚至是决定性影响的高级管理人才、独特创造性的顶尖科技人才等是科技型企业能够“起死回生”的关键要素。为保障科技型企业创业失败修复，中央或地方各级政府可以在科技型企业创业失败修复政策体系中给予关键性的人才资源支撑，如“有的放矢，精准引才”，建立“科技型企业人才智库”等，并定期考核与评价。同时，鼓励和支持创业失败的科技型企业自身建立稳定、高素质的人才培养体系，用以培养重点人才建设队伍，国家给予一定资金或是通过税收减免等相关政策进行人才培养的扶持。

小　结

构建科技型企业创业失败修复的政策体系是应对当前我国经济转型压力下创新型创业活动繁荣发展的必然要求。当前社会急需通过制度化构建科技型企业创业失败修复的评估体系、运行体系、监控体系和保障体系，以此鼓励科技型企业积极开展创新创业活动、提升创业能力及创业成功率。

第9章

研究总结

本章将对本研究工作进行总结，整理归纳本书研究所取得的主要结论，并进一步对本研究中存在的不足之处和未来的研究方向进行了讨论。

9.1 研究结论

本研究基于创业过程理论、创业决策理论、归因理论、资源拼凑理论、合法性理论，以及在借鉴已有文献在科技型新创企业、创业失败和失败修复等方面研究发现的基础上，通过构建科技型企业创业失败后的再创业决策模型，检验了科技型企业创业失败修复的内在机理。从属性归因和因果归因的双重维度，构建了科技型企业创业失败修复对象甄别评估指标体系，并设计了一种由主观赋权和客观赋权相结合的组合赋权方法，建立了科技型企业创业失败修复对象甄别评估模型。为应对创业失败的财务损失，分析了科技型企业创业失败财务损失补偿修复的政策工具，即政府资金直接补偿和税收优惠补偿。在此基础上，运用实物期权分析方法，探索了损失补偿修复方式的选择和修复标准的确定问题。为消退创业失败恐惧，运用情境实验的分析方法，探讨了在失败情境下修复策略对创业失败恐惧和再创业意愿的影响效应，特别是创业韧性在修复策略与再创业意愿关系中的调节效应。为应对创业失败污名，通过3个情境实验探讨了科技型创业失败企业在遭受污名的情境下，实施印象管理策略对后续创业合法性的影响机制，企业声誉在影响关系中的中介效应，以及创业失败污名水平对印象管理策略实施效果的调节效应。从评估体系、运行体系、监控体系和保障体系4个方面，分析并构建了科技型企业创业失败修复与再创业意向扶持的政策体系。

在上述研究工作的基础上，得到了以下研究结论：

第一，科技型企业创业失败后的再创业决策存在差异化特点，中小型科技企业从创业失败损失中获得足够的失败经验并转化为自身创业能力时，才会从能力提升的角度做出再创业决策；而具备一定规模的科技型企业只有在创业失败导致的声誉损耗相对有限时，才会从创业声誉损耗的角度做出再创业决策。损失补偿修复资金的增多能促进科技型企业的失败再创业决策，但在修复资源有限的条件下，损失补偿修复更多地表现出激励再创业的信号效应。尤其是在良好的容错创业环境下，损失补偿修复资金的激励效果会受到限制。

第二，基于属性—因果维度的科技型企业创业失败修复对象的甄别评估，包括了创业资源获取能力，资源、渠道和方式，创业机会识别能力，市场条件，团队关系和团队正式化6个维度，涉及19个衡量指标。区间AHP法、熵权法和拉开档次法的组合赋权，有效降低了不同评估指标之间存在的信息重叠和相互关联性对评估结果的失真影响，使评估结果更为合理、科学。根据实践案例企业在不同维度的表现得分，进一步将科技型创业失败企业划分为能力不足型、缺乏远见型、关系矛盾型、资源稀缺型、市场不佳型和团队背叛型6个类型，在具体的修复方式上采取针对性措施。

第三，政府资金直接补偿、税收优惠两种方式较为适用于资金修复科技型企业创业失败的政策工具，对于研发阶段的科技型企业创业失败项目，应优先选择政府资金直接补偿方式；对于成果转化阶段的科技型企业创业失败项目选择税收优惠补偿方式。政府资金直接补偿方式下，补偿修复资金投入强度与科技型企业创业失败损失、科技再创业项目价值、科技再创业投入以及科技创业失败项目的失败资源价值等因素有关；针对成果转化阶段的科技创业失败项目，税收优惠补偿修复方式下实施的税收优惠减税比例，要能够明显地向科技创业失败企业释放出激励科技再创业的信号，鼓励其进行再创业行为。

第四，创业失败恐惧会抑制科技型创业失败企业的再创业意愿。在失败情境下，修复策略能够提升再创业意愿，并且认知修复策略相较于情绪修复策略的修复效果更为明显。修复策略调节了创业失败恐惧和再创业意愿的关系。当创业失败恐惧程度较高时，采用认知修复策略更能弱化创业失败恐惧对再创业意愿的负向影响；而创业失败恐惧程度较低时，修复策略的影响效果并不明显。创业韧性正向调节了修复策略与再创业意愿之间的关系。低创业韧性条件下，修复策略对再创业意愿的修复效果会明显降低；而高创业韧性条件下，认知修复策略对再创业意愿的修复效果会更为增强。

第五，印象管理策略在创业失败修复过程中具有积极效应。印象管理中防御性策略和获得性策略存在交互作用，在防御性策略实施的基础上采用获得性策略，对后续创业合法性的提升作用更加显著，但在获得性策略实施的基础上采用防御性策略，其作用并不显著。同时，企业声誉在印象管理策略和后续创业合法性的关系中起中介作用。创业失败污名水平调节了印象管理策略对后续创业合法性的影响，当遭受低污名水平时，单一类型的印象管理策略就能起到缓解创业失败污名负面影响的效果；在遭受高污名水平时，则需要同时实施防御性策略和获得性策略才能显著提升后续创业合法性。

9.2 不足之处与展望

本研究虽然取得了一些有价值的研究发现，但仍存在一些不足之处，可在未来研究工作中进一步探讨，主要表现在以下几个方面：

(1) 扩展科技型创业失败企业的实证数据，再检验并强化研究结论

本研究采用了决策理论和方法对科技型企业创业失败的修复机理以及财务损失的资金补偿修复方式和标准进行了数理模型的建模探讨，以及使用情境实验法对如何消退创业失败恐惧，以及如何应对创业失败污名进行了分析。但在上述研究过程中，数理模型的分析结果缺少与现实案例的进一步验证。情境实验中被试者对刺激材料的阅读理解可能会受个体价值观或经历的差异产生对材料不同的诠释，并且模拟性的实验研究也会与创业失败的实际情境存在一定差异，这些都会导致研究结果存在外部效度偏低的问题。同时，被试选取了企业管理者，其具备的企业实践经验能够更好地理解实验刺激材料，做出贴近于现

实情况的判断，但仍与创业失败亲历者存在一定的认知差异。因此，在后续研究中，需要通过质性访谈、问卷调查等方式，扩大对科技型创业失败企业调研数据的获取，进一步对研究发展进行验证，强化研究结论的普适性。

（2）探索修复策略与再创业意愿关系中更多的权变因素

本研究探讨了修复策略与创业失败恐惧、再创业意愿关系，以及创业失败企业如何通过印象管理策略应对创业失败污名，但对上述关系中可能存在的权变因素考虑依然存在一些局限。首先，控制变量的选择方面，仅加入了相关的人口统计学特征变量，但创业失败恐惧和再创业意愿的形成也会受到个体风险倾向、自我效能感、创业激情等因素的影响。鉴于此，今后的研究可考虑将上述变量纳入到本研究框架中，考察在控制这些变量的情况下，修复策略与创业失败恐惧、再创业意愿的影响关系。其次，诸如创业宽容氛围、社会支持、制度环境等外部因素也是影响失败修复效果、再创业意愿的重要因素，未来研究可在此方面进一步扩展探讨。最后，仅选取了污名水平作为单一的调节变量，但在印象管理策略与后续创业合法性的关系中还可能存在其他调节因素。例如失败污名类型，面对可辩解污名或不可辩解污名，创业失败企业又是如何实施印象管理策略才能更有效地应对创业失败污名，可在未来的研究中进一步探索。

（3）揭示印象管理策略在应对创业失败污名中的重要作用

创业失败污名是创业失败研究中的一个新兴话题，本研究虽然从印象管理的防御性策略和获得性策略两个方面，分析了印象管理策略对科技型创业失败企业的后续合法性的影响，但对中国情境下创业失败企业污名应对的印象管理过程及特点是什么？创业失败企业面对失败污名是如何选择不同类型的印象管理策略等问题仍需要深入探讨。在后续研究中可进一步研究企业创业失败后的印象管理特质及其类型，企业创业失败后的不同类型印象管理策略选择机制，以及不同印象管理策略类型的交互作用对再创业行为的影响机制。

参考文献

[1] Abramson L Y, Seligman M E, Teasdale J D. Learned helplessness in humans: critique and reformulation [J]. Journal of Abnormal Psychology, 1978, 87 (1): 49 - 74.

[2] Akbarian D. A new DEA ranking system based on interval cross efficiency and interval analytic hierarchy process methods [J]. International Journal of Management and Decision Making, 2020, 19 (3): 344 - 363.

[3] Amankwah - Amoah J. Where will the axe fall? An integrative framework for understanding attributions after a business failure [J]. European Business Review, 2015, 27 (4): 409 - 429.

[4] Anderson J C. An approach for confirmatory measurement and structural equation modeling of organizational properties [J]. Management Science, 1987, 33 (4): 525 - 541.

[5] Aune R K, Metts S, Hubbard A S E. Managing the outcomes of discovered deception [J]. The Journal of Social Psychology, 1998, 138 (6): 677 - 689.

[6] Ayala J C, Manzano G. The resilience of the entrepreneur. Influence on the success of the business. A longitudinal analysis [J]. Journal of Economic Psychology, 2014, 42: 126 - 135.

[7] Baker T, Nelson R E. Creating something from nothing: Resource construction through entrepreneurial bricolage [J]. Administrative Science Quarterly, 2005, 50 (3): 329 - 366.

[8] Baron R A, Tang J. Entrepreneurs' social skills and new venture performance: Mediating mechanisms and cultural generality [J]. Journal of Management,

2009, 35 (2): 282 - 306.

[9] Baron R A, Tang J. The role of entrepreneurs in firm - level innovation: Joint effects of positive affect, creativity, and environmental dynamism [J]. Journal of Business Venturing, 2011, 26 (1): 49 - 60.

[10] Baron R A. OB and Entrepreneurship: The reciprocal benefits of closer conceptual links [J]. Research in Organizational Behavior, 2002 (24), 225 - 269.

[11] Baron R M, Kenny D A. The moderator - mediator variable distinction in social psychological research: Conceptual, strategic, and statistical considerations [J]. Journal of Personality and Social Psychology, 1986, 51 (6): 1173 - 1182.

[12] Barsky D E. Entrepreneurial heuristics and serial entrepreneurs [M]. Temple University, 2010.

[13] Batjargal B A T, Hitt M A, Tsui A S, et al. Institutional polycentrism, entrepreneurs' social networks, and new venture growth [J]. Academy of Management Journal, 2013, 56 (4): 1024 - 1049.

[14] Bélanger J J, Lafreniere M A K, Vallerand R J, et al. Driven by fear: the effect of success and failure information on passionate individuals' performance [J]. Journal of Personality and Social Psychology, 2013, 104 (1): 180 - 195.

[15] Benson D F, Brau J C, Cicon J, et al. Strategically camouflaged corporate governance in IPOs: Entrepreneurial masking and impression management [J]. Journal of Business Venturing, 2015, 30 (6): 839 - 864.

[16] Block J H, Fisch C O, Van Praag M. The Schumpeterian entrepreneur: a review of the empirical evidence on the antecedents, behaviour and consequences of innovative entrepreneurship [J]. Industry and Innovation, 2017, 24 (1): 61 - 95.

[17] Bojica A M, Istanbouli A, Fuentes - Fuentes M D M. Bricolage and growth strategies: Effects on the performance of Palestinian women - led firms [J]. Journal of Developmental Entrepreneurship, 2014, 19 (4): 1450023.

[18] Bolino M C, Kacmar K M, Turnley W H, et al. A multi - level review of impression management motives and behaviors [J]. Journal of Management, 2008, 34 (6): 1080 - 1109.

[19] Bolino M C, Klotz A C, Turnley W H, et al. Exploring the dark side of organizational citizenship behavior [J]. Journal of Organizational Behavior, 2013, 34 (4): 542 - 559.

[20] Boss A. D., Sims H. P. Everyone fails! Using emotion regulation and self - leadership for recovery [J]. Journal of Managerial Psychology, 2008, 23 (2): 135 - 150.

[21] Bottom W P, Gibson K, Daniels S E, et al. When talk is not cheap: Substantive penance and expressions of intent in rebuilding cooperation [J]. Organization Science, 2002, 13 (5): 497 - 513.

[22] Bozic B. Consumer trust repair: A critical literature review [J]. European Management Journal, 2017, 35 (4): 538 - 547.

[23] Brixy U, Sternberg R, Stüber H. The selectiveness of the entrepreneurial process [J]. Journal of Small Business Management, 2012, 50 (1): 105 - 131.

[24] Brunstein J C, Gollwitzer P M. Effects of failure on subsequent performance: The importance of self - defining goals [J]. Journal of Personality and Social Psychology, 1996, 70 (2): 395 - 407.

[25] Brush C G, Greene P G, Hart M M. From initial idea to unique advantage: The entrepreneurial challenge of constructing a resource base [J]. Academy of Management Perspectives, 2001, 15 (1): 64 - 78.

[26] Bruyat C, Julien P A. Defining the field of research in entrepreneurship [J]. Journal of Business Venturing, 2001, 16 (2): 165 - 180.

[27] Cacciotti G., Hayton J. C. Fear and entrepreneurship: A review and research agenda [J]. International Journal of Management Reviews, 2015, 17 (2): 165 - 190.

[28] Cardon M S, Stevens C E, Potter D R. Misfortunes or mistakes?: Cultural sensemaking of entrepreneurial failure [J]. Journal of Business Venturing,

2011, 26 (1): 79 - 92.

[29] Certo S T, Hodge F. Top management team prestige and organizational legitimacy: An examination of investor perceptions [J]. Journal of Managerial Issues, 2007: 461 - 477.

[30] Chrisman J J, Bauerschmidt A, Hofer C W. The determinants of new venture performance: An extended model [J]. Entrepreneurship Theory and Practice, 1998, 23 (1): 5 - 29.

[31] Chua H S, Bedford O. A qualitative exploration of fear of failure and entrepreneurial intent in Singapore [J]. Journal of Career Development, 2016, 43 (4): 319 - 334.

[32] Chung J Y, Berger B K, DeCoster J. Developing measurement scales of organizational and issue legitimacy: A case of direct - to - consumer advertising in the pharmaceutical industry [J]. Journal of Business Ethics, 2016, 137: 405 - 413.

[33] Conroy D E, Willow J P, Metzler J N. Multidimensional fear of failure measurement: The performance failure appraisal inventory [J]. Journal of Applied Sport Psychology, 2002, 14 (2): 76 - 90.

[34] Coombs W T, Holladay S J. An exploratory study of stakeholder emotions: Affect and crises [M] //The effect of affect in organizational settings. Emerald Group Publishing Limited, 2005, 1: 263 - 280.

[35] Coombs W T. Protecting organization reputations during a crisis: The development and application of situational crisis communication theory [J]. Corporate Reputation Review, 2007, 10: 163 - 176.

[36] Cope J. Entrepreneurial learning from failure: An interpretative phenomenological analysis [J]. Journal of Business Venturing, 2011, 26 (6): 604 - 623.

[37] Cusin J, Passebois - Ducros J. Impact of assertive and defensive impression management tactics on recruiter evaluation: The case of post - failure entrepreneurs in employment interviews [J]. Canadian Journal of Administrative Sciences,

2020, 37 (4): 396 -410.

[38] Davidsson P, Honig B. The role of social and human capital among nascent entrepreneurs [J]. Journal of Business Venturing, 2003, 18 (3): 301 -331.

[39] Desmet P T M, De Cremer D, van Dijk E. In money we trust? The use of financial compensations to repair trust in the aftermath of distributive harm [J]. Organizational Behavior and Human Decision Processes, 2011, 114 (2): 75 -86.

[40] Di Domenico M L, Haugh H, Tracey P. Social bricolage: Theorizing social value creation in social enterprises [J]. Entrepreneurship Theory and Practice, 2010, 34 (4): 681 -703.

[41] DiMaggio P J, Powell W W. New institutionalism in organizational analysis [M]. University of Chicago Press, Chicago, 1991.

[42] Duymedjian R, Rüling C C. Towards a foundation of bricolage in organization and management theory [J]. Organization Studies, 2010, 31 (2): 133 -151.

[43] Edmondson A C. Strategies for learning from failure [J]. Harvard Business Review, 2011, 89 (4): 48 -55.

[44] Eggers J P, Song L. Dealing with failure: Serial entrepreneurs and the costs of changing industries between ventures [J]. Academy of Management Journal, 2015, 58 (6): 1785 -1803.

[45] Eklund J, Levratto N, Ramello GB. Entrepreneurship and failure: two sides of the same coin? [J]. Small Business Economics, 2020, 54 (2): 373 -382.

[46] Engel Y, Noordijk S, Spoelder A, Van Gelderen M. Self - compassion when coping with venture obstacles: Loving - kindness meditation and entrepreneurial fear of failure [J]. Entrepreneurship Theory and Practice, 2021, 45 (2): 263 -290.

[47] Fatoki O. The impact of entrepreneurial resilience on the success of small and medium enterprises in South Africa [J]. Sustainability, 2018, 10 (7): 2527.

[48] Fehr R, Gelfand M J. When apologies work: How matching apology

components to victims' self – construals facilitates forgiveness [J]. Organizational Behavior and Human Decision Processes, 2010, 113 (1): 37 – 50.

[49] Ferneley E, Bell F. Using bricolage to integrate business and information technology innovation in SMEs [J]. Technovation, 2006, 26 (2): 232 – 241.

[50] Filatotchev I, Nakajima C. Corporate governance, responsible managerial behavior, and corporate social responsibility: Organizational efficiency versus organizational legitimacy? [J]. Academy of Management Perspectives, 2014, 28: 289 – 306.

[51] Fisher G, Kotha S, Lahiri A. Changing with the times: An integrated view of identity, legitimacy, and new venture life cycles [J]. Academy of Management Review, 2016, 41 (3): 383 – 409.

[52] Fisher G, Kuratko D F, Bloodgood J M, et al. Legitimate to whom? The challenge of audience diversity and new venture legitimacy [J]. Journal of Business Venturing, 2017, 32 (1): 52 – 71.

[53] Fisher G. Effectuation, causation, and bricolage: A behavioral comparison of emerging theories in entrepreneurship research [J]. Entrepreneurship theory and practice, 2012, 36 (5): 1019 – 1051.

[54] Fisher G. The complexities of new venture legitimacy [J]. Organization Theory, 2020, 1 (2): 2631787720913881.

[55] Franco M, Haase H, Lautenschläger A. Students' entrepreneurial intentions: an inter – regional comparison [J]. Education + Training, 2010, 52 (4): 260 – 275.

[56] Franco M, Haase H. Failure factors in small and medium – sized enterprises: Qualitative study from an attributional perspective [J]. International Entrepreneurship and Management Journal, 2010, 6: 503 – 521.

[57] Fuglsang L. Bricolage and invisible innovation in public service innovation [J]. Journal of Innovation Economics, 2010 (1): 67 – 87.

[58] Gartner W B. A conceptual framework for describing the phenomenon of new venture creation [J]. Academy of Management Review, 1985, 10 (4): 696 –

706.

[59] Garud R, Karnøe P. Bricolage versus breakthrough: Distributed and embedded agency in technology entrepreneurship [J]. Research Policy, 2003, 32 (2): 277-300.

[60] Gillespie N, Dietz G. Trust repair after an organization - level failure [J]. Academy of Management Review, 2009, 34 (1): 127-145.

[61] Gorgievski M J, Stephan U. Advancing the psychology of entrepreneurship: A review of the psychological literature and an introduction [J]. Applied Psychology, 2016, 65 (3): 437-468.

[62] Gries T, Jungblut S, Naudé W. The entrepreneurship Beveridge curve [J]. International Journal of Economic Theory, 2016, 12 (2): 151-165.

[63] Guerrero M, Peña - Legazkue I. Renascence after post - mortem: the choice of accelerated repeat entrepreneurship [J]. Small Business Economics, 2019, 52 (1): 47-65.

[64] Gundry L K, Kickul J R, Griffiths M D, et al. Creating social change out of nothing: The role of entrepreneurial bricolage in social entrepreneurs' catalytic innovations [M] //Social and sustainable entrepreneurship. Emerald Group Publishing Limited, 2011: 1-24.

[65] Guo H, Shen R, Su Z. The impact of organizational legitimacy on product innovation: A comparison between new ventures and established firms [J]. IEEE Transactions on Engineering Management, 2018, 66 (1): 73-83.

[66] Hampel C E, Tracey P. How organizations move from stigma to legitimacy: The case of Cook's travel agency in Victorian Britain [J]. Academy of Management Journal, 2017, 60 (6): 2175-2207.

[67] Haselhuhn M P, Schweitzer M E, Wood A M. How implicit beliefs influence trust recovery [J]. Psychological Science, 2010, 21 (5): 645-648.

[68] Hayward M L A, Forster W R, Sarasvathy S D, et al. Beyond hubris: How highly confident entrepreneurs rebound to venture again [J]. Journal of Business Venturing, 2010, 25 (6): 569-578.

[69] Headd B. Redefining business success: Distinguishing between closure and failure [J]. Small Business Economics, 2003, 21: 51-61.

[70] Heider F. The psychology of interpersonal relations [M]. Psychology Press, 1982.

[71] Hessels J, Grilo I, Thurik R, Van der Zwan P. Entrepreneurial Exit and Entrepreneurial Engagement [J]. Journal of Evolutionary Economics, 2011, 21 (3): 447-471.

[72] Hogan M. J. Collaborative positive psychology: Solidarity, meaning, resilience, wellbeing, and virtue in a time of crisis [J]. International Review of Psychiatry, 2020, 32 (7-8): 698-712.

[73] Holt D H. Entrepreneurship: New venture creation [M]. New Jersey: Prentice Hall, 1992.

[74] Iglesias O, Ind N, Schultz M. History matters: The role of history in corporate brand strategy [J]. Business Horizons, 2020, 63 (1): 51-60.

[75] Iqbal Q, Ahmad N H, Halim H A. Insights on entrepreneurial bricolage and frugal innovation for sustainable performance [J]. Business Strategy & Development, 2021, 4 (3): 237-245.

[76] Kallinikos J. Organized complexity: Posthumanist remarks on the technologizing of intelligence [J]. Organization, 1998, 5 (3): 371-396.

[77] Keh H T, Der Foo M, Lim B C. Opportunity evaluation under risky conditions: The cognitive processes of entrepreneurs [J]. Entrepreneurship Theory and Practice, 2002, 27 (2): 125-148.

[78] Kelley H H, Michela J L. Attribution theory and research [J]. Annual Review of Psychology, 1980, 31 (1): 457-501.

[79] Kibler E, Mandl C, Farny S, et al. Post-failure impression management: A typology of entrepreneurs' public narratives after business closure [J]. Human Relations, 2021, 74 (2): 286-318.

[80] Kibler E, Mandl C, Kautonen T, et al. Attributes of legitimate venture failure impressions [J]. Journal of Business Venturing, 2017, 32 (2): 145-

161.

[81] Kibler E, Mandl C, Kautonen, T., & Berger, E. S. (2017). Attributes of legitimate venture failure impressions. Journal of Business Venturing, 32 (2), 145 - 161.

[82] Kim P H, Dirks K T, Cooper C D, et al. When more blame is better than less: The implications of internal vs. external attributions for the repair of trust after a competence - vs. integrity - based trust violation [J]. Organizational Behavior and Human Decision Processes, 2006, 99 (1): 49 - 65.

[83] Kim P H, Ferrin D L, Cooper C D, et al. Removing the shadow of suspicion: the effects of apology versus denial for repairing competence - versus integrity - based trust violations [J]. Journal of Applied Psychology, 2004, 89 (1): 104.

[84] Klimas P, Czakon W, Kraus S, et al. Entrepreneurial failure: a synthesis and conceptual framework of its effects [J]. European Management Review, 2021, 18 (1): 167 - 182.

[85] Klyver K., Honig B., Steffens P. Social support timing and persistence in nascent entrepreneurship: Exploring when instrumental and emotional support is most effective [J]. Small Business Economics, 2018, 51 (3): 709 - 734.

[86] Kollmann T, Stöckmann C, Kensbock J M. Fear of failure as a mediator of the relationship between obstacles and nascent entrepreneurial activity: An experimental approach [J]. Journal of Business Venturing, 2017, 32 (3): 280 - 301.

[87] Korber S, McNaughton R B. Resilience and entrepreneurship: A systematic literature review [J]. International Journal of Entrepreneurial Behavior & Research, 2017, 24 (7): 1129 - 1154.

[88] Koutroubas V, Galanakis M. Bandura's social learning theory and its importance in the organizational psychology context [J]. Psychology, 2022, 12 (6): 315 - 322.

[89] Lattacher W. Wdowiak M. A. Entrepreneurial Learning from failure. A systematic review [J]. International Journal of Entrepreneurial Behavior & Research, 2020, 26 (5): 1093 - 1131.

[90] Lazonick, W. Innovative enterprise and historical transformation [J]. Enterprise & Society, 2002, 3 (1): 3-47.

[91] Leary M R, Kowalski R M. Impression management: A literature review and two-component model [J]. Psychological Bulletin, 1990, 107 (1): 34.

[92] Lewicki R J, Bunker B B. Developing and maintaining trust in work relationships [J]. Trust in Organizations: Frontiers of Theory and Research, 1996, 114 (139): 30.

[93] Lount Jr R B, Zhong C B, Sivanathan N, et al. Getting off on the wrong foot: The timing of a breach and the restoration of trust [J]. Personality and Social Psychology Bulletin, 2008, 34 (12): 1601-1612.

[94] Lussier, R. N., Corman, J. There are few differences between successful and failed small businesses [J]. Journal of Small Business Strategy, 1995, 6 (1): 21-34.

[95] Lvi-Strauss C. The savage mind [M]. University of Chicago Press, 1966.

[96] Mantere S, Aula P, Schildt H, et al. Narrative attributions of entrepreneurial failure [J]. Journal of Business Venturing, 2013, 28 (4): 459-473.

[97] McDonnell M H, King B. Keeping up appearances: Reputational threat and impression management after social movement boycotts [J]. Administrative Science Quarterly, 2013, 58 (3): 387-419.

[98] McDougall P P, Robinson Jr, R B, DeNisi A S. Modeling new venture performance: An analysis of new venture strategy, industry structure, and venture origin [J]. Journal of Business Venturing, 1992, 7 (4): 267-289.

[99] McGrath R G. Falling forward: Real options reasoning and entrepreneurial failure [J]. Academy of Management Review, 1999, 24 (1): 13-30.

[100] McMullen J S, Shepherd D A. Entrepreneurial action and the role of uncertainty in the theory of the entrepreneur [J]. Academy of Management Review, 2006, 31 (1): 132-152.

[101] Miner A S, Bassof P, Moorman C. Organizational improvisation and

learning: A field study [J]. Administrative Science Quarterly, 2001, 46 (2): 304 - 337.

[102] Minniti M, Bygrave W. A dynamic model of entrepreneurial learning [J]. Entrepreneurship Theory and Practice, 2001, 25 (3): 5 - 16.

[103] Miocevic D, Morgan RE. Operational capabilities and entrepreneurial opportunities in emerging market firms [J]. International Marketing Review, 2018, 35 (2): 320 - 341.

[104] Morgan J, Sisak D. Aspiring to succeed: A model of entrepreneurship and fear of failure [J]. Journal of Business Venturing, 2016, 31 (1): 1 - 21.

[105] Nagy B G, Pollack J M, Rutherford M W, et al. The influence of entrepreneurs' credentials and impression management behaviors on perceptions of new venture legitimacy [J]. Entrepreneurship Theory and Practice, 2012, 36 (5): 941 - 965.

[106] Nakayachi K, Watabe M. Restoring trustworthiness after adverse events: The signaling effects of voluntary "hostage posting" on trust [J]. Organizational Behavior and Human Decision Processes, 2005, 97 (1): 1 - 17.

[107] Nerkar A, Roberts PW. Technological and product - market experience and the success of new product introductions in the pharmaceutical industry [J]. Strategic Management Journal, 2004, 25 (8/9): 779 - 799.

[108] Nogueira T F. Entrepreneurial learning: what do we mean by it? [J]. The Learning Organization, 2019, 26 (6): 560 - 573.

[109] Okimoto T G, Tyler T R. Is compensation enough? Relational concerns in responding to unintended inequity [J]. Group Processes & Intergroup Relations, 2007, 10 (3): 399 - 420.

[110] Ott T E, Eisenhardt K M, Bingham C B. Strategy formation in entrepreneurial settings: Past insights and future directions [J]. Strategic Entrepreneurship Journal, 2017, 11 (3): 306 - 325.

[111] Özen Ş, Akkemik K A. Does illegitimate corporate behaviour follow the forms of polity? The Turkish experience [J]. Journal of Management Studies,

2012, 49 (3): 515 - 537.

[112] Ozgen E, Baron RA. Social sources of information in opportunity recognition: Effects of mentors, industry networks, and professional forums [J]. Journal of Business Venturing, 2007, 22 (2): 174 - 192.

[113] Pache A C, Santos F. Inside the hybrid organization: Selective coupling as a response to competing institutional logics [J]. Academy of management journal, 2013, 56 (4): 972 - 1001.

[114] Parsons T. Structure and process in modern societies [J]. American Journal of Sociology, 1960, 66 (1): 345 - 374.

[115] Petkova A P, Rindova V P, Gupta A K. No news is bad news: Sensegiving activities, media attention, and venture capital funding of new technology organizations [J]. Organization Science, 2013, 24 (3): 865 - 888.

[116] Pierre - Yann Dolbec & Eileen Fischer. Refashioning a Field? Connected Consumers and Institutional Dynamics in Markets [J]. Journal of Consumer Research, Oxford University Press, 2015, 41 (6): 1447 - 1468.

[117] Pinel E C, Warner L R, Chua P P. Getting there is only half the battle: Stigma consciousness and maintaining diversity in higher education [J]. Journal of Social Issues, 2005, 61 (3): 481 - 506.

[118] Politis D, Gabrielsson J. Entrepreneurs' attitudes towards failure: An experiential learning approach [J]. International Journal of Entrepreneurial Behavior & Research, 2009, 15 (4): 364 - 383.

[119] Politis D. Does prior start - up experience matter for entrepreneurs' learning? A comparison between novice and habitual entrepreneurs [J]. Journal of Small Business and Enterprise Development, 2008, 15 (3): 472 - 489.

[120] Politis D. The process of entrepreneurial learning: A conceptual framework [J]. Entrepreneurship Theory and Practice, 2005, 29 (4): 399 - 424.

[121] Pollack J M, Bosse D A. When do investors forgive entrepreneurs for lying? [J]. Journal of Business Venturing, 2014, 29 (6): 741 - 754.

[122] Ponzi L J, Fombrun C J, Gardberg N A. RepTrak™ pulse: Conceptu-

alizing and validating a short – form measure of corporate reputation [J]. Corporate Reputation Review, 2011, 14: 15 –35.

[123] Rae D. Entrepreneurial learning: A conceptual framework for technology – based enterprise [J]. Technology Analysis & Strategic Management, 2006, 18 (1): 39 –56.

[124] Ren H, Gray B. Repairing relationship conflict: How violation types and culture influence the effectiveness of restoration rituals [J]. Academy of Management Review, 2009, 34 (1): 105 – 126.

[125] Riar FJ, Bican PM, Fischer J. It wasn't me: Entrepreneurial failure attribution and learning from failure. International Journal of Entrepreneurial Venturing, 2021, 13 (2): 113 – 136.

[126] Rindova V P, Williamson I O, Petkova A P, et al. Being good or being known: An empirical examination of the dimensions, antecedents, and consequences of organizational reputation [J]. Academy of Management Journal, 2005, 48 (6): 1033 – 1049.

[127] Romanelli, E. The evolution of new organizational forms [J]. Annual Review of Sociology, 1991, 17 (1): 79 – 103.

[128] S Schweitzer M E, Hershey J C, Bradlow E T. Promises and lies: Restoring violated trust [J]. Organizational Behavior and Human Decision Processes, 2006, 101 (1): 1 – 19.

[129] Sabbaghi M, Esmaeilian B, Cade W, et al. Business outcomes of product repairability: A survey – based study of consumer repair experiences [J]. Resources, Conservation and Recycling, 2016, 109: 114 – 122.

[130] Salunke S, Weerawardena J, McColl – Kennedy J R. Competing through service innovation: The role of bricolage and entrepreneurship in project – oriented firms [J]. Journal of Business Research, 2013, 66 (8): 1085 – 1097.

[131] Santoro G, Bertoldi B, Giachino C, Candelo E. Exploring the relationship between entrepreneurial resilience and success: The moderating role of stakeholders' engagement [J]. Journal of Business Research, 2020, 119: 142 – 150.

[132] Sarasvathy S D. Causation and effectuation: Toward a theoretical shift from economic inevitability to entrepreneurial contingency [J]. Academy of Management Review, 2001, 26 (2): 243 -263.

[133] Schaltegger, Stefan and Jacob Hörisch. In search of the dominant rationale in sustainability management: legitimacy - or profit - seeking? [J]. Journal of Business Ethics, 2017, 145: 259 -276.

[134] Schulman P, Castellon C, Seligman M E P. Assessing explanatory style: The content analysis of verbatim explanations and the attributional style questionnaire [J]. Behaviour Research and Therapy, 1989, 27 (5): 505 -509.

[135] Shahid S, Kundi Y M. Feel dragged out: a recovery perspective in the relationship between emotional exhaustion and entrepreneurial exit [J]. Journal of Small Business and Enterprise Development, 2022, 29 (2): 203 -220.

[136] Shane S A. A general theory of entrepreneurship: The individual - opportunity nexus [M]. Edward Elgar Publishing, 2003.

[137] Shane S, Venkataraman S. The promise of entrepreneurship as a field of research [J]. Academy of Management Review, 2000, 25 (1): 217 -226.

[138] Shepherd D A, Cardon M S. Negative emotional reactions to project failure and the self - compassion to learn from the experience [J]. Journal of Management Studies, 2009, 46 (6): 923 -949.

[139] Shepherd D A, Covin J G, Kuratko D F. Project failure from corporate entrepreneurship: Managing the grief process [J]. Journal of Business Venturing, 2009, 24 (6): 588 -600.

[140] Shepherd D A, McMullen J S, Jennings P D. The formation of opportunity beliefs: Overcoming ignorance and reducing doubt [J]. Strategic Entrepreneurship Journal, 2007, 1 (1 -2): 75 -95.

[141] Shepherd D A, Williams T, Wolfe M, et al. Learning from entrepreneurial failure [M]. Cambridge University Press, 2016.

[142] Shepherd D A. Grief recovery from the loss of a family business: A multi - and meso - level theory [J]. Journal of Business Venturing, 2009, 24 (1): 81 -97.

[143] Shepherd D A. Learning from business failure: Propositions of grief recovery for the self - employed [J]. Academy of Management Review, 2003, 28 (2): 318 -328.

[144] Shepherd D. A., Wiklund J., Haynie J. M. Moving forward: Balancing the financial and emotional costs of business failure [J]. Journal of Business Venturing, 2009, 24 (2): 134 -148.

[145] Shepherd DA, Haynie JM. Venture failure, stigma, and impression management: A self - verification, self - determination view [J]. Strategic Entrepreneurship Journal, 2011, 5 (2): 178 -197.

[146] Shepherd, D. A., Williams, T. A., Patzelt, H. Thinking about entrepreneurial decision making: Review and research agenda [J]. Journal of Management, 2015, 41 (1): 11 -46.

[147] Simmons S A, Carr J C, Hsu D K, Shu C. The regulatory fit of serial entrepreneurship intentions [J]. Applied Psychology, 2016, 65 (3): 605 -627.

[148] Simmons S A, Wiklund J, Levie J, et al. Gender gaps and reentry into entrepreneurial ecosystems after business failure [J]. Small Business Economics, 2019, 53: 517 -531.

[149] Simmons SA, Wiklund J, Levie J. Stigma and business failure: implications for entrepreneurs' career choices [J]. Small Business Economics, 2014, 42 (3): 485 -505.

[150] Singh J V, Tucker D J, House R J. Organizational legitimacy and the liability of newness [J]. Administrative Science Quarterly, 1986: 171 -193.

[151] Singh S, Corner P, Pavlovich K. Coping with entrepreneurial failure [J]. Journal of Management & Organization, 2007, 13 (4): 331 -344.

[152] Singh V, Point S, Moulin Y, et al. Legitimacy profiles of women directors on top French company boards [J]. Journal of Management Development, 2015, 34 (7): 803 -820.

[153] Siomkos G J, Kurzbard G. The hidden crisis in product - harm crisis management [J]. EuropeanJournal of Marketing, 1994, 28 (2): 30 -41.

[154] Sirmon D G, Hitt M A, Ireland R D, et al. Resource orchestration to create competitive advantage: Breadth, depth, and life cycle effects [J]. Journal of Management, 2011, 37 (5): 1390 - 1412.

[155] Sitkin S B, Pablo A L. Reconceptualizing the determinants of risk behavior [J]. Academy of Management Review, 1992, 17 (1): 9 - 38.

[156] Stambaugh J, Mitchell R. The fight is the coach: creating expertise during the fight to avoid entrepreneurial failure [J]. International Journal of Entrepreneurial Behavior & Research, 2018, 24 (5): 994 - 1015.

[157] Stenholm P, Renko M. Passionate bricoleurs and new venture survival [J]. Journal of Business Venturing, 2016, 31 (5): 595 - 611.

[158] Stephan U. Entrepreneurs' mental health and well - being: A review and research agenda [J]. Academy of Management Perspectives, 2018, 32 (3): 290 - 322.

[159] Stern I, Dukerich J M, Zajac E. Unmixed signals: How reputation and status affect alliance formation [J]. Strategic Management Journal, 2014, 35 (4): 512 - 531.

[160] Stokes D, Lomax W. Taking control of word of mouth marketing: the case of an entrepreneurial hotelier [J]. Journal of Small Business and Enterprise Development, 2002, 9 (4): 349 - 357.

[161] Stroe S, Sirén C, Shepherd D, Wincent J. The dualistic regulatory effect of passion on the relationship between fear of failure and negative affect: Insights from facial expression analysis [J]. Journal of Business Venturing, 2020, 35 (4): 105948.

[162] Suchman, M. C. Managing legitimacy: Strategic and institutional approaches [J]. The Academy of Management Review, 1995, 20 (3): 571 - 610.

[163] Sutton R I, Callahan A L. The stigma of bankruptcy: Spoiled organizational image and its management [J]. Academy of Management Journal, 1987, 30 (3): 405 - 436.

[164] Tang J, Tang Z, Marino L D, et al. Exploring an inverted U - shape

relationship between entrepreneurial orientation and performance in Chinese ventures [J]. Entrepreneurship Theory and Practice, 2008, 32 (1): 219 - 239.

[165] Tang J. How entrepreneurs discover opportunities in China: An institutional view [J]. Asia Pacific Journal of Management, 2010, 27: 461 - 479.

[166] Tang Z, Hull C. An investigation of entrepreneurial orientation, perceived environmental hostility, and strategy application among Chinese SMEs [J]. Journal of Small Business Management, 2012, 50 (1): 132 - 158.

[167] Tang Z, Tang J. Stakeholder - firm power difference, stakeholders' CSR orientation, and SMEs' environmental performance in China [J]. Journal of Business Venturing, 2012, 27 (4): 436 - 455.

[168] Timmons J. A. New venture creation: Entrepreneurship for the 21st century [M]. SingaPore: McGraw Hill, 1999.

[169] Tipu S A A. Entrepreneurial reentry after failure: A review and future research agenda [J]. Journal of Strategy and Management, 2020, 13 (2): 198 - 220.

[170] Tracey P, Dalpiaz E, Phillips N. Fish out of water: Translation, legitimation, and new venture creation [J]. Academy of Management Journal, 2018, 61 (5): 1627 - 1666.

[171] Überbacher F, Jacobs C D, Cornelissen J P. How entrepreneurs become skilled cultural operators [J]. Organization Studies, 2015, 36 (7): 925 - 951.

[172] Überbacher F. Legitimation of new ventures: A review and research programme [J]. Journal of Management Studies, 2014, 51 (4): 667 - 698.

[173] Ucbasaran D, Shepherd D A, Lockett A, et al. Life after business failure: The process and consequences of business failure for entrepreneurs [J]. Journal of Management, 2013, 39 (1): 163 - 202.

[174] Ucbasaran D, Westhead P, Wright M, et al. The nature of entrepreneurial experience, business failure and comparative optimism [J]. Journal of Business Venturing, 2010, 25 (6): 541 - 555.

[175] Wagner J. What a Difference a Y Makes – Female and Male Nascent Entrepreneurs in Germany [J]. Small Business Economics, 2007, 28 (1): 1 –21.

[176] Weick K E. The collapse of sensemaking in organizations: The Mann Gulch disaster [J]. Administrative Science Quarterly, 1993, 38: 628 –652.

[177] Weiner B. An attributional theory of achievement motivation and emotion [J]. Psychological Review, 1985, 92 (4): 548 –573.

[178] Weiner B. Intrapersonal and interpersonal theories of motivation from an attributional perspective [J]. Educational Psychology Review, 2000, 12: 1 –14.

[179] Welpe I M, Spörrle M, Grichnik D, et al. Emotions and opportunities: The interplay of opportunity evaluation, fear, joy, and anger as antecedent of entrepreneurial exploitation [J]. Entrepreneurship Theory and Practice, 2012, 36 (1): 69 –96.

[180] Welter F. Contextualizing entrepreneurship—conceptual challenges and ways forward [J]. Entrepreneurship Theory and Practice, 2011, 35 (1): 165 – 184.

[181] Wennberg K, Wiklund J, DeTienne D R, et al. Reconceptualizing entrepreneurial exit: Divergent exit routes and their drivers [J]. Journal of Business Venturing, 2010, 25 (4): 361 –375.

[182] Westhead, P., Wright, M., & Ucbasaran, D. The internationalization of new and small firms: A resource – based view [J]. Journal of Business Venturing, 2001, 16 (4): 33 –358.

[183] Wiesenfeld B M, Wurthmann K A, Hambrick D C. The stigmatization and devaluation of elites associated with corporate failures: A process model [J]. Academy of Management Review, 2008, 33 (1): 231 –251.

[184] Wiklund J, Shepherd D. Knowledge – based resources, entrepreneurial orientation, and the performance of small and medium – sized businesses [J]. Strategic Management Journal, 2003, 24 (13): 1307 –1314.

[185] Wilhelm H, Richter A W, Semrau T. Employee learning from failure: A team – as – resource perspective [J]. Organization Science, 2019, 30 (4):

694 -714.

[186] Wong S Y, Soh C, Neo B S, Goren G. The role of information technology in Singapore's new - venture development [J]. Journal of Small Business & Entrepreneurship, 1993, 10 (3): 101 -111.

[187] Wu L, Liu H, Zhang J. Bricolage effects on new - product development speed and creativity: The moderating role of technological turbulence [J]. Journal of Business Research, 2017, 70: 127 -135.

[188] Xie Y, Peng S. How to repair customer trust after negative publicity: The roles of competence, integrity, benevolence, and forgiveness [J]. Psychology & Marketing, 2009, 26 (7): 572 -589.

[189] Xiong Z, Wang P, Wu C. How to encourage innovation failure knowledge sharing in virtual research organization: an incentive mechanism based on game theory [J]. Computational and Mathematical Organization Theory, 2022, 28 (3): 193 -213.

[190] Xiong Z, Yan JZ, Wang LL. Impression management strategy of coping with entrepreneurial failure stigma: A two - path theoretical model [J]. E&M Economics and Management, 2021, 24 (4), 72 -85.

[191] Yamakawa Y, Peng M W, Deeds D L. Rising from the ashes: Cognitive determinants of venture growth after entrepreneurial failure [J]. Entrepreneurship Theory and Practice, 2015, 39 (2): 209 -236.

[192] Yannopoulou N, Koronis E, Elliott R. Media amplification of a brand crisis and its affect on brand trust [J]. Journal of Marketing Management, 2011, 27 (5 -6): 530 -546.

[193] Younger S, Fisher G. The exemplar enigma: New venture image formation in an emergent organizational category [J]. Journal of Business Venturing, 2020, 35 (1): 105897.

[194] Zacharakis A L, Meyer G D, DeCastro J. Differing perceptions of new venture failure: a matched exploratory study of venture capitalists and entrepreneurs [J]. Journal of Small Business Management, 1999, 37 (3): 1 -14.

[195] Zahra S A, Matherne B P, Carleton J. M. Technological resource leveraging and the internationalisation of new ventures [J]. Journal of International Entrepreneurship, 2003, 1: 163 – 186.

[196] Zhang H, Amankwah – Amoah J, Beaverstock J. Toward a construct of dynamic capabilities malfunction: Insights from failed Chinese entrepreneurs [J]. Journal of Business Research, 2019, 98: 415 – 429.

[197] Zhang J, Luo X R. Dared to care: Organizational vulnerability, institutional logics, and MNCs' social responsiveness in emerging markets [J]. Organization Science, 2013, 24 (6): 1742 – 1764.

[198] Zhao E Y, Fisher G, Lounsbury M, et al. Optimal distinctiveness: Broadening the interface between institutional theory and strategic management [J]. Strategic Management Journal, 2017. 38 (1): 93 – 113.

[199] Zhao X, Lynch Jr J G, Chen Q. Reconsidering Baron and Kenny: Myths and truths about mediation analysis [J]. Journal of Consumer Research, 2010, 37 (2): 197 – 206.

[200] Zhao Y., Xie B. Cognitive bias, entrepreneurial emotion, and entrepreneurship intention [J]. Frontiers in Psychology, 2020, 11: 625.

[201] Zott C, Huy Q N. How entrepreneurs use symbolic management to acquire resources [J]. Administrative Science Quarterly, 2007, 52 (1): 70 – 105.

[202] 蔡莉，单标安．中国情境下的创业研究：回顾与展望 [J]. 管理世界，2013 (12): 60 – 169.

[203] 蔡莉，高欣，王永正，等．数字经济下创新驱动创业的研究范式 [J]. 吉林大学社会科学学报，2022, 62 (4): 5 – 20.

[204] 蔡莉，葛宝山，蔡义茹．中国转型经济背景下企业创业机会与资源开发行为研究 [J]. 管理学季刊，2019, 4 (2): 44 – 62 + 134.

[205] 蔡莉，尹苗苗．新创企业学习能力，资源整合方式对企业绩效的影响研究 [J]. 管理世界，2009 (10): 1 – 10.

[206] 蔡莉，张玉利，蔡义茹，等．创新驱动创业：新时期创新创业研究的核心学术构念 [J]. 南开管理评论，2021, 24 (4): 217 – 226.

[207] 蔡莉，张玉利，陈劲，等．中国式现代化的动力机制：创新与企业家精神——学习贯彻党的二十大精神笔谈［J］．外国经济与管理，2023，45（1）：3－22．

[208] 曾国军，王荷，徐雨晨．他山之石，如何攻玉——小企业拼凑外部资源加快品牌建设机理研究［J］．南开管理评论，2022，25（6）：29－40．

[209] 陈寒松，贾竣云，王成铖，等．创业失败何以东山再起？——观察学习视角的农业创业多案例研究［J］．管理评论，2020，32（5）：305－320．

[210] 陈睿君，谢雅萍，黄丽清．失败归因如何影响创业失败修复［J］．科学学研究，2021，39（1）：103－110．

[211] 陈涛，党兴华，贾寠洁．创业企业控制权模式选择研究［J］．运筹与管理，2018，27（2）：178－185．

[212] 陈晓红，马鸿烈．中小企业技术创新对成长性影响——科技型企业不同于非科技型企业？［J］．科学学研究，2012，30（11）：1749－1760．

[213] 陈燕升，王玫瑰，林志军，等．系统化创业过程的关键成功因素——以粤港澳大湾区为例［J］．科技管理研究，2022，42（9）：111－117．

[214] 陈阳阳，葛晶，彭建娟，等．创业失败复原过程研究——基于中国情境的多案例探索［J］．研究与发展管理，2019，31（4）：40－50．

[215] 程灏，逯与浩，刘淑芳．基于G1—熵权—独立性权的装配式建筑绿色施工评价［J］．数学的实践与认识，2021，51（4）：75－87．

[216] 戴鑫，卢虹，宋爱峰．基于组织合法性与渠道权力的企业危机“逆生存”机制研究［J］．管理学报，2018，15（5）：643－652．

[217] 戴鑫，毛江华，王武，等．组织合法性理论视角下的社会和环境披露研究评述［J］．管理学报，2011，8（9）：1405－1412．

[218] 单标安，鲁喜凤，郭海，等．创始人的人格特质对科技型新企业成长的影响研究［J］．管理学报，2018，18（5）：687－694．

[219] 丁桂凤，候亮，张露，等．创业失败与再创业意向的作用机制［J］．心理科学进展，2016，24（7）：1009－1019．

[220] 丁桂凤，李伟丽，孙瑾，等．小微企业创业失败成本对创业失败

学习的影响——内疚的中介作用［J］. 研究与发展管理，2019，31（4）：16－26.

［221］丁桂凤，张媛，古纯文. 大学生乐观，创业失败恐惧与创业意向的关系［J］. 中国心理卫生杂志，2018，32（4）：339－343.

［222］杜运周，王小伟，邓长庚，等. 创业团队声誉与新企业组织合法性关系研究［J］. 华东经济管理，2015，29（5）：133－139.

［223］冯锐，张爱卿. 危机事件中企业印象管理策略与受众反应——基于归因理论的情境实验［J］. 经济与管理，2015，29（4）：51－57.

［224］葛宝山，董保宝. 动态环境下创业者管理才能对新创企业资源获取的影响研究［J］. 研究与发展管理，2009，21（4）：20－27.

［225］关健，邓芳，陈明淑，等. 创始人人力资本与高技术新创企业创新：一个有调节的中介模型［J］. 管理评论，2022，34（6）：90－102.

［226］管健. 污名的概念发展与多维度模型建构［J］. 南开学报：哲学社会科学版，2007（5）：126－134.

［227］郝喜玲，陈雪，杜晶晶，等. 创业失败恐惧研究述评与展望［J］. 外国经济与管理，2020，42（7）：82－94.

［228］郝喜玲，陈雪，杜晶晶，等. 创业失败恐惧研究述评与展望［J］. 外国经济与管理，2020，42（7）：82－94.

［229］郝喜玲，刘依冉，杜晶晶，等. 失败恐惧的形成及对创业行为的影响［J］. 心理科学进展，2021，29（9）：1551－1560.

［230］郝喜玲，涂玉琦，刘依冉. 失败情境下创业者韧性对创业学习的影响研究［J］. 管理学报，2018，15（11）：1671－1678.

［231］郝喜玲，张玉利，刘依冉，等. 庆幸还是后悔：失败后的反事实思维与创业学习关系研究［J］. 南开管理评论，2018，21（2）：75－87.

［232］郝喜玲，张玉利，刘依冉. 创业失败学习对新企业绩效的作用机制研究［J］. 科研管理，2017，38（10）：94－101.

［233］郝喜玲. 创业者与组织间价值观契合对新创企业成长的影响研究［J］. 南京财经大学学报，2013（3）：43－49.

［234］胡洪浩，王重鸣. 国外失败学习研究现状探析与未来展望［J］.

外国经济与管理，2011，33（11）：39－47.

［235］胡望斌，张玉利，牛芳．我国新企业创业导向，动态能力与企业成长关系实证研究［J］．中国软科学，2009（4）：7－118

［236］黄少卿，陈彦．中国僵尸企业的分布特征与分类处置［J］．中国工业经济，2017（3）：24－43.

［237］黄永春，胡世亮，叶子，等．创业还是就业？——行为经济学视角下的动态效用最大化分析［J］．管理工程学报，2021，35（6）：73－86.

［238］贾天明，雷良海．构建创业失败补偿机制的探讨——以上海市大学生创业现状为例［J］．上海经济研究，2016（2）：56－63.

［239］贾旭东．基于扎根理论的中国民营企业创业团队分裂研究［J］．管理学报，2013，10（7）：949－959，1015

［240］姜忠辉，王笑容，罗均梅，等．大企业平台型创业生态系统合法性获取路径研究［J］．管理案例研究与评论，2021，14（4）：409－424.

［241］科学技术部火炬高技术发展研究中心．中国创业孵化发展报告2022［M］．北京：科学技术文献出版社，2023.

［242］黎常．失败归因对创业者再创业行为选择的影响研究［J］．科研管理，2019，40（8）：145－155.

［243］李玎玎，李雪灵．环境动态性、资源拼凑与中小企业创新［J］．财经问题研究，2021，449（4）：123－129.

［244］李君，陈万明，安宁．创业失败经历、失败学习与再创业意愿［J］．大连理工大学学报（社会科学版），2018，39（2）：89－96.

［245］李锐，田晓明，柳士顺．仁慈领导会增加员工的亲社会性规则违背吗？［J］．心理学报，2015，47（5）：637－652.

［246］李诗田，宋献中．亲社会偏好，合法性压力与社会责任信息披露——基于中国民营上市公司的实证研究［J］．学术研究，2015（8）：84－91.

［247］李晓翔，霍国庆．资源匮乏，拼凑策略与中小企业产品创新关系研究［J］．商业经济与管理，2015（3）：41－55.

［248］李新春，梁强，宋丽红．外部关系—内部能力平衡与新创企业成长——基于创业者行为视角的实证研究［J］．中国工业经济，2010（12）：97－

107.

[249] 李新春，叶文平，朱沆．牢笼的束缚与抗争：地区关系文化与创业企业的关系战略 [J]．管理世界，2016 (10)：88－102.

[250] 李雪灵，范长亮，申佳，等．创业失败与失败成本：创业者及外部环境的调节作用 [J]．吉林大学社会科学学报，2014，54 (1)：159－166.

[251] 李延喜，吴笛，肖峰雷，等．声誉理论研究述评 [J]．管理评论，2010，22 (10)：3－11.

[252] 李燕凌，丁莹．网络舆情公共危机治理中社会信任修复研究——基于动物疫情危机演化博弈的实证分析 [J]．公共管理学报，2017，14 (4)：91－101.

[253] 李志刚，任佳秋，张殿镇，等．创业失败情境下连续创业过程的双元路径研究 [J]．管理学报，2022，19 (3)：385－396.

[254] 厉杰，方梦圆，孙瑞杰．创业失败污名形成机制研究 [J]．上海管理科学，2019，41 (1)：60－65.

[255] 刘芳，梁耀明，王浩．企业家能力，关键资源获取与新创企业成长关系研究 [J]．科技进步与对策，2014，31 (8)：85－89.

[256] 刘辉．新创企业成长能力的作用机制与动态演进——基于中国信息技术企业的多案例研究 [J]．科技管理研究，2015，35 (17)：97－103.

[257] 刘立枫．完善我国科技创新容错激励机制的思考 [J]．中州学刊，2016 (9)：84－86.

[258] 刘万利，胡培．创业风险对创业决策行为影响的研究——风险感知与风险倾向的媒介效应 [J]．科学学与科学技术管理，2010，31 (9)：163－167.

[259] 刘小元，林嵩．地方政府行为对创业企业技术创新的影响——基于技术创新资源配置与创新产出的双重视角 [J]．研究与发展管理，2013，25 (5)：12－25.

[260] 刘自发，庞铖铖，魏建炜，等．基于 IAHP 和 TOPSIS 方法的负荷密度指标计算 [J]．电力系统自动化，2012，36 (13)：56－60.

[261] 骆紫薇，黄晓霞，陈斯允，等．企业为何履行社会责任却落得

"伪善"名声？——企业社会责任类型和感知品牌伪善间的关系［J］. 心理科学进展，2017，25（10）：1642.

［262］马卫华，刘佳，樊霞．产学研合作对学术团队建设影响的实证研究——团队特征差异的调节效应检验［J］. 管理工程学报，2012，26（2）：42－47.

［263］孟猛猛，焦捷，雷家骕，等．吸收能力对创业拼凑的影响：善待员工的作用［J］. 科学学研究，2020，38（1）：105－112.

［264］倪宁，王重鸣．组织创业学习的焦点问题——以万向公司的创业历史为例［J］. 研究与发展管理，2007，19（1）：51－58.

［265］倪宁，杨玉红，蒋勤峰．创业失败学习研究的若干基本问题［J］. 现代管理科学，2009（5）：114－116.

［266］倪宁．创业失败经验对创业知识转化模式的影响［J］. 工业工程与管理，2011，16（2）：87－91.

［267］聂斌斌，蔡强国，綦俊谕，等．水土保持生态自然修复适宜性研究综述［J］. 中国水土保持科学，2010，8（4）：114－120.

［268］彭伟，于小进，郑庆龄，等．资源拼凑、组织合法性与社会创业企业成长——基于扎根理论的多案例研究［J］. 外国经济与管理，2018，40（12）：55－70.

［269］彭伟，赵栩，赵帅，等．基于文献计量的国内外创业失败比较研究［J］. 研究与发展管理，2019，31（4）：140－150.

［270］祁明德，王文强，侯飞，等．创业失败成本对创业失败学习的影响研究——基于心理资本的区间调节效应［J］. 华南理工大学学报（社会科学版），2022，24（1）：58－70.

［271］任保平．从中国经济增长奇迹到经济高质量发展［J］. 政治经济学评论，2022，13（6）：3－34.

［272］宋保胜，刘淼，赵明正，等．财政协同金融助推中小企业科技创新路径研究［J］. 科技管理研究，2022，42（21）：32－39.

［273］宋卿清，穆荣平．创新创业：政策分析框架与案例研究［J］. 科研管理，2022，43（11）：83－92.

[274] 苏郁锋，吴能全，周翔．制度视角的创业过程模型——基于扎根理论的多案例研究 [J]. 南开管理评论，2017，20 (1)：181-192.

[275] 孙琳，段涛，陈宁．情绪预测偏差的成因及干预 [J]. 心理科学进展，2020，28 (12)：2018-2026.

[276] 覃冬，李超平．组织行为学情景实验研究综述与展望 [J]. 管理现代化，2020，40 (2)：71-75.

[277] 唐贵瑶，陈琳，袁硕．道德型领导对企业声誉的影响：一个有调节的中介模型 [J]. 管理评论，2019，31 (12)：170.

[278] 陶红，卫海英．抢雷策略对品牌危机修复效果的影响研究——品牌危机类型、品牌声誉的调节作用 [J]. 南开管理评论，2016，19 (3)：77-88+97.

[279] 田喜洲，谢晋宇．大学生创业过程中的激发与阻碍因素实证研究 [J]. 东北大学学报 (社会科学版)，2012，14 (1)：35.

[280] 王海花，谢萍萍，熊丽君．创业网络，资源拼凑与新创企业绩效的关系研究 [J]. 管理科学，2019，32 (2)：50-66.

[281] 王华锋，李生，窦军生．创业失败，失败学习和新创企业绩效 [J]. 科研管理，2017，38 (4)：94-103.

[282] 王健．涅槃中重生：企业如何超越衰落的藩篱获得竞争优势? [J]. 科学学研究，2021，39 (1)：111-118.

[283] 王珂，何谦，汪照．服务失败和服务补救下的顾客满意度研究综述 [J]. 科技管理研究，2006，26 (12)：238-240.

[284] 王力召，蒋致远．基于结构熵权法的 P2P 平台财务风险评价研究 [J]. 系统科学学报，2020，28 (2)：95-99+128.

[285] 王苓，孔凡斌，徐彩瑶．二十年来退耕还林生态补偿研究进展——基于 CiteSpace 文献计量分析 [J]. 中国林业经济，2022，177 (6)：19-27.

[286] 王玲玲，赵文红，魏泽龙．创业制度环境，网络关系强度对新企业组织合法性的影响研究 [J]. 管理学报，2017，14 (9)：1324-1331.

[287] 王玲玲，赵文红．创业资源获取、适应能力对新企业绩效的影响研究 [J]. 研究与发展管理，2017，29 (3)：1-12.

［288］王朋举，叶建木，罗娟．政府资金补偿对科技创新失败项目的作用机理研究［J］．科学学与科学技术管理，2014，35（1）：3－8．

［289］王朋举．企业科技创新失败项目政府补偿方式选择［J］．科技进步与对策，2016，33（9）：62－66．

［290］王旭，王非．无米下锅抑或激励不足？政府补贴、企业绿色创新与高管激励策略选择［J］．科研管理，2019，40（7）：131－139．

［291］王业静，曾德明．组织二元性对高科技新创企业绩效的影响研究［J］．管理学报，2013，10（8）：1170－1178．

［292］王轶，陆晨云．财政扶持政策能否提升返乡创业企业创新绩效？——兼论企业家精神的机制作用［J］．产业经济研究，2022（4）：59－71．

［293］王永，王振宏．大学生的心理韧性及其与积极情绪，幸福感的关系［J］．心理发展与教育，2013，29（1）：94－100．

［294］王岳森，李岱松．失败学原理在工程安全管理及危机预警中的应用［J］．科研管理，2006，27（4）：125－129．

［295］王震洪，段昌群，侯永平，等．植物多样性与生态系统土壤保持功能关系及其生态学意义［J］．植物生态学报，2006，30（3）：392．

［296］卫贵武，黄登仕，魏宇．对方案有偏好的不确定语言多属性决策方法［J］．管理学报，2007（5）：43－47．

［297］卫田，万倩雯．基于社会资本的资源拼凑：政府资助期后社会创业企业持续双重价值创造的机制［J］．管理世界，2023，39（4）：100－119．

［298］吴亮，刘衡．资源拼凑与企业创新绩效研究：一个被调节的中介效应［J］．中山大学学报（社会科学版），2017，57（4）：193－208．

［299］项国鹏，万时宜，黄大明．新创企业合法性门槛的跨越机制——基于事件系统理论的案例研究［J］．南方经济，2020，39（12）：108－125．

［300］谢军，苏晨汀，周南．创业者的合法性战略、媒体合法性和获得风险投资［J］．科研管理，2018，39（9）：143－150．

［301］谢雅萍，陈睿君，黄丽清．创业失败修复的内涵，维度及其测量［J］．科学学研究，2020，38（6）：1076－1085．

[302] 谢雅萍，陈睿君．创业失败复原研究现状探析与未来展望 [J]．科技进步与对策，2018，35 (3)：153－160.

[303] 谢雅萍，郭霖珅，陈睿君．谁在影响创业失败修复？——基于多案例分析和解释结构模型的探索性研究 [J]．太原理工大学学报（社会科学版），2022，40 (4)：81－90.

[304] 熊艳，李常青，魏志华．媒体“轰动效应”：传导机制，经济后果与声誉惩戒——基于“霸王事件”的案例研究 [J]．管理世界，2011 (10)：125－140.

[305] 徐彪．公共危机事件后政府信任受损及修复机理——基于归因理论的分析和情景实验 [J]．公共管理学报，2014，11 (2)：27－38.

[306] 徐岚，李振全，蒋怡然，等．品牌犯错情境下的自黑式回应策略 [J]．中国工业经济，2018 (1)：174－192.

[307] 徐平磊，贾迎亚，于晓宇．效果推理，创业团队凝聚力与新产品开发绩效 [J]．管理学报，2020，17 (2)：97－104.

[308] 徐雪娇，马力．数字经济何以助力高质量创业？[J]．经济问题，2023 (8)：33－41.

[309] 徐雪娇，赵亚奇，张秀娥．创业失败学习对后续创业成功的影响机制——创业韧性的中介作用与悲痛恢复取向的调节作用 [J]．科技进步与对策，2021，38 (14)：30－36.

[310] 薛鸿博，杨俊，迟考勋．创业者先前行业工作经验对新创企业商业模式创新的影响研究 [J]．管理学报，2019，16 (11)：1661－1669.

[311] 雅克·德里达 (Jacques Derrida) 著；佘碧平译．多重立场 [M]．北京：生活·读书·新知三联书店，2004.

[312] 严瑜，吴霞．从信任违背到信任修复：道德情绪的作用机制 [J]．心理科学进展，2016，24 (4)：633－642.

[313] 杨婵，贺小刚，贾植涵．非生产性投入改进了新创企业的经营效率吗？[J]．外国经济与管理，2019，41 (1)：57－72.

[314] 杨洁，郭立宏．负面报道后国企和民企间接印象管理策略比较研究——基于“双组件”模型的分析 [J]．管理评论，2017，29 (12)：127－

140.

[315] 杨隽萍，肖梦云，于青青．创业失败是否影响再创业的风险感知行为？——基于认知偏差的研究 [J]．管理评论，2020，32 (2)：115 - 126.

[316] 杨俊．新世纪创业研究进展与启示探析 [J]．外国经济与管理，2013，35 (1)：1 - 11.

[317] 杨特，赵文红，吕斯尧．创业失败经历对失败学习行为的影响：失败归因的作用 [J]．研究与发展管理，2019，31 (4)：4 - 15.

[318] 姚琦，乐国安，赖凯声，等．信任修复：研究现状及挑战 [J]．心理科学进展，2012，20 (6)：902 - 909.

[319] 叶宝升，余传鹏，林春培，陈琪．管理创新与中小企业竞争优势——资源拼凑能力的非线性中介作用和领导下属认知一致性的调节作用 [J]．管理评论，2023，35 (2)：94 - 105.

[320] 易高峰．创业失败研究的热点领域，演化路径与启示 [J]．中国科技论坛，2021，2 (1)：156 - 165.

[321] 尹志超，宋全云，吴雨，彭嫦燕．金融知识，创业决策和创业动机 [J]．管理世界，2015 (1)：87 - 98.

[322] 于晓宇，陈依．创业中的印象管理研究综述与未来展望 [J]．管理学报，2019，16 (8)：1255 - 1264.

[323] 于晓宇，陈颖颖．冗余资源、创业拼凑与瞬时竞争优势 [J]．管理科学学报，2020，23 (4)：1 - 21.

[324] 于晓宇，李厚锐，杨隽萍．创业失败归因、创业失败学习与随后创业意向 [J]．管理学报，2013，10 (8)：1179 - 1184.

[325] 于晓宇，李小玲，陶向明，等．失败归因、恢复导向与失败学习 [J]．管理学报，2018，15 (7)：988 - 997.

[326] 于晓宇，李雪灵，杨若瑶．首次创业失败学习：来自创业新手，新创企业与行业特征的解释 [J]．管理学报，2013，10 (1)：77 - 83.

[327] 于晓宇，孟晓彤，蔡莉，等．创业与幸福感：研究综述与未来展望 [J]．外国经济与管理，2018，40 (8)：30 - 44.

[328] 于晓宇，蒲馨莲，李宁，等．内因？外因？别急着对创业失败归

因 [J]. 清华管理评论, 2017 (5): 48 - 54.

[329] 于晓宇, 蒲馨莲. 中国式创业失败: 归因, 学习和后续决策 [J]. 管理科学, 2018, 31 (4): 103 - 119.

[330] 于晓宇, 陶奕达, 张玉利. "大胆猜想、科学求证": 评论《创业决策的科学方法及其在中国的推广》[J]. 管理学季刊, 2022, 7 (4): 19 - 25.

[331] 于晓宇, 汪欣悦. 知难而退还是破釜沉舟——转型经济制度环境背景下的创业失败成本研究 [J]. 现代管理科学, 2011 (2): 47 - 50.

[332] 于晓宇, 杨俊, 厉杰, 等. 失败管理: 破解不确定环境下创新创业成功的密码 [J]. 研究与发展管理, 2019, 31 (4): 1 - 3.

[333] 于晓宇. 创业失败研究评介与未来展望 [J]. 外国经济与管理, 2011, 33 (9): 19 - 26.

[334] 俞园园, 文学舟. 效果推理理论对新创企业绩效的影响研究——基于创业合法性的中介效应 [J]. 安徽师范大学学报 (人文社会科学版), 2022, 50 (6): 142 - 154.

[335] 郁洪良. 金融期权与实物期权——比较和应用 [M]. 上海: 上海财经大学出版社, 2003.

[336] 原红旗, 张楚君, 孔德松, 等. 审计失败与会计师事务所声誉损失: 来自 IPO 审核的证据 [J]. 会计研究, 2020 (3): 157 - 163.

[337] 张帆, 叶建木. 企业技术创新失败项目再创新补偿及风险分担机制探究 [J]. 财会月刊, 2018 (20): 24 - 30.

[338] 张敏, 王仰东, 宋加山, 张劲菊, 尉佳. 基于创新基金数据的创业失败实证研究 [J]. 科学学与科学技术管理, 2015, 36 (7): 127 - 34.

[339] 张敏. 被关注才会被认同? ——利益相关者视角下小微企业资源拼凑合法性的实验研究 [J]. 浙江大学学报 (人文社会科学版), 2021, 51 (04): 91 - 109.

[340] 张敏. 资源拼凑会抑制企业家精神吗? ——基于环境不确定及政商关系的调节效应检验 [J]. 科学学研究, 2020, 38 (5): 886 - 894.

[341] 张秀娥, 李梦莹. 创业韧性的驱动因素及其对创业成功的影响研

究 [J]. 外国经济与管理, 2020, 42 (8): 96-108.

[342] 张秀娥, 王超. 创业失败经验对连续创业意愿的影响——创业失败学习与市场动荡性的作用 [J]. 科技进步与对策, 2020, 37 (20): 1-9.

[343] 张燕, 周小虎, 张慧, 等. 象征性行动的量表开发及其对新创企业合法性的影响——环境宽松性的调节作用 [J]. 系统管理学报, 2023, 32 (1): 154-166.

[344] 张永安, 耿喆, 李晨光, 等. 区域科技创新政策对企业创新绩效的影响效率研究 [J]. 科学学与科学技术管理, 2016, 37 (8): 82-92.

[345] 张玉利, 冯潇, 田莉. 大型企业数字创新驱动的创业: 实践创新与理论挑战 [J]. 科研管理, 2022, 43 (5): 1-10.

[346] 张玉利, 郝喜玲, 杨俊, 等. 创业过程中高成本事件失败学习的内在机制研究 [J]. 管理学报, 2015, 12 (7): 1021-1027.

[347] 张玉利, 李乾文. 双元型组织研究评介 [J]. 外国经济与管理, 2006, 28 (1): 1-8.

[348] 张媛, 孙新波, 何建笃, 等. 新兴市场企业在发达市场的合法化演化机理研究——基于资源拼凑视角 [J]. 科学学与科学技术管理, 2022, 43 (10): 123-142.

[349] 赵德雷. 污名身份对人际影响力和社会距离的影响 [J]. 心理学报, 2013, 45 (11): 1283-1294.

[350] 赵富强, 胡思源, 陈耘, 等. 创业韧性对再创意愿的影响: 双元学习与反事实思维的作用 [J]. 科学学研究, 2022, 40 (3): 505-515.

[351] 赵思嘉, 易凌峰, 连燕玲. 创业型领导, 组织韧性与新创企业绩效 [J]. 外国经济与管理, 2021, 43 (3): 42-56.

[352] 赵文红, 孙万清, 王文琼, 等. 创业失败学习研究综述 [J]. 研究与发展管理, 2014, 26 (5): 95-105.

[353] 赵兴庐, 刘衡, 张建琦. 冗余如何转化为公司创业? ——资源拼凑和机会识别的双元式中介路径研究 [J]. 外国经济与管理, 2017, 39 (6): 54-67.

[354] 赵兴庐, 张建琦, 刘衡. 能力建构视角下资源拼凑对新创企业绩

效的影响过程研究［J］. 管理学报，2016，13（10）：1518－1524.

［355］郑馨，周先波，陈宏辉，等. 东山再起：怎样的国家制度设计能够促进失败再创业？——基于56个国家7年混合数据的证据［J］. 管理世界，2019，35（7）：136－151.

［356］钟科，王海忠，杨晨. 感官营销战略在服务失败中的运用：触觉体验缓解顾客抱怨的实证研究［J］. 中国工业经济，2014（1）：114－126.

［357］周键，杨鹏，刘玉波. 新创企业何以达成商业模式创新？——基于内外部关系嵌入和资源拼凑视角［J］. 软科学，2021，35（5）：93－98.

［358］周瑛，李元旭. 创业决策逻辑：综述与展望［J］. 科技管理研究，2022，42（18）：199－202.

［359］朱桂龙，蔡朝林，陈朝月. 声誉积累优势还是绩效积累优势？政府R&D补贴分配中"粘性"效应探究［J］. 科学学与科学技术管理，2019，40（3）：43－55.

［360］朱仁宏，周琦，张书军. 创业团队关系治理与新创企业绩效倒U型关系及敌对环境的调节作用［J］. 南开管理评论，2020，23（5）：202－212.

［361］朱永华，任立良，夏军，等. 缺水流域生态承载力研究进展［J］. 干旱区研究，2012，28（6）：990－997.

［362］祝振铎，李新春. 新创企业成长战略：资源拼凑的研究综述与展望［J］. 外国经济与管理，2016，38（11）：71－82.

［363］祝振铎. 创业导向、创业拼凑与新企业绩效：一个调节效应模型的实证研究［J］. 管理评论，2015，27（11）：57－65.

［364］庄芹芹，林瑞星，罗伟杰. 宽容失败与企业创新——来自国有企业改革的证据［J］. 经济管理，2022，44（4）：23－44.

［365］左莉，周建林. 认知柔性、创业拼凑与新企业绩效的关系研究——基于环境动态性的调节作用［J］. 预测，2017，36（2）：17－23.

附录A

创业失败恐惧的情境实验材料

第一部分：情境背景材料：

你是一名科技型创业企业的负责人。三年前，你与朋友放弃原有工作一起创办了这家从事VR（虚拟现实）硬件产品研发、生产和销售的公司。在创业初期，受益于核心产品的技术优势和良好市场预期，公司得到了多家风险投资机构的关注，获得天使轮投资、A轮融资，公司团队规模也进一步扩大。尤其是在一些世界著名硬件展会上的产品宣传，使你们公司的产品订单量快速增长。然而，由于供应链管理问题，公司产能难以满足订单需求，导致订单不能按时交付。虽然，你们公司在此期间对供应链相关事宜进行了频繁改革，但始终跟不上产能要求。最终，资金链断裂，你们公司宣布倒闭。

第二部分：对自变量的操作

高创业失败恐惧：

在创业失败之后，你常常陷于自责情绪中，自暴自弃，认为是自己的不足导致了创业失败。你害怕与他人的沟通交流，担心他们因为你的“失败者”标签影响对你能力、价值的正确认识。同时，你也时常感到你的创业失败经历使你周围人的生活没有了往日快乐。你对于未来的计划，也充满了不确定。

低创业失败恐惧：

在创业失败之后，秉承“失败是成功之母”的理念，你坚定地认为先前的创业失败一定是通往成功之路的必然经历，也促使你在未来的发展过程中更加努力。你积极总结失败经验，谨慎识别未来的创业机会，竭力通过努力达成成就。同时，你也与周围人积极沟通，通过展示以往成绩、传递乐观思想，极力避免因先前创业失败带来的羞耻和负面评价。

情绪修复策略：

创业失败所造成的损失给你带来了极大的精神压力和消极情绪。为了减少这种负面影响，你每天跑步运动，并时常与亲近的人倾诉创业的得与失，舒缓压抑情绪。慢慢地，你开始用更积极态度去看待先前的创业失败，发现失败并非一无是处，你也从失败中获得了经验，提升了自己。

认知修复策略：

创业失败所造成的损失给你带来了极大的精神压力和消极情绪。但你并不认为创业失败是因你个人因素所致，公司核心产品仍具有市场竞争力，失败的原因更多源于缺少供应链管控的外部支持。因此，你通过对创业失败经验的总结，更加积极地搜索新的创业机会，对创业信息进行严谨的思考和评估，避免在新的创业过程中出现同样错误。

第三部分：反应量表

创业失败恐惧

	题项	非常不同意	比较不同意	一般	比较同意	非常同意
FF1	创业失败之后，你产生了对前途未卜的恐惧	1	2	3	4	5
FF2	创业失败之后，你产生了对失败经历的羞耻和尴尬	1	2	3	4	5

创业失败修复策略

RS1	你采取了修复措施来缓解创业失败带来的负面影响	1	2	3	4	5
RS2	你采取的修复措施对缓解负面影响产生了效果	1	2	3	4	5

创业韧性（ER）

ER1	你能克服困难实现目标	1	2	3	4	5
ER2	你不容易因失败而气馁	1	2	3	4	5

续表

ER3	你认为自己是一个很坚强的人	1	2	3	4	5
ER4	你能在压力下保持专注	1	2	3	4	5
ER5	你容易在困难之后尽快恢复良好状态	1	2	3	4	5
ER6	能应对你遇到的任何困难	1	2	3	4	5
ER7	你能够适应变化	1	2	3	4	5
ER8	应对压力使你坚强	1	2	3	4	5
ER9	你试着看到事情好的一面	1	2	3	4	5
ER10	你能承受不愉快的感觉	1	2	3	4	5

再创业意愿（RI）

RI1	鉴于失败你将来会成立另外一家企业	1	2	3	4	5
RI2	鉴于失败你不会再寻找创业的机会	1	2	3	4	5
RI3	鉴于失败你不打算着手进行任何类型的创业	1	2	3	4	5
RI4	鉴于失败你的职业目标是成为一名企业家	1	2	3	4	5
RI5	鉴于失败你会尽一切努力开创和运营另一家企业	1	2	3	4	5
RI6	鉴于失败你很快就会创立另一家企业	1	2	3	4	5

附录B

创业失败污名的情境实验材料

实验1 A

请您仔细阅读以下情境材料：

"创世汽车"是国内的一家新能源汽车企业，涉及智能电动汽车的研发、生产和销售。"创世汽车"致力于打造业内领先的智能人车交互系统，让驾驶者通过手势识别、语音识别、触摸控制、生物识别等多种互动方式，为驾驶者带来全新、安全的驾驶体验。

"创世汽车"的创始团队汇集了诸多国内外汽车领域的专业人士，并且其概念车一经推出就受到各界关注。因此，"创世汽车"在成立后的3年时间内陆续获得了A轮、B轮融资以及造车资质，并且公布了其成品车的量产计划。在"创世汽车"量产计划公布之后的2年内，由于资金消耗过快，新车生产一直没有得到落地，久而久之不仅耗尽了已有的融资资金，且没有再获得新的融资，企业陷入了停工停产的状态。而在"创世汽车"正式成立的第6个年头，进入了破产重组之路。

"创世"造车失败也引起了公众媒体的注意，围绕"创世汽车"失败的新闻报道层出不穷，纷纷对其失败原因进行解读。其中就有报道"创世汽车"的失败主要源于未能有规划地使用融资资金，导致在核心产品的研发和生产上没有获得充足的资金保障，使成品车的量产计划陷入停滞。同时，高管团队对市场决策的优柔寡断，也使企业丧失了原本具备的时间优势。负面的新闻报道让"创世"的重组之路困难重重。

阅读上述材料后，如果“创世汽车”能够实现破产重组，请根据您的真实感受，在以下题项中选择最符合的选项，并在对应数字上打“√”。

	题项	非常不同意	比较不同意	一般	比较同意	非常同意
EL1	我预见在未来消费者会高度评价“创世汽车”的产品	1	2	3	4	5
EL2	我预见在未来供应商会希望与“创世汽车”做生意	1	2	3	4	5
EL3	我预见在未来“创世汽车”的员工会自豪地告诉别人他们是“创世”的成员	1	2	3	4	5
EL4	我预见在未来竞争者对“创世汽车”很尊重	1	2	3	4	5

实验 1 B

请您仔细阅读以下情境材料：

“创世汽车”是国内的一家新能源汽车企业，涉及智能电动汽车的研发、生产和销售。“创世汽车”致力于打造业内领先的智能人车交互系统，让驾驶者通过手势识别、语音识别、触摸控制、生物识别等多种互动方式，为驾驶者带来全新、安全的驾驶体验。

“创世汽车”的创始团队汇集了诸多国内外汽车领域的专业人士，并且其概念车一经推出就受到各界关注。因此，“创世汽车”在成立后的 3 年时间内陆续获得了 A 轮、B 轮融资以及造车资质，并且公布了其成品车的量产计划。在“创世汽车”量产计划公布之后的 2 年内，由于资金消耗过快，新车生产一直没有得到落地，久而久之不仅耗尽了已有的融资资金，且没有再获得新的融资，企业陷入了停工停产的状态。而在“创世汽车”正式成立的第 6 个年头，进入了破产重组之路。

“创世”造车失败也引起了公众媒体的注意，围绕“创世汽车”失败的新闻报道层出不穷，纷纷对其失败原因进行解读。其中就有报道“创世汽车”的失败主要源于未能有规划地使用融资资金，导致在核心产品的研发和生产上没有获得充足的资金保障，使成品车的量产计划陷入停滞。同时，高管团队对市场决策的优柔寡断，也使企业丧失了原本具备的时间优势。负面的新闻报道让“创世”的重组之路困难重重。

面对外界质疑，创世汽车的创始人和其核心团队也对公众做出回应：“创世汽车迟迟没有实现量产，确实是由于资金链断裂所致。而资金链断裂则是因为近年来新能源、智能汽车行业的竞争愈发激烈，为了保持企业的竞争力，创世汽车在运营、研发和生产等多个环节加大了投入，但新的融资资金迟迟未能落实，导致出现巨大的资金缺口，使企业陷入了困境。”同时创世汽车也表示，其量产车型相较于市场中的同类型产品仍然具有显著的技术优势，产品竞争力明显。现阶段的破产并不是世界末日，创业团队也在联系新的投资方，并且已与一些有实力的投资方开展了积极、富有成效的沟通，期望通过重组尽早将其产品并交付消费者。

阅读上述材料后，如果“创世汽车”能够实现破产重组，请根据您的真实感受，在以下题项中选择最符合的选项，并在对应数字上打“√”。

	题项	非常不同意	比较不同意	一般	比较同意	非常同意
EL1	我预见在未来消费者会高度评价“创世汽车”的产品	1	2	3	4	5
EL2	我预见在未来供应商会希望与“创世汽车”做生意	1	2	3	4	5
EL3	我预见在未来“创世汽车”的员工会自豪地告诉别人他们是“创世”的成员	1	2	3	4	5
EL4	我预见在未来竞争者对“创世汽车”很尊重	1	2	3	4	5

实验 2 A

请您仔细阅读以下情境材料：

Type Computing 是一家成立于 2017 年的智能移动营销服务的科技型新创企业，其主要产品是利用机器学习和数据挖掘等人工智能技术，通过对目标客户群体在智能设备、移动网络等留下的个人行为轨迹进行抓取，进而分析和判断，为零售商家提供个性化营销服务。Type Computing 致力于打造一个移动端营销自动化平台，让零售商家和品牌能够实时了解消费者的兴趣和喜好，并在正确的时间、渠道传递给消费者定制化的信息。这种通过大数据和人工智能改变传统市场营销行为的方式受到资本市场的关注，Type Computing 在成立后的3年时间内陆续获得了种子资金、A 轮融资和 B 轮融资，共计 5000 万元，并成功获取了 50 家以上的企业客户。

但 Type Computing 的发展并非一帆风顺。在 2021 年底，Type Computing 陆续关闭了所有的运营渠道，产品服务处于停滞状态。而在 2022 年 3 月，其官方网站也开始无法访问，Type Computing 的创业走向了失败。业界和相关媒体对 Type Computing 的创业失败进行了报道。有行业专家刊文认为 Type Computing 未能有规划地使用融资资金，导致在公司运营上没有充足资金保障。加之受疫情的持续影响，投资环境的不确定性进一步加剧，投资者更为谨慎，Type Computing 也不易获取后续的融资资金，资金链断裂造成其失败的结果。但也有业界人士认为后续客户资源的不足可能是 Type Computing 难以继续运营的一个主要原因。虽然智能营销领域的中国市场机会很大，但现阶段大多数企业对于大数据服务的营销意识还尚未形成。同时，也有媒体援引相关投资者的消息透露，Type Computing 公司曾与一位重要的投资者关系恶化，可能是导致公司创业失败的重要原因。

面对外界猜疑，Type Computing 创始人对公众做出回应，他提道："之所以公司走向了失败，并不是因为创业团队经营不善，也并非所传言的与投资人交恶，主要还是因为在智能营销领域的市场竞争维度不断提升，公司在研发、人力、销售等环节上成本剧增。并且经济态势的疲软也加剧了公司在营收、外部融资方面的困难，最终造成了 Type Computing 的破产"。同时，Type Computing 创始人也强调，其团队正在与新的投资方进行沟通联系，期望通过重组方式重返市场。

阅读上述材料后，请根据您的真实感受，在以下题项中选择最符合的选项，并在对应数字上打"√"。

	题项	非常不同意	比较不同意	一般	比较同意	非常同意
DS1	Type Computing 认为其失败是因为竞争对手的竞争太激烈	1	2	3	4	5

续表

	题项	非常不同意	比较不同意	一般	比较同意	非常同意
DS2	Type Computing 认为其失败是因为外部经济环境的不景气	1	2	3	4	5
DS3	Type Computing 认为其失败是因为运营成本的增加	1	2	3	4	5
AS1	Type Computing 认为尽管他们失败了，但他们的产品依然是行业领先的	1	2	3	4	5
AS2	Type Computing 认为尽管他们失败了，但他们的产品依然为客户创造了价值	1	2	3	4	5
AS3	Type Computing 认为尽管他们失败了，但他们的产品依然吸引新的投资者	1	2	3	4	5
RE1	Type Computing 是一家让人感觉很好的公司	1	2	3	4	5
RE2	Type Computing 是值得信任的公司	1	2	3	4	5
RE3	Type Computing 是一家值得钦佩和尊重的公司	1	2	3	4	5
RE4	Type Computing 整体声誉良好	1	2	3	4	5

阅读上述材料后，如果“Type Computing”能够实现破产重组，请根据您的真实感受，在以下题项中选择最符合的选项，并在对应数字上打“√”。

	题项	非常不同意	比较不同意	一般	比较同意	非常同意
EL1	我预见在未来消费者会高度评价“Type Computing”的产品	1	2	3	4	5
EL2	我预见在未来供应商会希望与“Type Computing”做生意	1	2	3	4	5
EL3	我预见在未来“Type Computing”的员工会自豪地告诉别人他们是“Type Computing”的成员	1	2	3	4	5
EL4	我预见在未来竞争者对“Type Computing”很尊重	1	2	3	4	5

实验 2 B

请您仔细阅读以下情境材料：

Type Computing 是一家成立于 2017 年的智能移动营销服务的科技型新创企业，其主要产品是利用机器学习和数据挖掘等人工智能技术，通过对目标客户群体在智能设备、移动网络等留下的个人行为轨迹进行抓取，进而分析和判断，为零售商家提供个性化营销服务。Type Computing 致力于打造一个移动端营销自动化平台，让零售商家和品牌能够实时了解消费者的兴趣和喜好，并在正确的时间、渠道传递给消费者定制化的信息。这种通过大数据和人工智能改变传统市场营销行为的方式受到资本市场的关注，Type Computing 在成立后的 3 年时间内陆续获得了种子资金、A 轮融资和 B 轮融资，共计 5000 万元，并成功获取了 50 家以上的企业客户。

但 Type Computing 的发展并非一帆风顺。在 2021 年底，Type Computing 陆续关闭了所有的运营渠道，产品服务处于停滞状态。而在 2022 年 3 月，其官方网站也开始无法访问，Type Computing 的创业走向了失败。业界和相关媒体对 Type Computing 的创业失败进行了报道。有行业专家刊文认为 Type Computing 未能有规划地使用融资资金，导致在公司运营上没有充足资金保障。加之受疫情的持续影响，投资环境的不确定性进一步加剧，投资者更为谨慎，Type Computing 也不易获取后续的融资资金，资金链断裂造成其失败的结果。但也有业界人士认为后续客户资源的不足可能是 Type Computing 难以继续运营的一个主要原因。虽然智能营销领域的中国市场机会很大，但现阶段大多数企业对于大数据服务的营销意识还尚未形成。同时，也有媒体援引相关投资者的消息透露，Type Computing 公司曾与一位重要的投资者关系恶化，可能是导致公司创业失败的重要原因。

面对外界猜疑，Type Computing 的创始人对公众做出回应，他提道："Type Computing 的产品服务在智能营销领域仍然具有很强竞争力，它改变了传统营销的行为方式，尤其是在数字时代 Type Computing 让零售商家和品牌与消费者之间建立更为紧密的关系。虽然公司在创业过程中遇到了失败，但破产并不是 Type Computing 的最后结果。随着经济势态的不断向好，智能营销领域的中国市场机会依然很大，我们创业团队已经与一些有实力的投资方开展了富有成效的沟通，这些投资方依然对我们的产品服务表现出积极的投资意愿，Type Computing 的重组并不遥远。"

阅读上述材料后，请根据您的真实感受，在以下题项中选择最符合的选项，并在对应数字上打"√"。

	题项	非常不同意	比较不同意	一般	比较同意	非常同意
DS1	Type Computing 认为其失败是因为竞争对手的竞争太激烈	1	2	3	4	5
DS2	Type Computing 认为其失败是因为外部经济环境的不景气	1	2	3	4	5
DS3	Type Computing 认为其失败是因为运营成本的增加	1	2	3	4	5
AS1	Type Computing 认为尽管他们失败了，但他们的产品依然是行业领先的	1	2	3	4	5
AS2	Type Computing 认为尽管他们失败了，但他们的产品依然为客户创造了价值	1	2	3	4	5
AS3	Type Computing 认为尽管他们失败了，但他们的产品依然吸引新的投资者	1	2	3	4	5
RE1	Type Computing 是一家让人感觉很好的公司	1	2	3	4	5
RE2	Type Computing 是值得信任的公司	1	2	3	4	5
RE3	Type Computing 是一家值得钦佩和尊重的公司	1	2	3	4	5
RE4	Type Computing 整体声誉良好	1	2	3	4	5

阅读上述材料后，如果"Type Computing"能够实现破产重组，请根据您的真实感受，在以下题项中选择最符合的选项，并在对应数字上打"√"。

	题项	非常不同意	比较不同意	一般	比较同意	非常同意
EL1	我预见在未来消费者会高度评价"Type Computing"的产品	1	2	3	4	5
EL2	我预见在未来供应商会希望与"Type Computing"做生意	1	2	3	4	5

续表

	题项	非常不同意	比较不同意	一般	比较同意	非常同意
EL3	我预见在未来“Type Computing”的员工会自豪地告诉别人他们是“Type Computing”的成员	1	2	3	4	5
EL4	我预见在未来竞争者对“Type Computing”很尊重	1	2	3	4	5

实验 2 C

请您仔细阅读以下情境材料：

Type Computing 是一家成立于 2017 年的智能移动营销服务的科技型新创企业，其主要产品是利用机器学习和数据挖掘等人工智能技术，通过对目标客户群体在智能设备、移动网络等留下的个人行为轨迹进行抓取，进而分析和判断，为零售商家提供个性化营销服务。Type Computing 致力于打造一个移动端营销自动化平台，让零售商家和品牌能够实时了解消费者的兴趣和喜好，并在正确的时间、渠道传递给消费者定制化的信息。这种通过大数据和人工智能改变传统市场营销行为的方式受到资本市场的关注，Type Computing 在成立后的 3 年时间内陆续获得了种子资金、A 轮融资和 B 轮融资，共计 5000 万元，并成功获取了 50 家以上的企业客户。

但 Type Computing 的发展并非一帆风顺。在 2021 年底，Type Computing 陆续关闭了所有的运营渠道，产品服务处于停滞状态。而在 2022 年 3 月，其官方网站也开始无法访问，Type Computing 的创业走向了失败。业界和相关媒体对 Type Computing 的创业失败进行了报道。有行业专家刊文认为 Type Computing 未能有规划地使用融资资金，导致在公司运营上没有充足资金保障。加之受疫情的持续影响，投资环境的不确定性进一步加剧，投资者更为谨慎，Type Computing 也不易获取后续的融资资金，资金链断裂造成其失败的结果。但也有业界人士认为后续客户资源的不足可能是 Type Computing 难以继续运营的一个主要原因。虽然智能营销领域的中国市场机会很大，但现阶段大多数企业对于大数据服务的营销意识还尚未形成。同时，也有媒体援引相关投资者的消息透露，Type Computing 公司曾与一位重要的投资者关系恶化，可能是导致公司创业失败的重要原因。

面对外界猜疑，Type Computing 的创始人对公众做出回应，他首先提道："之所以公司走向了失败，并不是因为创业团队经营不善，也并非所传言的与投资人交恶，主要还是因为在智能营销领域的市场竞争维度不断提升，公司在研发、人力、销售等环节上成本剧增。并且经济态势的疲软也加剧了公司在营收、外部融资方面的困难，最终造成了 Type Computing 的破产"。同时，Type Computing 创始人也进一步强调："Type Computing 的产品服务在智能营销领域仍然具有很强竞争力，它改变了传统营销的行为方式，尤其是在数字时代 Type Computing 让零售商家和品牌与消费者之间建立更为紧密的关系。虽然公司在创业过程中遇到了失败，但破产并不是 Type Computing 的最后结果。随着经济势态的不断向好，智能营销领域的中国市场机会依然很大，我们创业团队已经与一些有实力的投资方开展了富有成效的沟通，这些投资方依然对我们的产品服务表现出积极的投资意愿，Type Computing 的重组并不遥远。"

阅读上述材料后，请根据您的真实感受，在以下题项中选择最符合的选项，并在对应数字上打"√"。

	题项	非常不同意	比较不同意	一般	比较同意	非常同意
DS1	Type Computing 认为其失败是因为竞争对手的竞争太激烈	1	2	3	4	5
DS2	Type Computing 认为其失败是因为外部经济环境的不景气	1	2	3	4	5
DS3	Type Computing 认为其失败是因为运营成本的增加	1	2	3	4	5
AS1	Type Computing 认为尽管他们失败了，但他们的产品依然是行业领先的	1	2	3	4	5
AS2	Type Computing 认为尽管他们失败了，但他们的产品依然为客户创造了价值	1	2	3	4	5
AS3	Type Computing 认为尽管他们失败了，但他们的产品依然吸引新的投资者	1	2	3	4	5
RE1	Type Computing 是一家让人感觉很好的公司	1	2	3	4	5
RE2	Type Computing 是值得信任的公司	1	2	3	4	5

续表

	题项	非常不同意	比较不同意	一般	比较同意	非常同意
RE3	Type Computing 是一家值得钦佩和尊重的公司	1	2	3	4	5
RE4	Type Computing 整体声誉良好	1	2	3	4	5

阅读上述材料后，如果“Type Computing”能够实现破产重组，请根据您的真实感受，在以下题项中选择最符合的选项，并在对应数字上打“√”。

	题项	非常不同意	比较不同意	一般	比较同意	非常同意
EL1	我预见在未来消费者会高度评价“Type Computing”的产品	1	2	3	4	5
EL2	我预见在未来供应商会希望与“Type Computing”做生意	1	2	3	4	5
EL3	我预见在未来“Type Computing”的员工会自豪地告诉别人他们是“Type Computing”的成员	1	2	3	4	5
EL4	我预见在未来竞争者对“Type Computing”很尊重	1	2	3	4	5

实验 2 D

请您仔细阅读以下情境材料：

Type Computing 是一家成立于 2017 年的智能移动营销服务的科技型新创企业，其主要产品是利用机器学习和数据挖掘等人工智能技术，通过对目标客户群体在智能设备、移动网络等留下的个人行为轨迹进行抓取，进而分析和判断，为零售商家提供个性化营销服务。Type Computing 致力于打造一个移动端营销自动化平台，让零售商家和品牌能够实时了解消费者的兴趣和喜好，并在正确的时间、渠道传递给消费者定制化的信息。这种通过大数据和人工智能改变传统市场营销行为的方式受到资本市场的关注，Type Computing 在成立后的 3 年时间内陆续获得了种子资金、A 轮融资和 B 轮融资，共计 5000 万元，并成功获取了 50 家以上的企业客户。

但 Type Computing 的发展并非一帆风顺。在 2021 年底，Type Computing 陆

续关闭了所有的运营渠道，产品服务处于停滞状态。而在 2022 年 3 月，其官方网站也开始无法访问，Type Computing 的创业走向了失败。业界和相关媒体对 Type Computing 的创业失败进行了报道。有行业专家刊文认为 Type Computing 未能有规划地使用融资资金，导致在公司运营上没有充足资金保障。加之受疫情的持续影响，投资环境的不确定性进一步加剧，投资者更为谨慎，Type Computing 也不易获取后续的融资资金，资金链断裂造成其失败的结果。但也有业界人士认为后续客户资源的不足可能是 Type Computing 难以继续运营的一个主要原因。虽然智能营销领域的中国市场机会很大，但现阶段大多数企业对于大数据服务的营销意识还尚未形成。同时，也有媒体援引相关投资者的消息透露，Type Computing 公司曾与一位重要的投资者关系恶化，可能是导致公司创业失败的重要原因。

面对外界猜疑，Type Computing 的相关人员均未做出回应。

阅读上述材料后，请根据您的真实感受，在以下题项中选择最符合的选项，并在对应数字上打“√”。

	题项	非常不同意	比较不同意	一般	比较同意	非常同意
DS1	Type Computing 认为其失败是因为竞争对手的竞争太激烈	1	2	3	4	5
DS2	Type Computing 认为其失败是因为外部经济环境的不景气	1	2	3	4	5
DS3	Type Computing 认为其失败是因为运营成本的增加	1	2	3	4	5
AS1	Type Computing 认为尽管他们失败了，但他们的产品依然是行业领先的	1	2	3	4	5
AS2	Type Computing 认为尽管他们失败了，但他们的产品依然为客户创造了价值	1	2	3	4	5
AS3	Type Computing 认为尽管他们失败了，但他们的产品依然吸引新的投资者	1	2	3	4	5
RE1	Type Computing 是一家让人感觉很好的公司	1	2	3	4	5
RE2	Type Computing 是值得信任的公司	1	2	3	4	5

续表

	题项	非常不同意	比较不同意	一般	比较同意	非常同意
RE3	Type Computing 是一家值得钦佩和尊重的公司	1	2	3	4	5
RE4	Type Computing 整体声誉良好	1	2	3	4	5

阅读上述材料后，如果“Type Computing”能够实现破产重组，请根据您的真实感受，在以下题项中选择最符合的选项，并在对应数字上打“√”。

	题项	非常不同意	比较不同意	一般	比较同意	非常同意
EL1	我预见在未来消费者会高度评价“Type Computing”的产品	1	2	3	4	5
EL2	我预见在未来供应商会希望与“Type Computing”做生意	1	2	3	4	5
EL3	我预见在未来“Type Computing”的员工会自豪地告诉别人他们是“Type Computing”的成员	1	2	3	4	5
EL4	我预见在未来竞争者对“Type Computing”很尊重	1	2	3	4	5

实验 3 A

请您仔细阅读以下情境材料：

Type Computing 是一家成立于2017年的智能移动营销服务的科技型新创企业，其主要产品是利用机器学习和数据挖掘等人工智能技术，通过对目标客户群体在智能设备、移动网络等留下的个人行为轨迹进行抓取，进而分析和判断，为零售商家提供个性化营销服务。Type Computing 致力于打造一个移动端营销自动化平台，让零售商家和品牌能够实时了解消费者的兴趣和喜好，并在正确的时间、渠道传递给消费者定制化的信息。这种通过大数据和人工智能改变传统市场营销行为的方式受到资本市场的关注，Type Computing 在成立后的3年时间内陆续获得了种子资金、A轮融资和B轮融资，共计5000万元，并成功获取了50家以上的企业客户。

但 Type Computing 的发展并非一帆风顺。在2021年底，Type Computing 陆

续关闭了所有的运营渠道，产品服务处于停滞状态。而在2022年3月，其官方网站也开始无法访问，Type Computing的创业走向了失败。关于Type Computing创业失败的评论和报道在不同媒体平台进行了大量转载，引发了业界和公众的广泛关注。报道指出Type Computing未能有规划地使用融资资金，导致在公司运营上没有充足资金保障。加之受疫情的持续影响，投资环境的不确定性进一步加剧，投资者更为谨慎，Type Computing也不易获取后续的融资资金，资金链断裂造成其失败的结果。但也有业界人士认为后续客户资源的不足可能是Type Computing难以继续运营的一个主要原因。虽然智能营销领域的中国市场机会很大，但现阶段大多数企业对于大数据服务的营销意识还尚未形成。同时，也有媒体援引相关投资者的消息透露，Type Computing公司曾与一位重要的投资者关系恶化，可能是导致公司创业失败的重要原因。

面对外界猜疑，Type Computing创始人对公众做出回应，他提到："之所以公司走向了失败，并不是因为创业团队经营不善，也并非所传言的与投资人交恶，主要还是因为在智能营销领域的市场竞争维度不断提升，公司在研发、人力、销售等环节上成本剧增。并且经济态势的疲软也加剧了公司在营收、外部融资方面的困难，最终造成了Type Computing的破产"。同时，Type Computing创始人也强调，其团队正在与新的投资方进行沟通联系，期望通过重组方式重返市场。

阅读上述材料后，请根据您的真实感受，在以下题项中选择最符合的选项，并在对应数字上打"√"。

	题项	非常不同意	比较不同意	一般	比较同意	非常同意
SL1	Type Computing 创业失败报道在诸多媒体平台进行转载	1	2	3	4	5
SL2	Type Computing 创业失败被公众广泛关注	1	2	3	4	5
SL3	Type Computing 创业失败被媒体大量报道	1	2	3	4	5
DS1	Type Computing 认为其失败是因为竞争对手的竞争太激烈	1	2	3	4	5

续表

	题项	非常不同意	比较不同意	一般	比较同意	非常同意
DS2	Type Computing 认为其失败是因为外部经济环境的不景气	1	2	3	4	5
DS3	Type Computing 认为其失败是因为运营成本的增加	1	2	3	4	5
AS1	Type Computing 认为尽管他们失败了，但他们的产品依然是行业领先的	1	2	3	4	5
AS2	Type Computing 认为尽管他们失败了，但他们的产品依然为客户创造了价值	1	2	3	4	5
AS3	Type Computing 认为尽管他们失败了，但他们的产品依然吸引新的投资者	1	2	3	4	5
RE1	Type Computing 是一家让人感觉很好的公司	1	2	3	4	5
RE2	Type Computing 是值得信任的公司	1	2	3	4	5
RE3	Type Computing 是一家值得钦佩和尊重的公司	1	2	3	4	5
RE4	Type Computing 整体声誉良好	1	2	3	4	5

阅读上述材料后，如果 Type Computing 能够实现破产重组，请根据您的真实感受，在以下题项中选择最符合的选项，并在对应数字上打“√”。

	题项	非常不同意	比较不同意	一般	比较同意	非常同意
EL1	我预见在未来消费者会高度评价 Type Computing 的产品	1	2	3	4	5
EL2	我预见在未来供应商会希望与 Type Computing 做生意	1	2	3	4	5
EL3	我预见在未来 Type Computing 的员工会自豪地告诉别人他们是 Type Computing 的成员	1	2	3	4	5
EL4	我预见在未来竞争者对 Type Computing 很尊重	1	2	3	4	5

实验3 B

请您仔细阅读以下情境材料：

Type Computing 是一家成立于 2017 年的智能移动营销服务的科技型新创企业，其主要产品是利用机器学习和数据挖掘等人工智能技术，通过对目标客户群体在智能设备、移动网络等留下的个人行为轨迹进行抓取，进而分析和判断，为零售商家提供个性化营销服务。Type Computing 致力于打造一个移动端营销自动化平台，让零售商家和品牌能够实时了解消费者的兴趣和喜好，并在正确的时间、渠道传递给消费者定制化的信息。这种通过大数据和人工智能改变传统市场营销行为的方式受到资本市场的关注，Type Computing 在成立后的 3 年时间内陆续获得了种子资金、A 轮融资和 B 轮融资，共计 5000 万元，并成功获取了 50 家以上的企业客户。

但 Type Computing 的发展并非一帆风顺。在 2021 年底，Type Computing 陆续关闭了所有的运营渠道，产品服务处于停滞状态。而在 2022 年 3 月，其官方网站也开始无法访问，Type Computing 的创业走向了失败。业界对 Type Computing 的创业失败进行了行业内部的评论报道。有专家刊文认为 Type Computing 未能有规划地使用融资资金，导致在公司运营上没有充足资金保障。加之受疫情的持续影响，投资环境的不确定性进一步加剧，投资者更为谨慎，Type Computing 也不易获取后续的融资资金，资金链断裂造成其失败的结果。但也有业界人士认为后续客户资源的不足可能是 Type Computing 难以继续运营的一个主要原因。虽然智能营销领域的中国市场机会很大，但现阶段大多数企业对于大数据服务的营销意识还尚未形成。同时，也有媒体援引相关投资者的消息透露，Type Computing 公司曾与一位重要的投资者关系恶化，可能是导致公司创业失败的重要原因。

面对外界猜疑，Type Computing 创始人对公众做出回应，他提到："之所以公司走向了失败，并不是因为创业团队经营不善，也并非所传言的与投资人交恶，主要还是因为在智能营销领域的市场竞争维度不断提升，公司在研发、人力、销售等环节上成本剧增。并且经济态势的疲软也加剧了公司在营收、外部融资方面的困难，最终造成了 Type Computing 的破产"。同时，Type Computing 创始人也强调，其团队正在与新的投资方进行沟通联系，期望通过重组方式重返市场。

阅读上述材料后，请根据您的真实感受，在以下题项中选择最符合的选项，并在对应数字上打“√”。

	题项	非常不同意	比较不同意	一般	比较同意	非常同意
SL1	Type Computing 创业失败报道在诸多媒体平台进行转载	1	2	3	4	5
SL2	Type Computing 创业失败被公众广泛关注	1	2	3	4	5
SL3	Type Computing 创业失败被媒体大量报道	1	2	3	4	5
DS1	Type Computing 认为其失败是因为竞争对手的竞争太激烈	1	2	3	4	5
DS2	Type Computing 认为其失败是因为外部经济环境的不景气	1	2	3	4	5
DS3	Type Computing 认为其失败是因为运营成本的增加	1	2	3	4	5
AS1	Type Computing 认为尽管他们失败了，但他们的产品依然是行业领先的	1	2	3	4	5
AS2	Type Computing 认为尽管他们失败了，但他们的产品依然为客户创造了价值	1	2	3	4	5
AS3	Type Computing 认为尽管他们失败了，但他们的产品依然吸引新的投资者	1	2	3	4	5
RE1	Type Computing 是一家让人感觉很好的公司	1	2	3	4	5
RE2	Type Computing 是值得信任的公司	1	2	3	4	5
RE3	Type Computing 是一家值得钦佩和尊重的公司	1	2	3	4	5
RE4	Type Computing 整体声誉良好	1	2	3	4	5

阅读上述材料后，如果 Type Computing 能够实现破产重组，请根据您的真实感受，在以下题项中选择最符合的选项，并在对应数字上打“√”。

	题项	非常不同意	比较不同意	一般	比较同意	非常同意
EL1	我预见在未来消费者会高度评价 Type Computing 的产品	1	2	3	4	5

续表

	题项	非常不同意	比较不同意	一般	比较同意	非常同意
EL2	我预见在未来供应商会希望与 Type Computing 做生意	1	2	3	4	5
EL3	我预见在未来 Type Computing 的员工会自豪地告诉别人他们是 Type Computing 的成员	1	2	3	4	5
EL4	我预见在未来竞争者对 Type Computing 很尊重	1	2	3	4	5